VOM UNAUSSPRECHLICHEN GLÜCK DAS UNSAGBARE ZU FINDEN

von Tim Dabringhaus

Für Wolke, Wald und Herz

Es ist ein menschliches Bedürfnis
Geschichten erzählt zu bekommen,
Je mehr wir von Idioten regiert werden.
Umso weniger Kontrolle wir über unser Schicksal haben,
Umso größer wird die Notwendigkeit Geschichten zu erzählen,

Die uns lehren,

Wer wir sind,
Wieso wir da sind,
Wo wir herkommen,
Und was möglich sein könnte.

Alan Rickman

Wenn etwas Geheimnisvolles besonders
beeindruckend ist,
kann man nicht widerstehen.

Antoine De Saint-Exupéry

Nie
hätte
ich
gedacht,
dass ein belangloses Gespräch
über das Wetter
mich
so
zur
Weißglut
bringen könnte.

Tim Kitz

TEIL I - Der Weg findet mich

KAPITEL 1

WORT ZUM ANFANG

Nichts ist so wie es scheint.

In diesem Buch schreibe ich meine persönlichen Erfahrungen auf, ich komme mir vor wie ein Kriegsberichterstatter, denn ich schreibe nun von einer Schlacht, von der die wenigsten wissen, dass es die überhaupt gibt.

Meine eigenen Erlebnisse sind genug Indiz, um das Unsagbare dingfest zu machen.

Ich würde mich enorm freuen, wenn Richter und Leute von der Kriminalpolizei mein Buch hier nicht nur lesen, sondern auch alle beigefügten Links genau studieren.

Und die anderen Leser bitte ich, haben Sie Nachsicht mit mir, wenn ich das Eine oder Andere, den Einen oder die Andere, übersehen habe. Ich stelle nicht den Anspruch komplett zu sein. Ich skizziere nur. Ausmalen können Sie dann selber. Genug Material zum Vertiefen ist ja leider vorhanden.

Erstmal zu mir, wer bin ich?

Ich bin Wuppertaler, als Kind fuhren meine Eltern mit mir an den Gardasee, mit siebzehn war ich ein Jahr in Oregon bei echten Cowboys, dann lebte ich in Berlin und München, bevor ich 1999 nach Spanien ausgewandert bin. Nun bin ich einundfünfzig Jahre alt, gehe gerne am Strand joggen und liebe Zitroneneis.

Nein, jetzt mal ehrlich, mein Privatleben brauche ich hier nicht ausbreiten, es würde dieses Buch nur unnötig länger machen.

Aber soviel über mich verrate ich Ihnen schon:

Ich habe mich nie mit einem Beruf, einem Hobby, einer Partei, einer Ideologie oder einer Religion identifizieren können. Auch mit keinem Fußballteam und keinem Rennstall. Ich kenne mich auch nicht in Syrien aus, weder in Russland noch in der Türkei. Ich kenne eigentlich nur die Welt vor meiner Nase. Und dieser kleine Ausschnitt reicht voll und ganz, um zu sagen: „Houston, we have a problem!“

… und zwar ein riesig großes. Und bevor man dieses Problem lösen kann, muss man es zuerst erkennen. Vielleicht gelingt es mir, dass Sie es auch erkennen. Denn nur gemeinsam können wir es lösen.

Die Wahrheit macht uns frei, das hatte schon mal jemand gesagt. Und wird ständig zitiert. Aber niemand sagte uns, dass die Wahrheit erstmal sehr bitter ist. Darum habe ich versucht, die ganze Sache ein bißchen zu versüßen.

Vielleicht schmeckt es nun ein bisschen besser. Aber an diesen scheußlichen Fakten - eben das Unsagbare - die ich Ihnen nun hier präsentieren werde, kommt leider kein Lebewesen dran vorbei. Denn es betrifft uns alle. Diesmal läßt man uns keine Wahl.

Ich schreibe das hier alles auf, weil ich Pessimismus nicht gelten lassen kann und weil ich im festen Glauben lebe, dass der Verstand über der Materie steht, und dass Gott uns hilft, wenn wir uns selber helfen.

Wir stehen gerade an der Sollbruchstelle der Evolution. Jetzt bald schon wird die Eierschale aufbrechen. Und wir wissen ja: bricht das Ei von Außen, bedeutet das den Tod des Kükens. Bricht es von Innen, entsteht neues Leben.

Darum sage ich, in all dem unsagbaren Übel liegt auch eine große Chance das Leben wieder voll lieben zu lernen.

Doch zunächst müssen wir ein großes Übel lösen, und lösen können wir das nur, wenn wir es verstehen, und verstehen können wir es nur, wenn wir es sehen.

Und um es sehen zu können, muss man es erst erkennen.

Von den Indianern erzählt man, dass sie die herannahenden Boote der Europäer nicht erkannt haben, denn sie hatten keine Referenz, um solche Bilder deuten zu können. Da war die innere Mattscheibe im Hirn noch nicht so weit vernetzt, um solche Bilder von Schiffen am fernen Horizont verarbeiten zu können. Aber Achtung! ... wenn einmal neue Bilder vom Hirn verdaut wurden, dann bleibt eine Erinnerung und eine Deutung für immer, dann kann man nicht mehr so tun, als ob man es nicht sehen kann.

Also: wenn Sie jetzt weiter lesen, können Sie ab einem gewissen Punkt nicht mehr sagen: „Oh, ich hab das nicht gewusst."

Am Besten ich fange von vorne an. Endlich habe ich Zeit alles aufzuschreiben. Denn ich sitze in U-Haft.

⁂

Kapitel 2

U-Haft

Ich sitze gerade bei der Ertzaintza in der Straße Kalea de la Infantin Cristina, in San Sebastián, was in Nordspanien ist. Genau genommen sind wir im Baskenland. Vermutlich eins der ältesten Völker Europas, und definitiv ist die baskische Sprache einer der ältesten überhaupt. Im Gegensatz dazu ist die baskische Polizei eine der allerjüngsten weltweit. Sie wurde erst 1982 gegründet und heißt Ertzaintza. Und genau bei denen sitze ich gerade in einer winzig kleinen grauen Zelle. Ich rede von dem Besucherzimmerchen, wo man provisorisch rein kommt, bis man wieder frei gelassen wird, oder umziehen darf, in eine etwas größere Zelle mit hoffentlich mehr Licht in einem der vielen Gefängnisse, die es auch hier gibt, wie überall.

Ich würde jetzt so gerne ausweichen und nun von den Basken reden, und wieso sie eine eigene Polizei haben, doch es nützt nichts, ich kann nicht weglaufen, ich muss mich stellen und ich muss es aussprechen.

Man hat mir nahe gelegt, ich solle alles aufschreiben. Erzählen, wie es überhaupt so weit kommen konnte. Wie das überhaupt möglich war. Vielleicht wird es helfen, zu meiner Verteidigung. Ein sogenanntes psychologisches Gutachten, vielleicht eine Selbstanklage mit öffentlich gelebter Reue, dass wird bestimmt punkten. Bei den ganzen politisch korrekten Geiern und Gutmenschen.

Nun, wir haben heute den frühen Morgen des 17. Juli 2017, Merkels Geburtstag und ich sitze in U-Haft.

Hätte ich von mir nie gedacht. Aber nun ist es so gekommen. Auch wenn es mir keiner zugetraut hat. Und ich mir selbst am wenigsten.

Vor zwei Stunden hat man mich festgenommen. Ich hatte schließlich aufgegeben und mich gestellt. Sechs Polizisten, allesamt stramme, kräftige Basken, kamen mich holen, man legte mir Handschellen an, ich leistete keinen Widerstand. Was mich bei diesem großen Männereinsatz enorm beruhigte, war die Tatsache, dass die Gruppe von einer Frau angeführt wurde. "Hauptkommissarin Naiara Zuazua." Ich mochte es, wie sie neugierig meinen Blick erforschte. Mit ihren leicht zynischen Lippen. Dank Naiara spürte ich, dass ich noch nicht ganz verloren war.

Kaum im Kommissariat angekommen, überkam es mich. Ich fing an zu weinen. Nicht wegen mir, sondern wegen der Menschen die mich lieben. Die sich große Sorgen machen, wenn sie erfahren, was für einen blöden Mist ich verbockt habe. Und alles wäre nur ein Streich eines Möchtegern-Aktivisten geblieben, wenn es keinen Todesfall gegeben hätte. Die arme Frau Möckelmann hat es nicht überlebt.

Naiara brachte mir einen Stapel Papier und ein paar Stifte. Dazu eine Kanne Kaffee. "Schreibe auf, wie es sich zugetragen hat. Und schreibe auf, wieso du es gemacht hast!" Dann war sie weg. Ich mochte den Geruch, den sie hinterließ. Und in dem Moment habe ich entschlossen, wenn ich hier heil rauskomme, werde ich Naiara zum Essen einladen. Wird sie annehmen? Nun, baskische Frauen sind sehr eigenwillig, aber ich bin nicht hier um über baskische Frauen oder wieso die Basken eine eigene Polizei haben zu dozieren. Ich bin hier um meine Hose aufzumachen, und einen ganz tiefen Einblick zu gewähren, in der Hoffnung, meine Haut und ganz nebenbei die Welt zu retten.

⁂

KAPITEL 3

MEINEN JOB TUN

Wieso sitze ich in Untersuchungshaft? Nun weil ich meinen Job viel zu ernst nehme.

Und was ist mein Job?

Es ist das, was mir keine Ruhe läßt, wenn ich es nicht tue. Also tue ich es besser.

Auch wenn ich für mich selbst andere Pläne mit meinem Leben hatte. Aber wie heisst es im Rheinland? Et kütt wi et kütt. Oder: erstens kommt es anders, zweitens als du denkst.

Oder - passend zu der Geschichte, die ich nun hier aufschreibe: Sie können gar nicht so fies denken, wie es läuft.

Meine anderen Pläne waren Drehbücher zu schreiben, am Liebsten mal eins für 007. Aber was ich nun hier, von meinem eigenen Leben diktiert, aufschreiben muss, sprengt wirklich jede Fiktion. Wäre das die Geschichte des neuen Bondfilms gewesen, ich hätte mein Eintrittsgeld zurückverlangt. So etwas Durchgeknalltes kann man sich nicht ausdenken, aber Drehbuchautoren wissen alle: reality is much stranger than fiction.

Vor vielen Jahren sagte mir ein, mir nicht besonders wohl gesonnener, Filmregisseur: „Hitler hatte ja auch mal von einer großen Karriere als Künstler geträumt! Aber wie wir ja alle wissen, hat das ja nicht klappen sollen. Aber in seinem Fall war das ja nicht ganz so schlimm. Denn er kam ja noch groß raus, und zwar viel, viel größer als es ein einfacher Künstler erwarten konnte!" Und dann fügte er als Punchline, über die er selber lachen musste, hinzu: „Nun, wie ich sehe, hast du ja noch alle Wege offen!"

Tatsächlich hatte er Recht, als Künstler kam ich nicht raus, auf einem anderen Weg schon. Und dieser Weg hatte mich gesucht, und nicht ich den Weg.

Mir ging es nie darum - im Gegensatz zu diesem Regisseur - „groß rauszukommen", beim Film habe ich so viele kennengelernt, die nur groß rauskommen wollten, aber nichts zu erzählen hatten. Mir ging es immer darum, Leute zum nachdenken zu bringen. Unterhalten ja sicher, aber mit Nährwert bitte.

Dass ich aber dann eines Tages solch einen schweren, unverdaulichen Happen lecker zubereiten sollte, dass hätte ich mir nie erträumen lassen. Und so war es ganz gut, dass ich das Kochen gelernt hatte. Und zwar das Kochen mit Worten, Bildern und Tönen. Auf die richtige Mischung kommt es an.

Und es war nur wegen der Kreativität und der Herausforderung, die damit einhergeht, dass ich auf diesem Weg geblieben bin. Denn dieser Weg ist nicht einfach, er durchkreuzt eine unaussprechlich widerliche, scheußliche Thematik, eben das Unsagbare.

Und es ist die Kreativität, die die Ohnmacht verbrennt und zur Macht verwandelt, und wenn es nur eine kleine Macht ist, aber sie reicht um wenigstens ein Lichtlein mehr anzumachen. Und das ist dann immer ein Gewinn. Ein weg von der Ohnmacht. Ein hin zur Macht.

Mir scheint nun, das sage ich zu meiner Verteidigung, dass mein Leben eine einzige langwierige Vorbereitung war, um jetzt hier diesen „Job" ausführen zu können.

Ich kann mehr oder weniger eine Geschichte erzählen, ich kann das auf drei Sprachen, ich bin ein wenig wie Forrest Gump, das heisst ich habe so oft schon in erster Reihe gestanden, wenn es darum ging, zu sehen, was wirklich los ist.

Das habe ich von meiner Großmutter geerbt. Sie ließ ihre Hand ins Grass fallen und fand jedes Mal ein vierblättriges Kleeblatt. Bei mir ist es auch so, nur was ich mühelos finde und sehe, ist das Haar in der Suppe, die Ratte im Keller, den Skorpion in der Kloschüssel, die Schlange im Wohnzimmer, das Possum in der Küche, den Wurm im System.

Und viele zerbrochene Seelen fand ich, die sich mir anvertrauten.

Ich habe in meinem „Tabula Rasa und die 3 Schritte des Erwachens" bereits darüber erzählt, dass meine Lebenserfahrungen wie ein großes Malen nach Zahlen sind, und dass ich zu oft dabei war, um aus eigener Beobachtung zu wissen, dass wir auf diesem Planeten von Psychopathen regiert werden. Und das sage ich einfach nur aus den Rückschlüssen, die ich bekomme, wenn ich mein nächstes Umfeld - also alles vor meiner Nase - beobachte. Dafür muss ich in kein Krisengebiet reisen, ich muss nur aufmerksam beobachten, was sich vor meiner ganz eigenen Nase hier in der sogenannten ersten Welt abspielt.

Und vorbereitet wurde ich auch, weil selbst das Unsagbare und Widerliche schon von früh an Bestandteil meines Lebens war. Für mich war es immer schon normal gewesen, mich mit dem Unsagbaren zu beschäftigen. Das Unsagbare hat mich oft amüsiert. Besonders immer dann, wenn ich das Unsagbare eben doch noch sagte. Wenn ich in Fettnäpfchen getreten bin, dann nur volle Pulle, ich bin direkt reingesprungen, nur weil ich sehen wollte, wie das Fett spritzt und die Umstehenden bekleckert werden.

Ein Beispiel: als ich zwanzig Jahre alt war, hatte ich eine Zeit lang als Bestatter gejobbt. Und ich habe es genossen, meine täglichen Erfahrungen den Freunden abends in nett-flockiger, lockeren Runde beim Glas Bier unter die Nase zu reiben. Auch mit Ekel kann man angeben.

Und wer stehen blieb und mehr hören wollte, war dann auch geneigt zu erkennen, wie viel der Mensch eigentlich verdrängt. Wieviel es gibt, was man nicht sagen kann oder will. Mit Sicherheit alles, was stinkt, Angst macht oder unbekannt ist. Und da wir als Individuum oder Gesellschaft nur sehr wenig kennen, verdrängen wir das Allermeiste.

Nun, es gab sogar mal eine Philosophie-Studentin, die ich mit solchen Gedankengängen beeindrucken konnte. Damals in Köln. Dort schlug ich ein, wie ein geölter Blitz. Aber da war ich noch jung und naiv.

Ich muss zum Punkt kommen. Nein zum Fund. Und es gibt zwei Funde, die ganz, ganz wichtig sind, um den Rest dieser Reise zu verstehen. Und dass man dann hoffentlich auch erkennt, dass ich so ganz direkt am Tode der Frau Möckelmann überhaupt keine Schuld trage.

Der eine Fund liegt im August 2013. Der andere irgendwann im Jahre 2012. Beide Funde machte ich in unmittelbarster Nähe meiner eigenen Haustüre. Es fiel mir im wahrsten Sinne vor die Füße.

Und beide Funde sind die Säulen auf denen hier alles aufgebaut ist: sowohl mein Wissen von dem Unsagbaren. Als auch die Konsequenz meiner Verzweiflung, die mich letztendlich hierhin in U-Haft gebracht hatte.

KAPITEL 4

DER ERSTE FUND

Zuerst der erste Fund, die nettere Anekdote: im August 2013 bekam ich Besuch von Raquel S. Sie ist eine junge attraktive Schauspielerin aus Valencia. Und genau so eine brauchte ich für meinen Roadmovie. Also lud ich sie ein und sie kam.

ROADKILL handelt von einer hübschen jungen Anhalterin auf dem Weg nach Santiago de Compostela. Ein Episodenfilm. Sieben völlig unterschiedliche Männer nehmen sie mit, und alle wollen mit ihr mal so richtig Polonaise tanzen. Doch alle müssen sterben. Nur einer - ein alter Priester, der sein Leben lang vor schönen Frauen mehr Angst hatte als vor dem Teufel - öffnet sein Herz, denkt laut nach, über sein verschwendetes Leben im Zölibat und die Zeit in der wir Leben.

Padre Luis nannte ich ihn. Er war der Grund weswegen ich den Film machen wollte: der Priester redet vom Bewusstseinswandel, vom Erwachen der Menschheit, von all den Dingen, die ich nun schon seit fast siebzehn Jahren studiere und beobachte.

Der Film redet von all den Dingen, die ich lernte, seitdem ich hier bei den Basken lebe, denn es sollte so kommen, dass ich hier zwischen den Bergen bei den sieben Zwergen Freundschaft mit echten Hexen und Schamanen machen sollte. Und während hier das Meer ständig die Küste neu formt, haben meine neuen Freundschaften mich bzw. mein Weltbild ordentlich verformt. Und nach so vielen Jahren gibt es immer ein davor und danach. Damals suchte ich neugierig, heute weiß ich ein kleines bißchen mehr. Die Kontinuität des Beobachten macht den Meister. Der Tropfen höhlt den Stein. Und mein Stein hat nun die arme Frau Möckelmann erschlagen.

Aber bitte. Was war? Ach ja. ROADKILL und Padre Luis. Im August 2013 machten wir die ersten Dialogproben, und mir war klar geworden, das Raquel das nötige Zeug hat, damit ein Priester sein Zölibat an den steifen Nagel hängt. Im Film ist der Priester der einzige Mann, der mit dem Mädchen "riki-riki", wie man hier sagt, machen darf und wird dann im süßesten Moment von seinem Schöpfer heimgeholt.

Abends, nach den Proben, waren Raquel, Juan, mein Assistent und ich schwofen. Es war Semana Grande, und direkt vor meiner Haustür war ein Straßenfest. Ein DJ legte auf, alles war am Hüpfen. Irgendwann standen Raquel und ich im Gedränge vor dem Getränkestand. Auf Produktionskosten kaufte ich mehr Bier. Etwas fiel mir auf den Fuss. Ich hob es auf. Es war ein weißes iphone 4s, genau so eins wie es Raquel ständig in der Hand hat. Raquel ist auch eine von denen, die es liebt im facebook die neusten Kommentare unter ihrem letzten Bikini-Foto zu lesen.

Ich schob Raquel das iphone von hinten in ihre Handtasche und zischte in ihr Ohr: "Mädchen, pass eine bisschen besser auf deine Sachen auf!"

Raquel schaute sich das iphone an und sagte: "das ist nicht meins!"

Dann meinte ich noch ein Bein im Gedränge gesehen zu haben, das Bein, das zu der Hose gehörte, aus dessen Tasche das iphone fiel. Im Reflex wollte ich hinterher, doch Raquel hielt mich zurück. "Das behalt mal. Du brauchst es, um mit mir in Kontakt zu bleiben."

Wer hätte da widerstehen können?

Was ich da noch nicht wusste, war, dass dieses iphone mein Hauptwerkzeug werden sollte, um akribisch all die Geschehnisse zu dokumentieren, die keiner sehen will und die so grauenvoll sind, dass daher der Buchtitel kommt:

Vom unaussprechlichen Glück das Unsagbare zu finden.

⁂

KAPITEL 5

NEUE FRAGEN

Und bevor ich zu dem zweiten Fund komme, dem eigentlichen Fund, und weswegen ich hier in U-Haft sitze und alles nun aufschreibe, muss ich vorher noch ein bisschen ausholen. Denn komme ich hier zu schnell mit zu großen Themen, dann kneift der Verstand im Reflex zu. Der Verstand ist ein mentaler Schließmuskel. Sie wissen schon … Da muss man sich erstmal mit dem kleinen Finger langsam und behutsam vorarbeiten. Und etwas Vaseline nehmen …

Und dafür gehe ich zurück an den 17. Mai 2012. An dem Abend präsentierte ich meinen no-budget Film APAGA LA LUZ Y VERÁS auf dem Festival Ecozine in Zaragoza. Zu Deutsch heißt der Film: Mach das Licht aus und du wirst sehen. Den Film habe ich mit kleiner Kamera in der Hand gedreht. Ich sprach mit elf blinden Männern und Frauen im Jahre zwanzig-elf über die Welt heute. Elf auf Spanish heißt ONCE. Und ONCE ist auch die Organisación Nacional de los Ciegos Españoles. Die spanische Blinden-Organisation. Jeder Mallorca-Urlauber kennt sie, die Blinden, die den ganzen Tag in einem kleinen Bretterverschlag ausharren dürfen, um Lose zu verkaufen. Zumindest geben diese Los-Buden Schatten an all jenen Ecken, wo die Palmen nicht mehr wachsen.

Naiv, wie ich nun mal bin, dachte ich, die ONCE würde sich über meine visionären Blinden freuen, und mir den Film finanzieren. Aber ganz weit gefehlt. Am 11.11.11 gab es nicht die Premiere von meinen Film, sondern eine große Sonderlosziehung, wo mehrere Millionen Euro eingenommen wurden, und nur ein paar wenige verteilt wurden. Dieses Schnapszahl-Datum war der Traum eines jeden Losverkäufers. Gerade jetzt zum ablaufendem Maya-Kalender gab es noch mehr hungrige Seelen als sonst, die in alles eine Bedeutung hineininterpretieren. Und der Wunsch nach Bedeutung und Erlösung kann zwanghaft werden, besonders wenn man zu denen gehört, die mit der Krise über die harte Tischkante gezogen wurden.

So wie ich auch. Denn meine Geschichten und Ideen sind nicht unbedingt Geschichten und Ideen, die das Kapital erzählt hören will. Im Klartext: Geld hat mich gemieden. ROADKILL war nur das jüngste Beispiel.

Das ging los nachdem ich den STÖRTEBEKER - DER PIRAT geschrieben habe (das war 2000). Und kurz darauf kam 9/11, und ich war dann ganz weg vom Fenster.

STÖRTEBEKER war eine Auftragsarbeit für Bavaria und Pro7. Ich schrieb mit einem Co-Autor zweimal neunzig Minuten in nur fünf Monaten. Uns gelang ein frischer, rauher, frecher, menschlicher Störtebeker, und vor allen hatten wir unseren Spaß mit unserer Version der dänischen Königin Margarete, die I., die regierte im 14. Jahrhundert.

Wir zeichneten sie als eine vom Neid durchtriebene Nymphomanin mit stechenden Augen und einem Haufen Scherben statt Zähne im Mund. All ihre Männer endeten irgendwann mal am Pranger im Keller. Dort vegetierte eine beachtliche Sammlung vor sich hin, nur um als Blitzableiter zu dienen, wenn Frau Königin mal wieder vor Zorn knisterte.

Keine zehn Jahre später hatte das selbe Konzept von Intrige und Perversion einen großen Erfolg. Man nannte es GAME OF THRONES und alles war pure Fiktion. Zumindest die Länder und ihre Bewohner. Das verlogene, durchtriebene, süchtige, kranke Verhalten der menschlichen Seele, diese Spirale, die sich langsam in die Dunkelheit bohrt, die war nicht erlogen. Und es ist okay und vielleicht gewollt, dass wir in diesen Abgrund schauen. Aber was wir bis heute nicht dürfen, ist, diesen Abgrund mit irgendeiner echten Autorität, heute oder damals, in Verbindung zu bringen.

Die Königin ist unfehlbar. Und das stellt man nie in Frage. Auch heute nicht.

Jetzt nach neusten Erkenntnissen wundere ich mich, ob man tatsächlich uns beide Autoren auf eine schwarze Liste gesetzt hatte. Interessanterweise habe weder ich noch mein damaliger Spannmann je wieder ein Drehbuch verkauft. Na gut. Die Paranoia ist Teil dieses Buches hier, Teil meiner Memoiren, Teil meines Wesens, sonst säße ich ja jetzt nicht hier bei der Polizei in Untersuchungshaft. Aber ob ich nun auf einer Liste stehe oder nicht, ich habe kein Drehbuch mehr verkauft und bin noch schneller vom Goldeselchen runter gefallen als ich raufgeklettert bin.

Da ich plötzlich am Minimum herum knappste, stellte ich mir ein paar ganz neue Fragen. Solche Fragen stellt man sich natürlich nicht, wenn man Geld hat. Da sind die Fragen dann anderer Natur. Wenn man Geld hat, fragt man sich, welches Auto kauft man sich oder wohin fährt man in den Urlaub. In den Zeiten meines persönlichen Goldrausches stellte ich mir täglich überwiegend zwei Fragen, und die immer mit der Speisekarte in der Hand: Fleisch oder Fisch? Und die zweite Frage war: Bier oder Wein?

Doch als das vorbei war, öffnete sich mein Horizont gewaltig. Die Frage Aldi oder Lidl musste ich mir nie stellen, denn einen Aldi gibt es hier nicht.

Und wenn man kein Geld mehr hat, um es unter die Leute zu bringen, dann bleibt man zu Hause. Und da stellte sich dann die Frage: TV oder Internet. Und TV mochte ich noch nie. Filme unterbrechen ist eine Sünde. Ich sehe lieber keinen Film als ständig unterbrochen zu werden. Und den Rest im TV kann man knicken. Ab und zu gibt es eine nette Doku über sibirische Wölfe, kanadische Füchse oder dänische Schlampen. Aber von den Schlampen gibt es noch mehr im Internet.

Und schnell merkte ich, im Internet gibt es noch viel mehr als nur Schlampen. Dort gibt es auch ganz andere Nachrichten zum Weltgeschehen. Dort gibt es eine, nein mehrere, alternative Perspektiven. Und dort gibt es die fehlenden Einträge in unseren Geschichtsbüchern. Und dort gibt es jede Menge Bullshit und Desinformation. Und die Schlampen, und die Kätzchenfotos und die Formel 1 und und und.

Und immer alles dann, wenn man selber es will. Man muss es nur wollen.

Und man muss nur beobachten, wie unser Wollen gelenkt wird.

Und so kamen plötzlich ganz neue Ideen und damit Fragen in mein Leben. Und nur, wenn man kein Geld mehr hat, traut man sich auch zu fragen: was ist überhaupt Geld? Da ich es nicht mehr hatte, wurde mir klar, was es war. Uns fällt immer erst auf, was es, er oder sie war, wenn man es, ihn oder sie verloren hat.

Also was ist Geld? Und das war die Frage, die mich auf den großen Wurm in der Suppe aufmerksam machte.

*

Kapitel 6

Geld

Ich war Sparkassenlehrling in den Achtzigern. Habe gelernt, wie man Geld verwaltet oder verleiht. Und habe geglaubt Geld entsteht durch Fleiß und Mühe. Die Herkunft des Geldes war dem Kleinkind sein Klapperstorch. So etwas hinterfragt selbst kein Bänker, der braucht nämlich nur ein frisch rasiertes Kinn, ein feines After-Shave, ein gebügeltes Hemd und eine geschmackvolle Krawatte, um seinen Kunden von seiner fachmännischen Seriosität zu überzeugen. So ein Mann sieht aus, als würde er wissen, wo das Geld herkommt, und da man sich selbst nicht als Unwissender outen möchte, fragt man so einen feschen Herrn erst gar nicht, und nimmt einfach hin, was er sagt.

In der Zukunft werden Historiker sagen, dass unser Geldsystem nur durch die Magie der Psychologie getragen wurde. Schulden hat man, wenn man sich schuldig fühlt. Und so werden wir erzogen.

Und als ich dann so richtig gar kein Geld mehr hatte, kam der erste ZEITGEIST Film, natürlich auf youtube, und hat mir meine eingerostete Dose geöffnet.

Zum ersten Mal erfuhr ich als ehemaliger Bankangestellter, dass die Federal Reserve eine Privatfirma ist, mit dem Monopol auf Geldschaffung. Jeder, der Mal MONOPOLY gespielt hat, weiß, dass die Bank, wenn sie ohne Ende Geld nachlegen könnte, das ganze Spielbrett aufkaufen kann und wird. Damit das nicht geschieht, ist die Geldmenge bei MONOPOLY begrenzt. Aber zu gut kann ich mich erinnern, wie ich bei Nachbars Peter gespielt hatte und er es nicht merkte, wie ich meine eigenen MONOPOLY Scheine auch mitbrachte und ohne sein Wissen ins Spiel fließen ließ.

Der Film ZEITGEIST und meine kindlichen Versuche bei Nachbars Peter mischten sich zu einem Gefühl von Ohnmacht und Beschiss, dass ich drei Tage und Nächte nicht schlafen konnte.

Bereits vor Jahren sah ich im Fernsehen die Herren Bush von einer New World Order reden, doch nun endlich konnte ich mir zum ersten Mal was dazu vorstellen. Der totalitäre Staat. Alle abhängig vom digitalen Geld. Denn alles deutet darauf hin, dass man uns den Umgang mit Bargeld versauern will. Das es bald nur noch digitales Geld geben wird, und jede Transaktion, egal ob die Miete, der Kaffe, die Tabletten oder den Psychologen, alles wird sichtbar sein. Und das war 2007 mein größter Schrecken. Heute sage ich: was für eine friedliche Sorge das noch war!

Dann sah ich THE MONEY SECRET und der Film erzählte das Selbe wie ZEITGEIST. Geld wird aus dünner Luft gezaubert. Wie konnte man uns Lehrlingen bei der Bank während der ganzen Ausbildung so ein wesentliches Detail vorenthalten?

Das inspirierte mich zu einem Kurzfilm, den ich leider nie beendete. Banküberfall 1887. Vermummte Reiter überfallen die Bank in Santa Fe und rauben Säcke mit Gold. Ich glaube wir haben mittlerweile so viele Filme gesehen, wo Goldsäcke geraubt werden, dass wir im tiefsten Inneren immer noch glauben, Geld ist gleich Gold.

Der zweite Teil dieses Kurzfilmes wäre dann hundert Jahre später, also 1987. Just als Leonardo DiCaprio der Wolf der Wallstreet war, und ich das Wölfchen Am Wall. Der Wall ist direkt neben dem Islandufer und dort befindet sich die Sparkasse Wuppertal.

Während der Wolf den schwarzen Freitag in jenem Jahr an der Wallstreet miterlebte, war das Wölfchen gerade in der Kreditabteilung. An jenem Tag wurde ich Zeuge, wie alle meine Kollegen in nur wenigen Stunden um mindesten fünf Jahre gealtert sind.

Es wurde nur geschrieen, geraucht, hektisch telefoniert. Das Problem der Kreditabteilung war, dass die Kunden als Sicherheit für ihre Kredite ihre Aktiendepots überschrieben hatten. Doch an jenem düsteren Tag schrumpften die meisten Depots weltweit. Und damit schmolzen die Sicherheiten, wie ein Eisblock in einer Sauna.

Und das saugte die Lebensenergie aus meinen Kollegen. Ich stand nur dabei und konnte es genau mit ansehen. Mich hatte es nicht berührt. Das war nicht mein Film, das war nicht meine Sorge. Vermutlich tippte ich gerade mal wieder einen Brief an eine meiner Lieblingskundinnen. Meine Masche war, den Damen, die mir gefielen, mitzuteilen, dass sie Kundin des Monats ist, und nun ein Preis auf sie warte. Sie möge sich bitte mit dem freundlichen Herrn D. in Verbindung setzen. Und das alles auf original Bankpapier!

Gestern war ich ein Schüler, heute ein Herr im Hugo Boss Anzug. Und diese Eleganz hat dem Wölfchen enorm zum Rammeln verholfen. Und das war für mich tausendmal wichtiger als unsichtbare Depots. Ich war wahrscheinlich der einzige, der an die hübsche Tanja dachte und nicht an die Konsequenzen dieses historischen Tages. Dass die Kurse stürzten interessierte mich nicht die Bohne. Ich hatte keine Depots, die schrumpften, aber etwas zwischen den Beinen, das wuchs, als ich nach der Arbeit Tanja den Preis verliehen hatte.

Aber zurück zu meinem Kurzfilm. Nun kommt der zweite Teil. 1987. Da war das Geld aus Papier und ein Arbeitskollege, wir waren im gleichen Lehrjahr, stürmte aufgebracht durch die Schalterhalle der Hauptfiliale auf mich zu und schrie mich ohne Rücksicht auf anwesende Kunden an:

„Lass die Finger von meiner Cousine, du Schwein!"

Genau so war es. Er war Tanjas Cousin. Noch bevor er mir an die Gurgel gehen konnte, wurden wir durch Schüsse unterbrochen.

Es stürmten drei Typen im Trenchcoat in die Bank, jeder hatte einen Strumpf über seinem Gesicht, jeder fuchtelte mit einer Schnellfeuerwaffe: „Dies ist ein Überfall!"

Zum Glück war der Herr Waise, unser Chefkassierer, weise und hat die Kohle sofort rausgerückt und es uns allen erspart, in bester Tarantinofilm Manier noch gefoltert oder erschossen zu werden.

Die Täter stopften ihre ADIDAS Tasche voll und waren verschwunden. Die ganze Aktion dauerte nicht zwei Minuten. Früher mit den Goldsäcken gab es mehr zu schleppen. Da brauchte man mindestens Pferde, um die Beute zu bewegen.

Und dann kommt der dritte Teil meiner Bankraub-Triologie. Der spielt heute, 2017.

Diesmal kommen drei vermummte Männer, mit Maschinenpistolen, mit Gewalt oder ohne, das kann sich jeder so ausmalen wie er will. Der Kern der Geschichte ist aber, dass die Bargeldfächer so gut wie leer sind, weil der Geldwert digital auf der Festplatte der Bankfiliale schlummert. Doch das Ganoven-Trio hat sich vorbereitet. Sie brachten einen Pen-Drive mit und zapften damit den Computer der Bank an. Kaum haben sie den Ordner mit dem virtuellen Geld gespottet, wird der ganze Ordner auf den Stick kopiert.

Aber da es mehrere Millionen sind, dauert das Kopieren etwas länger. Draußen hört man herannahende Polizeisirenen. Der Pen-Drive ist leider nur ein USB 2 und kein USB 3. Der Verantwortliche für diesen Fehler wird auf der Stelle erschossen, die beiden anderen schaffen es das ganze Archiv auf ihren Stick zu laden und verschwinden durch die Hintertüre.

Das ist filmisch schön, aber so läßt sich keine Bank überfallen, das ist natürlich quatsch. Nicht Quatsch ist, dass Geld zum überwiegenden Anteil nur noch virtuell ist. Schon damals in meiner Sparkassen-Zeit, also Ende Achtziger, gab es einen, der bekannt wurde, dass er mehrere Millionen zusammen geraubt hat, ohne dass es einer gemerkt hatte, ohne dass er nur einem geschadet hatte. Wie hat er das gemacht?

Er war einer der ersten Hacker und er hatte ein Programm geschrieben, dass jedesmal, wenn eine Banküberweisung ausgeführt wurde, er die dritte Stelle hinter dem Komma auf sein Konto überwiesen bekam. Die dritte Stelle ist nur virtuell, aber im virtuellen gibt es sie. Und so langsam kam was zusammen. Über solche kriminellen Anekdoten redet keine Bank gerne, denn die machen es zu deutlich, wie sehr wir betrogen werden.

Und es will auch keiner der Banker uns erzählen, wie sehr man uns in das Gehirn scheißt, damit wir diesen Betrug ja nicht mitkriegen.

Wir stehen dabei und lassen es zu, dass die Welt in Gewinner und Verlierer eingeteilt wird. Sex kann man kaufen, Liebe aber nicht. Und wer so was sagt, ist ein Romantiker. Für die meisten ist der kurze Kick, den man sich mit virtuellem Geld kaufen kann, wichtiger und notwendiger als das Leben selber und die Gesundheit des Planeten. So sind wir eigentlich alle Co-Junkies in einem kranken Spiel.

Mir war auf einmal schlagartig deutlich, wie sehr alles gesteuert wurde, und das wir nun an einem Punkt angekommen sind, wo wir den Wert von digitalen Ziffern über den Wert des Planeten und damit über unser Leben setzen. So platt wie es sich anhört, genau so platt ist es auch. Und keiner merkt es.

Aber eigentlich könnte ich selbst damit Leben, dass unser Geldsystem ein riesengroßer Megabeschiss ist, ein globales Ponzi-Schema. Das ist okay für mich. Denn mich betrifft es nicht. Ich habe eh kein Geld ;-) Schluchz.

Aber was ich nicht okay finde, ist, dass man uns nicht mehr das einfache, nackte Leben gönnt. Und da bin ich wieder bei dem Unsagbaren.

⁂

KAPITEL 7

WORUM GEHT ES?

Nachdem ich ZEITGEIST gesehen hatte, konnte ich keine Tageszeitung und kein TV mehr ertragen. Ich muss nur fünf Minuten in die Glotze schauen, und schon sehe ich, wo der Hase läuft. Mittlerweile lebe ich fünfzehn Jahre ohne TV, und jedesmal wenn ich bei Freunden zu Besuch bin, wo die Glotze läuft, fühle ich mich wie ein Nichtraucher unter Rauchern. Nur ein Nichtraucher erkennt den penetranten Gestank der Glimmstengel. Aber wer den ganzen Tag im Mief sitzt, merkt es nicht mehr. Und wem den ganzen Tag ins Hirn geschissen wird, der merkt das auch nicht mehr, und bildet sich sogar ein, er sei informiert.

Mir wurde auf einmal bewusst, wie gewisse Themen hervorgehoben werden, wiederholt werden, vergrößert werden, während andere Themen überhaupt nicht existent sind, völlig tabu sind, ignoriert werden. Oder verspottet werden.

In meinem frisch gezündeten Eifer schrieb ich sogar den SPIEGEL an, mit der Bitte um Stellungnahme zu dem Film ZEITGEIST. Damals hatte ich echt noch geglaubt, dass ich die tüchtigen Journalisten auf etwas hinweisen konnte, was sie vielleicht in ihrem beruflichen Eifer übersehen hatten.

Meinen Sie etwa da kam eine Antwort?

Natürlich nicht. Als ich erkannte, dass der ganze „Internetquatsch“ keine faire Betrachtung durch unsere „freien Medien“ findet - es sei denn wir reden von Porno -, verschlug es mich nur noch um so mehr ins Internet. Das alberne Tabuisieren machte mich natürlich nur neugieriger.

So saß ich nächtelang vor youtube. Hörte mir die Vorträge von David Icke an, las die Beiträge von David Wilcock, und quälte mich durch die konfusen

Reportagen eines Ben Fulfords und fand das alles sehr beeindruckend. Das will sagen: ich konnte es weder annehmen noch glauben, aber auch nicht verdrängen und leugnen.

Also habe ich immer weiter geforscht. Dinge, die da so im Internet erzählt werden, sind für mich nur glaubhaft, wenn ich im echten Leben eine Erfahrung gemacht habe, die mit dem Erzählten im Internet im Einklang steht. Was ich auch gelten lasse, sind Erfahrungen von Menschen, denen ich vertraue. Beziehungsweise von Menschen, die stimmig sind. Als Drehbuchautor entwickelt man schließlich ein Gespür für eine Person, und wie die sich hier oder dort verhalten würde. Ob sie stimmig ist oder nicht. Selbst wenn unsere Mitmenschen uns plötzlich überraschen und auf einmal nicht mehr stimmig sind, läuft es nach einer unsichtbaren Regel. Und dieser Regel bin ich immer auf der Spur. Mal erkenne ich es halt deutlicher, mal nicht.

Aber mein Sammeln an neuen Informationen ging immer weiter. Und die Liste all jener Augenöffner, also Menschen die uns sagen, dass es weit mehr gibt als die materielle Welt und die Deutsche Bank, als Schulden und Pflichten, wird Gott sei dank täglich länger.

Und ich saugte mich voll mit all diesen neuen Dingen, die der Mensch hoffentlich schon bald kollektiv erkennen wird, wie zum Beispiel:

wir sind spirituelle Wesen, die menschliche Erfahrungen machen. Das Leben ist weder ein Unfall, noch ein Zufall. Das Leben ist der Sinn. Es gibt nur das Jetzt, und Liebe hält alles zusammen.

All diese schönen und frohen Botschaften kann man nun alleine in der gemütlichen Wohnung auf seinem facebook konsumieren. Früher musste man dafür zumindest zum lokalen Chinesen gehen, dort fand man sein Seelenheil als Nachtisch in den weisen Sprüchen der Glückskekse. Aber Scherz beiseite. Diese Glücksbotschaften sickerten immer wieder durch. Und nicht nur auf dem Bildschirm oder im Buch, nein, im eigenem Leben kann sich dem keiner entziehen: ein Leben ohne Liebe tut nur weh.

Damals, da, wo ich aufwuchs, war Jesus der große Meister, der uns zeigte, wo der Hase läuft. Nur leider waren seine Texte nicht ganz so einfach zu verstehen, und die Kirche, die seine Texte vermittelt, einfach nicht sexy genug, um junge Menschen zu binden (im Gegenteil zu RTL). Das änderte sich dann mit Eckhart Tolle. Der lehrt in einfacher Sprache die Kraft der Gegenwart, und dass es nur die Gegenwart gibt. Dank Tolle hatte ich zum ersten Mal das Gefühl, Jesus verstanden zu haben.

Aber ich hatte nicht nur neue Bücher gefunden, sondern auch neue Freunde.

Von meinem Schamanen-Freund Xabi habe ich bereits in Tabula Rasa berichtet. Von ihm lernte ich, dass wir fünf Körper haben und dass die alle mit einer Nabelschnur untereinander verbunden sind. Der physische Körper, also der Körper der uns so viel Lust oder Leid beschert, ist gerade mal nur fünf Prozent unserer Existenz. Und nur dieser Körper ist an Ort und Zeit gebunden. Die anderen Körper nicht, die anderen Körper lösen sich immer mehr von der 3D-Welt und reichen immer tiefer rein in die andere Dimension, ins Astral oder zur Quelle des Lebens. Wie könnte ich das mit Worten beschreiben?

Der energetische Körper, das ist der, der in der alten asiatischen Medizin behandelt wird. Wir haben alle schon einmal von Meridianen oder den Chakren gehört.

Dann kommt der emotionale Körper, und der ist fünfzig Prozent unserer Existenz! Die Emotionen, die wir haben, ziehen uns hoch oder drücken uns runter. Jeder weiß das. Und je länger man über dieses „Konzept" nachdenkt, umso deutlicher wird es uns, dass es so wichtig ist zu verzeihen.

Verzeihen ist eine sehr eigennützige Angelegenheit, denn wer es nicht schafft zu verzeihen, sammelt in seinem emotionalen Körper zu viel Groll an, und wenn dann der Groll alles verbittert hat, dann schwappt er über in den physischen Körper, der dann erkrankt.

Dann haben wir noch den mentalen Körper. Der hat sehr viel mit unserer Absicht zu tun. Man kann auch sagen, das ist der Kompass, der uns den Weg weist.

Und als fünften Körper haben wir den spirituellen Körper. Das ist unsere Brücke zu Gott selber. Die Quantenphysik spricht von einem Doppelgänger, den wir in einem Parallelkosmos haben. Dieser Körper ist unsterblich, und dieser Körper sammelt und speichert die Erfahrungen, die wir mit den anderen Körpern zu Lebzeiten gemacht haben. Und vielfach ist uns von Leuten, die schon klinisch tot waren, aber wiederbelebt wurden, berichtet worden, dass im Moment des Todes unser Leben in Sekunden an uns vorbei rauschte. Das ist so, weil all unsere irdischen Erfahrungen via „Nabelschnur" überspielt werden.

Wo ich hinguckte, merkte ich immer deutlicher: die Kiste, in die ich reingeboren und erzogen wurde, reicht nicht mehr aus, um die Welt in der wir tatsächlich leben, zu erklären.

Und ich erkannte, dass jeder Meister, Autor, Heiler versucht in seiner Sprache, mit seinen Bildern und seinen Mitteln etwas zu erklären, was am Ende immer wieder das Selbe zu sein scheint.

Bei manchen verwandelt die Sprache oder das Bild sich in ein Dogma, so entsteht die Religion. Dennoch, den Kern, den wir da alle versuchen zu beschreiben und zu erklären, ist immer wieder das Selbe:

Alle reden vom Wachstum der Seele.

Hier im irdischen Leben wird die Seele geschliffen und getestet.

Der Kampf zwischen Gut und Böse ist tatsächlich vom biblischen Ausmaße. Er findet um uns herum statt, aber noch viel mehr in uns drin.

Nur die Liebe ist wahr.

Und am Ende siegt das Gute. Immer.

Denn die Liebe hält alles zusammen. In der Liebe steckt das Alpha und Omega unserer Reise. Und reisen heißt Hindernisse überkommen. Aber mit jedem Hindernis, was wir meistern, wird unsere Kraft größer. Darum brauchen wir die Dualität, das Gute und das Böse, wir drücken uns gegenseitig nach oben, so wachsen wir wie eine Pflanze dem Licht entgegen.

Dreizehn Schritte sind es vom Samenkorn zur ausgewachsenen, fortpflanzungsfähigen Pflanze, die ein Samenkorn produziert. Die neun Energie-Stufen des Mayakalenders sind allesamt in dreizehn Kapitel unterteilt. Das sind dann sechs Nächte und sieben Tage. Das Licht, der Tag oder die Liebe ist immer ein Zipfelchen größer, denn das ganze Bauwerk - nenne es Kosmos, All, Universum oder Multiversum - ist darauf aufgestellt. Auf diesen kleinen Überschuss an Liebe. Und das reicht.

Apropos Maya, hier stand ich im Austausch mit dem bekannten schwedischen Maya-Forscher Carl-John Calleman und das inspirierte mich so sehr, dass ich auf einmal erkannte, was das Ende des Kalenders wirklich bedeutet.

Es ist der Gezeitenwechsel. Von Ebbe zu Flut, oder von Flut zu Ebbe. Wie bei einem großen Pendel. Jetzt geht die Reise in die andere Richtung. Wenn man es so sieht, macht so Einiges Sinn: in der Bibel steht, die die Vorne waren, sind nun hinten, und die die hinten waren, sind nun vorne. Schauen Sie auf eine Schiffschaukel und Sie verstehen die Bibel.

Es würde auch klären, wieso es keine Zukunftsprophezeiungen jenseits von 2012 gab. In der Richtung gab es halt nichts mehr zu sehen.

Es würde auch erklären, wieso das Ende des Kalenders von den Mainstream-Medien nur mit Spott und Grusel behandelt wurde, während die Herrscher unserer Welt den Maya-Kalender im Capitol und wer weiß wo sonst noch abbildeten, also ihn immer im Blick hatten, denn sie wussten immer schon, was es zu bedeuten hat.

Ich vermute, dass unsere Herrscher immer schon wussten, dass für sie die Zeit in diesen Jahren abläuft und darum sind sie so bestrebt, uns noch rasch klein zu prügeln, denn nur so können sie - noch etwas länger - an der Macht bleiben.

Haben Sie das verstanden? Ich wiederhole es:

Ich vermute, dass unsere Herrscher immer schon wussten, dass für sie die Zeit in diesen Jahren abläuft und darum sind sie so bestrebt, uns noch rasch klein zu prügeln, denn nur so können sie - noch etwas länger - an der Macht bleiben.

Und dieses Prügeln ist eine uralte Geschichte, manche sagen, es hat in Babylon angefangen. Andere sagen, es hat mit den Anunnaki vor 300.000 Jahren angefangen. Wann es anfing, weiß ich nicht. Dass es anfing und immer noch passiert, beobachte ich bis in den heutigen Tag hinein.

Damit einer oben sein kann, muss ein anderer unterworfen werden. Es reicht dem Gewinner nicht, dass er gewinnt, er will die Verlierer auch leiden sehen. Und ich sehe, um so stärker und mächtiger der einfache Mensch wird, um so drastischer, perfider und heimtückischer werden die Methoden ihn klein, dick und dumm zu halten, kurz, ihn zu unterwerfen.

Aber wie hinterhältig und wie gemein diese Prügel mittlerweile für uns - das Volk - geworden sind, hatte ich damals noch nicht wissen können, oder noch nicht wissen wollen. So etwas erkennt man nicht auf einmal. So etwas kann man nur Häppchenweise aufnehmen.

*

KAPITEL 8

ZWEI SCHRITTCHEN WEITER

Ich muss noch zwei Schrittchen weiter gehen, denn auch die fand ich bei meinen Forschungen im Netz und im Leben. Es gibt genügend andere, die sich mit jenen beiden Schrittchen beschäftigen, daher werde ich sie nur kurz anreißen, denn sie gehören hierhin, sind aber nicht das Unsagbare, weswegen ich hier alles aufschreibe. Auch wenn es für Sie vielleicht bei der ersten Lektüre jetzt erstmal so rüber kommt. Hier spricht man kaum drüber, aber deswegen ist es noch nicht unsagbar.

Das erste ist, dass es eine Schattenregierung gibt, die wie ein Parasit die Welt auslutscht. Nun das ist keine Verschwörungstheorie, dass ist Mathematik. James B. Glattfelder hat das in seiner Studie „Network of Global Corporate Control" ausgerechnet, an einem Supercomputer. Er hat dreidimensionales „Follow the money" gespielt, und siehe da, das weltweit achtzig Prozent aller großen Banken, Firmen, Holdings am gleichen Tropf oder man kann auch sagen: an der gleichen Hundeleine hängen. Sie haben das gleiche Herrchen. Natürlich geschickt versteckt hinter verschiedenen Marken und Namen.

Ganz deutlich wird das in diesen Tagen bei der „freien Presse", egal ob Bild oder taz - die Unterschiede findet man im Bereich des Fetischismus. Der eine steht auf grün, der andere auf braun, ich übrigens auf brünette, aber alle horchen auf das gleiche Herrchen, der belohnt oder bestraft.

Und dass das gleiche Herrchen durch seine finanziellen Verflechtungen in allen wichtigen Lebensbereichen (Nahrung, Bildung, Medizin, Unterhaltung, Kultur) tüchtig mitmischt, und kräftig hilft, unsere Welt und Wahrnehmung zu gestalten. Das kriegen Sie nur dann mit, wenn Sie aufhören ständig mit dem Schwänzchen zu wedeln, sobald es wieder ein Leckerli gibt.

Es geht aber noch ein Schrittchen weiter: diese Schattenregierung ist in Kontakt mit Ausserirdischen. Kann ich nicht beweisen aber auch nicht bestreiten. Oder anders: ich fände es sehr arrogant zu behaupten, dass das ganze Universum dafür da ist, nur um uns zu zeugen.

Aber die Crux der Geschichte ist ja nicht, dass die Außerirdischen blonde Jungfrauen stehlen, Demokratie exportieren oder Fast-Food Ketten eröffnen wollen. Sie wollen auch nicht unser Erdöl. Ganz im Gegenteil, sie zeigen uns, wie man freie Energie nutzen kann. Freie - also auch verbrennungsfreie - Energie.

Und wenn man das konsequent zu Ende denkt, erkennt man zwangsläufig, dass die freie Energie - egal ob ET oder Tesla uns gezeigt hat, wie das geht - nur eins bedeuten kann: das Ende der Not für alle.

Also wer diese Technologie vor uns versteckt, lebt von unserer Not. Und wer wird an der Not reicher und reicher?

Die Bank.

Willkommen im Kaninchenbau!

⁂

KAPITEL 9

DER FREUNDLICHE LUDE

Was passiert mit einer Frau, die von ihrem Mann verprügelt wird, misshandelt wird, und sich nicht dagegen wehrt, diesen Missbrauch einfach hinnimmt, oder sogar ihren Vergewaltiger in Schutz nimmt?

Meine Frage: was passiert dann? Hört der Mann einfach damit auf, sie zu schlagen? Oder wagt er sich jedesmal mehr? … wird jedesmal übergriffiger? … wird immer brutaler?

Die Antwort ist: da, wo sich niemand wehrt, wird die Verachtung des Täters doch nur um so größer.

Was geschah am elften September Zweitausendeins? Gibt es wirklich noch jemanden, der die „offizielle" Version glaubt?

Echt?

Könnte es denn sein, dass die drei Wolkenkratzer, die von nur zwei Flugzeugen getroffen wurden, doch nicht wegen des Kerosins zu Staub zerbröselten?

Ach, Sie wussten nicht, dass es drei Gebäude waren? Nun es waren drei. Das dritte war - für Manhattaner Verhältnisse - ein recht kleines. Es hatte gerade mal nur siebenundvierzig Stockwerke. Fiel uns nicht so auf. Konnte man glatt übersehen. An jenem Tage brannte in diesem Gebäude plötzlich eine seiner vielen Etagen. Wobei es weder von einem Flugzeug, nicht einmal von einem Fussball getroffen wurde, löste sich nach kurzem Brand auch dieses Gebäude in eine Feinstaubwolke auf. Glauben Sie das nicht? Dann googlen Sie mal bitte: WTC7.

Mittlerweile wissen immer mehr, dass der Reichstags-Brand sich wiederholt hat, auch wenn man es immer noch nicht so sagen darf. Noch nicht. Aber der Reichstag brannte wieder einmal. Diesmal war es viel spektakulärer, sichtbarer und wurde sogar live übertragen in der ganzen Welt.

Zum ersten Mal konnte die Weltbevölkerung gemeinsam zittern, und zwar so sehr, dass es an den magnetischen Polen unseres Planeten an jenem Tag messbar war. Stehen wir mit Mutter Erde näher in Verbindung als uns erzählt wird?

Auch ich brauchte ein paar Jahre bis ich erkannt habe, dass 9/11 ein False Flag Attentat war. Das waren nicht die Bösen da hinten auf der anderen Seite der Berge. Schätzchen wurde nicht von einem besoffenen Kunden, sondern von ihrem eigenen Schützer und Helfer (Volksmund: Lude) verprügelt. Diesmal so richtig, damit Schätzchen besser spurt.

Und so war es dann auch. Danach hat man uns jede Menge neue Bürden und Fesseln auferlegt. Und wir haben nicht ein einziges Mal aufgemuckt, im Gegenteil, wir ließen uns einreden, dies geschehe alles nur zu unserer Sicherheit. Zu unserem Bestem. Zu unserem aller Wohle.

Übrigens, all die Dinge, die ich hier aufschreibe, kann man googeln. Nichts ist erfunden. Wir befinden uns in einem Reality-Roman dirigiert vom Leben selber, und von mir beobachtet und kommentiert. Mehr traue ich mir nicht zu. Das Einzige was ich kann, ist beobachten, Fragen stellen, versuchen einen Zusammenhang zu deuten. Obwohl das mit dem Deuten so eine Sache ist. Je mehr ich selber anfing, die Dinge zu deuten, um so deutlicher wurde mir, dass es so etwas wie „Deutungshoheit" gibt. Nun wer hat die wohl?

Unsere Medien natürlich. Wenn die es sagen, dann stimmt es. Wenn es im TV läuft, dann gibt es das. Wenn es noch nie im TV lief, dann gab es das auch nie. Wenn es im TV unter „Freak-Show" läuft, dann ist es gewiss auch eine Freak-Show. Und die Lacher werden eingeblendet …

Es ist noch gar nicht so lange her, wo ich jeden Morgen in der selben Bar frühstückte. Ich aß immer ein Stück Tortilla, liebte den Kaffee im Glas mit geschäumter Milch und jeden, jeden Morgen las ich die Zeitung, von der ersten bis zur letzten Seite. Ich hatte meine Lieblingszeitung, wie jeder der Anwesenden seine Lieblingszeitung hatte. Und nach der war man süchtig. Befriedigt war man nicht, weil man irgendeine Zeitung gelesen hatte, sondern es musste die Lieblingszeitung sein. Und so ging das jedem, denn Leute sprangen auf, um schnell diese oder jene Zeitung zu ergattern, weil sie gerade frei wurde, aber nicht die andere, die einfach nur rumlag. Und das wiederholte sich jeden Morgen.

Manche mögen gelb, andere blau, rot, grün oder lila. So trägt sich das mit unserer Presse zu. Und da ich dieses Spiel auf drei Sprachen wiederholen konnte - damals kaufte ich hin und wieder den Spiegel, die NY Times oder El País am Kiosk - dachte ich allen Ernstes, ich sei gut informiert. Das war die Zeit, wo ich von den Mayas und dem Bewusstseinswandel schon gehört und gelesen hatte, aber nervös wurde, wenn ich mit zwei düster einherblickenden Arabern im selben Restaurant saß.

Auf der einen Seite erahnte ich schon ansatzweise, wie weit größer das Leben ist, und wie weit tiefer das Universums. Und auf der anderen Seite wurde ich von diffusen Feindbildern in Angst gehalten.

Wieso gibt es nie Frieden? Das hatte ich nie so ganz verstanden. Ich bin selbst in der Welt relativ viel rumgekommen, wie ein Hans-guck-in-die-Luft und habe eigentlich überall nur positive Erfahrungen gemacht. Egal welche Rasse, egal auf welchem Fleck der Erde. Aber an Respekt hat es nie gefehlt, manchmal entstand mehr, so etwas wie Freundschaft.

Aber was ich nie verstand, war, wie man gegen „die Anderen" einen Krieg führen kann. Sitzt man gemeinsam bei Speis und Trank versteht man sich immer gut. Liegt man aber im Schützengraben, ist es zu spät den Menschen hinter der Waffe kennen zu lernen.

Wieso gibt es immer wieder Kriege, wobei die Menschen immer näher zusammen wachsen durch immer größer werdende Familien und engere Verflechtungen?

Nun, weil Kriege geschürt werden. Weil Kriege gewünscht sind. Weil der Konflikt die Kasse zum Klingeln bringt und das System am Leben hält. Und weil man nur im Krieg oder Konflikt einen guten, starken, also mächtigen Anführer braucht.

Nur deswegen gibt es noch Kriege. Und nicht, weil der andere ein Vollidiot ist und nun besiegt werden muss. Gründe findet man tausende, wenn man sie finden will, und dass wir sie finden, dafür haben wir die gute alte Medienhure.

Früher gab es die Befehlsempfänger, heute sind es Geldempfänger. Und hin und wieder gibt es gewaltbereite Psychopathen in jeder Rasse und Religion. Und so Leute macht man gerne bekannt. Und so Leute kommen oft weit. Aber wie weit kommen die, wenn sie keine Unterstützung finden? Oder andersrum: wieso finden solche gewaltbereiten Psychopathen immer wieder Unterstützung?

Egal wann und wo.

Psychopathen kriegen Unterstützung von anderen Psychopathen. Sie wissen, dass man im Rudel uns, die Schäfchen, besser kontrollieren und reißen kann. Gemeinsam ist es leichter die Gerätschaften aufzustellen, die es dafür braucht.

Wie zum Beispiel die Federal Reserve. Deren Entstehung im Jahre 1913 unter Präsident Woodrow Wilson war gewiss einer der genialsten Streiche und Schachzüge, um langsam aber sicher alle Reichtümer dieses Planeten im Tausch für digitale Ziffern plündern zu können.

Mittlerweile sind wir ein blutiges Jahrhundert weiter. Und es war nicht nur das blutigste Jahrhundert überhaupt, es wurden auch ganz, ganz neue Spielsachen für die Mächtigen erfunden. Neue gemeine, widerwärtige Sachen, die dazu dienen uns zu beherrschen.

Aber da komm ich noch zu. Noch braucht Ihr Verstand ein bisschen mehr Vaseline. Aber seien Sie sich sicher, der so sympathische Beschützer und Ehemann, der nun endlich sein Ludengesicht zeigt, ist mit seinem Schätzchen noch längst nicht fertig.

Was meinen Sie, wenn der Lude dem Schätzchen die Fresse blutig haut, ist das der Schlusspunkt oder der Anfang für „noch schlimmer"?

Natürlich wird es nur schlimmer, besonders dann, wenn sie es zulässt, wenn sie sich nicht einmal ansatzweise wehrt.

Und dort an der Ecke, wo ich stehe, sehe ich ganz genau, was unser freundlicher Lude noch so für sein Schätzchen in Petto hält. Und das ist tatsächlich unfassbar und unsagbar. Und ich fürchte, das ich Sie und Ihre Aufmerksamkeit zu schnell verlieren könnte, wenn ich es zu früh ausspreche. Die meisten kneifen im Reflex direkt zu.

Ich weiss wovon ich rede. Keiner will es hören. Genau darum ist jetzt bei mir das Fass übergelaufen! Keiner will es hören! Niemand und keiner.

Darum nahm ich die Geiseln. Ich wollte erzwingen, dass man mir ENDLICH zuhört. Ich wollte kein Lösegeld und nichts dergleichen, ich wollte nur, dass der baskische Minister für Umwelt kommt, und sich anhört, was ich ihm zu sagen habe. Nur das wollte ich! Und ich würde mich freuen, wenn meine Verhaftung und die MOTIVE meiner Tat in der ganzen Welt Schlagzeilen machen. Auch das wäre ein Weg, dass man es endlich begreift, was man uns antut. Und auf diesen Punkt, wo wir es alle läuten hören, steuern wir unaufhaltsam drauf zu. Auch, wenn die Meisten von Ihnen das noch nicht für möglich halten können.

Aber dieser Punkt kommt, mit meiner Niederschrift vielleicht zehn Minuten schneller. Der Punkt, an dem wir es alle verstehen, der ist so sicher wie der Tod der armen Frau Möckelmann. Mir gibt man jetzt die Schuld an ihrem Tod. Mal ehrlich, wäre meine Geiselnahme ohne eine Tote gewesen, wäre ich längst wieder bei mir zu Hause. Denn eigentlich hat ja kaum einer kapiert, dass ich das mit der Geiselnahme ernst meinte. Es war ja noch genug Wein für alle da. Und gesungen hatten sie auch.

Es ist einfach dumm gelaufen, oder eben nicht. Denn ohne Tote keine Polizei, keine Verhaftung, keine Verteidigung, kein Geständnis. Keiner der mir zu hört. Eigentlich läuft es genau so, wie ich es wollte, auch wenn der baskische Umweltminister noch nicht gekommen ist, aber sicher wird er von mir erfahren, und dann kann ich nur hoffen, dass er sich hier mein Schreiben durchliest. Sich meine Sammlung anschaut. Und bitte selbstständig über alles nachdenkt. Doch damit sind heutzutage die Meisten schon überfordert.

⁂

KAPITEL 10

TOM & BARBARA

An dieser Stelle wird mir wieder bewusst, dass ich in U-Haft sitze. Wie kann ich nur Kapital aus dieser mißlichen Situation schlagen? Hoffentlich erfährt es die Presse. Wie dumm von mir, dass ich die nicht vorher gewarnt hatte. Mit einem anonymen Anruf. „Kommen Sie heute abend zum Mirador de Ulia! Es wird sich was Schreck-lich-es zutragen. Bitte bringen Sie Kamera und Mikrofon mit!"

Wieso habe ich da nicht dran gedacht? Nun, weil die ganze Aktion nicht so richtig geplant war, die Idee durch Geiselnahme Aufmerksamkeit zu erzwingen, war nicht neu, aber die Ausführung war sehr spontan. Und es war Alkohol im Spiel, und schließlich ein Reflex auf diese notgeile, arrogante Millionärsschnepfe, Frau Rittenbach. So eine blöde Kuh.

So etwas ist mir in all den Jahren noch nicht passiert. Als Reisebegleiter bzw. lokaler Tour-Guide habe ich schon so einiges erleben dürfen, aber die sabbernde Rittenbach hat das Maß gesprengt.

Ich erzähle Freunden gerne, dass ich als Gleitmittel arbeite. Leute kommen, wollen hier einen schönen Urlaub haben, und ich achte darauf, dass alles gut flutscht. Der Normalkunde ist ein Bus mit zwanzig bis fünfundvierzig Personen, meist Rentner, und wir machen einen gemeinsamen Spaziergang und ich erzähle zu Allem etwas. Zum Abschluss wollen die Meisten die lokale Küche ausprobieren, und bei einem kühlen Glas Txakoli findet man immer nette und dankbare Gesellschaft. Man könnte dann vergessen, dass das Kunden sind.

Ich mag meine Auftritte, ich fühle mich dann so ein bißchen wie Alex, der Löwe aus dem animierten Kinderfilm MADAGASKAR. Am Ende gibt es Applaus und ein Steak.

Manchmal gibt es Spezialaufträge. Da begleitet man z.B. ein reiches Paar in Limousine mit eigenem Chauffeur. So etwas ist immer ganz interessant. Diese Leute, egal woher sie kommen, was sie machen, sind alle in Urlaubsstimmung, und bisher haben wir immer zusammen zu Mittag gegessen, auf deren Kosten natürlich. Und was ich immer liebte, war es mich vorsichtig vorzutasten und den Leuten auf den Zahn zu fühlen. In ganz seltenen Fällen hat man sich über mich und meine kecke Art beschwert, in den meisten Fällen habe ich interessante Bekanntschaften gemacht und gute Gespräche führen dürfen.

Und so war es auch mit Tom und Barbara. Zwei ältere Amerikaner. Sehr wohlhabend. Sie hatten mich vor vielen Jahren als Pausenclown für ganze drei Tage gebucht. Ich weiß noch genau, wie ich sie im Hotel Londres abholte, das ist vor Ort das zweitbeste Hotel, aber vielleicht die bessere Wahl, denn nur vom Londres aus sieht man die schöne Muschelbucht, und nur hier hat man den Strand direkt vor der Türe.

Egal was ich den beiden zeigte, egal, wo ich sie hinführte, Tom und Barbara schauten sich alles mit so einer tiefen, stillen Traurigkeit an. Ich wunderte mich, ob ich es bin, der sie stört. Manchmal ist das so, man trifft einen Kunden oder bekommt einen Reisebegleiter zugestellt, und man will diese Person direkt wieder loswerden. So etwas kommt selten vor, aber das gibt es. Muss ich jetzt mit Tom und Barbara drei Tage lang die Faust in der Tasche machen? Das schaffe ich nicht.

Also fing ich an, meine Witzchen zu machen. Ein bißchen zu provozieren. Oben auf Monte Jaizkibel steht eine verlassene Ruine, hier erzähle ich gerne, dass das die erste McDonald Filiale war, aber von der ETA gesprengt wurde. Tom und Barbara lachten laut auf. Also ich störte sie nicht.

So war die Zeit mit den beiden doch noch angenehm. An unserem letzen Tag hatten wir unser Lunch in St.Jean-de-Luz. Wir saßen im Freien, ich aß ein einfaches Omelette. Wenn Kunden mich zum Essen a la carte einladen, bin ich immer bescheiden. Und da es mir drei Tage auf der Zunge brannte, fragte ich endlich, womit sie ihr Geld verdienen.

„Wenn wir dir das sagen, wirst du uns hassen."
„Ihr seid von der Federal Reserve!" platzte es aus mir raus.
„Nein. Ich baue thermonukleare Waffensysteme, meine Frau arbeitet an Plasma-Waffen."

Das Letztere hatte ich gar nicht verstanden, da ich es noch nie gehört hatte. Da war das Unsagbare von mir noch ungehört.

Ich saß da wie vom Blitz getroffen, habe den Reflex aufzuspringen und wegzulaufen unterdrückt. Nicht weil es völlig nutzlos wäre, sondern weil ich immer noch die Menschen Barbara und Tom vor mir sah. Sie haben nun ihre Wunde offenbart. Nun verstehe ich, wieso es mir die ganze Zeit so vorkam, als ob sie ein riesengroßes Kreuz zu schleppen haben. Nun verstehe ich, wieso ihre Kinder mit ihnen gebrochen haben. Wenn man drei Tage jemanden begleitet, kommen solche Details eben hoch.

Ich war am Ende einfach nur dankbar, dass ich als Filmemacher und Drehbuchautor immer wieder in die Vielfalt der Menschheit rein tauchen durfte. Oft stand ich schon in der ersten Reihe. Wie oft habe ich schon gesagt, dass ich manchmal denke, ich bin ein bißchen wie Forrest Gump. Wieviel habe ich schon gefunden, ohne gesucht zu haben?

Nach deren Geständnis war der Knoten gelöst, Tom und Barbara schienen dann völlig entspannt, und dann wurden sie müde. Es tat ihnen gut, dass ich nicht weggelaufen bin. Die Limousine kam uns holen, die Rückfahrt dauerte kaum vierzig Minuten. Und Barbara und Tom schlummerten wie zwei zufriedene Kleinkinder auf der schwarzen Ledergarnitur der großen Mercedes Limousine.

Ich popelte diskret in meiner Nase und wunderte mich über das Wort Plasma. Hätte ich doch nur damals schon gewusst, was ich heute weiß, ich hätte noch ganz, ganz viele Fragen, besonders an Barbara.

⁂

Kapitel 11

Suche Allianz

Und als ich dann endlich auch das Unsagbare bemerkte und erkannte - und ich war gewiss nicht der Schnellste, auch hier, wie so oft, war ich ein Spätzünder. Aber je später ich zündete, umso heftiger ließ ich es knallen.

Und als ich dann von dem Unsagbaren endlich wusste, habe ich mich durch mein Gewissen so dermaßen verpflichtet gefühlt, dass ich keine Ruhe mehr fand, nicht mehr wegschauen konnte, und rund um die Uhr, bei jeder Gelegenheit versuchte, Verbündete im Kampf gegen dieses heimtückischste aller heimtückischen Verbrechen zu finden.

Meine erste Anlaufstelle war ein einflussreicher, angesehener Mediziner und geschätzter Freund aus meiner alten Heimatstadt. Er interessierte sich zunächst sehr für meine Beobachtungen und Sorgen, wir kommunizierten angeregt, und dann auf einmal wurde er plötzlich stumm.

Ihn gibt es noch, denn er antwortet auf alles andere, wie auf nette Weihnachtsgrüße. Nur bei dem Unsagbaren sagt er nichts mehr. Und das ist schade, denn anfänglich waren seine Ohren offen. Und ich wollte mit ihm reden, weil ich ihn für eine Kapazität halte und sehr respektiere. Aber nein. Stromausfall.

Das selbe wiederholte sich mit einem bekannten, katalanischen Neurologen, den ich auf einem Kongress für alternative Medizin kennengelernt hatte. Auch er zeigte erstmal große Neugierde, dann präsentierte ich meine Indiziensammlung, und als Antwort kam das ganz große Nichts.

Diese Reaktion musste ich dann noch öfters erleben. Eigentlich immer, wenn ich den Leuten meine Sammlung zeigte, die befürchten läßt, dass das Unsagbare schon längst stattfindet, bekam ich als Antwort jedes Mal Nichts. Nichtmals ein Nein kam. Einfach nur totaler Black-out. So eine Art mentales Klaffen. Mir kam dann der Eindruck, ich konnte durch den klaffenden Verstand meines Gegenübers in sein dunkles Nichts glotzen.

Erst später lernte ich, dass die Psychologie so etwas „kognitive Dissonanz" nennt. Stoßen wir auf etwas, das wir uns nicht erklären können, das nicht in unser Weltbild oder Glauben passt, dann lassen wir es einfach fallen, und tun so, als hätten wir es nie gesehen.

Doch wer mich kennt, weiß, dass ich nicht so schnell aufgebe. Irgendwann finde ich den oder die, die nicht wegschaut. Irgendwann finde ich die nötige Allianz, die es erkennt, und die mir hilft dieses Verbrechen zu stoppen.

Im Dezember 2013 witterte ich eine neue, große Chance Alliierte für den Kampf gegen das Unsagbare zu finden. Die Fussballmannschaft Bayer Leverkusen kam, mein Job war es, sie am Flughafen abzuholen. Fussball interessiert mich gar nicht, man musste mich aufklären, dass die Werkself nun gegen Real Sociedad spielt, es war ein Spiel der Champions League. Eine große Nummer.

Das erkannte man schnell an den fünf Bussen, die am Flughafen warteten. Für die Mannschaft, die Werkself, kam sogar der Originalbus aus Leverkusen, der ist über Nacht vorgefahren, denn so wichtig ist es doch, dass das Popöchen der Queen auf dem eigenen Klodeckelchen sitzt.

Es gab für jeden Bus ein bis zwei Begleiter. Und einer davon war ich. Die Ruhe vor dem Sturm. Manche rauchten. Jeder machte ein Foto von dem Bus der Werkself. Der ist schon ein Machtsymbol. Der, auf baskischen Straßen, wird Respekt einflößen.

Und auf einmal war der gecharterte Airbus da. Die Tür ging auf, allen voran Rudi Völler gefolgt von einem riesigen Pulk bestehend aus Werkself, Jugendmannschaft, VIPs, Sponsoren und Presse verteilten sich auf die Busse.

Mir wurde die Presse zugeteilt. Oha!, dachte ich. Mal sehen ob ich hier eine Allianz finde. Vorsichtig lauerte ich auf meine Chance das Eis zu brechen.

Abends musste ich nochmal ins Hotel, um die Presseleute zum Essen in ein 3-Sterne Restaurant zu begleiten. Hier in San Sebastián haben wir 16 Michelin-Sterne. Und drei davon durfte ich heute Abend kennen lernen.

Zum ersten Mal setzte ich meinen Fuss in solch einen Luxus-Schuppen. Ich begleitete die Presse (zehn Mann und eine Frau) an den für sie vorgesehenen Tisch, und da dort ein Platz übrig blieb, und zwar direkt neben Herrn S., der mir der interessanteste aus der ganzen Runde erschien, setzte ich mich dazu und nahm an dem fünfgängigen Menu teil. Ich hatte keine Anweisung bekommen nicht an dem Menu teilzunehmen. Und der Platz am Tisch war wie nur für mich da, keiner der Anwesenden hatte ihn beansprucht, so dass ich mich hinsetzen musste. Es war eine Fügung. Erst später fiel mir auf, dass sonst keiner meiner Reisebegleiter-Kollegen anwesend war!

Nach einem kurzen Anruf wusste ich, dass meine Kollegen gegenüber in der Tankstelle Hot Dogs und Pappbecherkaffee hatten, um das Ende des 3 Sterne Menus abzuwarten, denn die Kundschaft musste ja noch ins Hotel begleitet werden. Das ist die Rolle des Begleiters. Begleiten.

Aber heute war ich heroisch und im unermüdlichem Einsatz für die Wahrheit habe ich tatsächlich ein fünfgängiges Drei-Sterne-Dinner über mich ergehen lassen. Und musste dazu noch gläserweise den passenden Wein trinken.

Auf einmal saß ich mit all den deutschen Fußball-Top-Berichterstattern zusammen an einem Tisch. Und ich hatte die Aufmerksamkeit, schließlich konnte ich zu dem Essen, zu dem Wein, sogar zu dem Brot etwas sagen. Witzigerweise war es das Brot, was mein Bäcker in der Nachbarschaft macht.

Doch meist hörte ich nur zu. Die Journalisten kannten sich schon alle längst untereinander, diese Reisen zu internationalen Sportereignissen ist ihr täglich Brot. Es war eine große eingeschworene Clique, an der ich für ein paar Stunden teilhaben durfte. Sie erfreuten sich nochmal an den Details alter, historischer Spiele. Viel wurde von der WM 1994 geredet, und von einem Kollegen, der nicht mehr lebte, der aber immer für so viel Spaß auf all den Reisen gesorgt hatte. Den hatte man vermisst.

Herr S. war der einzige am Tisch, der feinere, intelligentere Gesichtszüge hatte. Er sah aus wie ein Statesman. So einer wie der könnte auch Frau Merkel interviewen. Und schnell erklärte mir Herr S., dass er das bereits tat. Aber in der Politik muss man heute mehr denn je aufpassen, was man sagt, oder man ist den Job los, und in der Kultur ist kein Geld da, also konsequenterweise schloß er sich dem großen Wanderzirkus Fussball an. Hier hat er sich in einer bequemen Nische gemütlich eingerichtet. Und natürlich wollte er da nicht mehr weg. Waren ja nur noch ein Paar Jahre bis zur Rente.

Meinen Sie, der wollte jetzt noch kurz vor erfolgreichem Karriere-Ende das Unsagbare hören? Um sich dann damit journalistisch auseinandersetzen?

Gehofft hatte ich es schon, dass ich vielleicht bei ihm eine berufliche

Neugierde wecken könnte. Ich habe es zumindest versucht. Aber Herr S. lächelte mich nur müde an. Mit Verschwörungstheorien kenne er sich nicht aus, und er lenkte charmant auf sein Lieblingsthema: Rotwein.

Mit seiner porös geäderten Nase schnupperte er an seinem Weinkelch. Der Statesman hatte irgendwann Mal sein Gewissen runterspült. Und kriegt dafür ein ordentliches Gehalt.

Doch ausgerechnet solche Leute erinnern uns mit erhobenem Zeigefinger, dass Deutschland damals beim Onkel Adolf ein Land der Mitläufer war. Dann wird wieder diskutiert, beschuldigt und viel gedruckt. Wie konnte so etwas überhaupt möglich sein? Mitlaufen, sich anpassen, wie kann denn so etwas passieren? Und wie konnte es sein, dass es keiner gesehen hat? Pfui Teufel! Damals war alles falsch.

Und heute sind wir cool, aufgeklärt und sooo modern.

Das denkt und dachte wirklich jede Generation von sich selbst.

Merkt man so langsam, wie sich bei mir der Frust anstaute?

Ich brauchte unbedingt jemanden, mit dem ich über all das reden konnte. Und ich wünschte mir so sehr, einen starken Partner in Presse, Medizin oder Politik zu finden, der den Mut hat, meine Geschichte zu hören. Der mir hilft, dass es rauskommt.

Was rauskommt? Das Unsagbare. Wenn Sie am Ball bleiben, werden Sie es noch früh genug erfahren. Leider.

Aber seitdem ich das Unsagbare gefunden habe, habe ich versucht, alles zu unternehmen, damit die Menschen es auch merken. Denn, wie kann man was stoppen, was man nicht merkt?

Aber es interessiert keinen, und mit der Zeit nagte das am Meisten an mir. Dass es passiert, ist schlimm genug, aber mein Herz tut erst richtig weh, wenn ich merke, wie es keiner merkt, und keiner merken will, weil, es interessiert keinen.

Wie kann das denn sein, dass es keinen interessiert?

So etwas kann doch nur dann sein, wenn man es geschafft haben würde, unserer Spezie Mensch mit Erfolg den eigenen Selbsterhaltungstrieb abgezüchtet zu haben.

Ist so eine Unterstellung im Anbetracht der Tatsachen zu weit her geholt? Ich fürchte nein.

Selbst meine guten Freunde verstanden mich auf einmal nicht mehr. „Du verschwendest nur deine Zeit“ „Jetzt such dir mal einen Job und komm mal auf normale Gedanken!“ Für meine Freunde ist es normal zu entscheiden, wo sie ihren Urlaub machen und welches Autos sie als nächstes kaufen. Alles normal. Sie sind indoktriniert und verwöhnt vom Schein des Geldes. Ich eben nicht mehr. Mich hat der Schein und der Schein des Scheins schon lange verlassen, und ich war der einzige meiner alten Freunde, der plötzlich ganz neue Fragen stellte.

Ein harter Schlag war es für mich, als ein sehr guter Freund meine Bedenken wegwischte und sagte: „Wenn das dann so ist, dann kann ich auch nichts daran ändern. Weißt du was? … mir geht es gut, ich genieße mein Leben, ich habe es geschafft, alles andere ist mir egal.“ Er dachte einen Moment und legte nach: „Ich bin ein Egoist!“ Das sagte er mit Stolz. Denn er hatte es geschafft, sich leisten zu können, nun ein Egoist zu sein.

Sprachlos schaute ich ihn an. So schnell sollte er mir nicht entkommen, also stammelte ich los: „Aber deine Kinder! Denk doch an deine Kinder! Die haben doch keine Zukunft mehr, wenn wir jetzt nicht handeln.“
Mein Freund seufzte genervt: „Aber das sind doch auch nur Egoisten.“

Diskussion Ende.

Wie jedes Mal. Wieder und wieder. Einmal hörte ich einen Freund sagen, „dass sei nur meine Wahrheit“. Und er möchte lieber nur positiv denken. Ist denn meine Wahrheit von seiner so isoliert? Auf dem Bankkonto ja, aber nicht in der Matrix des Lebens.

Keiner hörte zu, keiner wollte mir helfen. Noch nie fühlte ich mich so einsam und ohnmächtig. Immer wieder nutzte ich folgende Metapher:

Stell Dir vor, ich komme Nachts an deinem Haus vorbei und sehe, dass es brennt. Was soll ich tun? Dich wecken und alarmieren oder so tun als wenn nichts ist, dich schlafen lassen und weiter gehen?

Nun die Antwort war klar: schlafen lassen. Und es war schwer für mich das zu akzeptieren, besonders bei Freunden. Aber okay, ich muss es akzeptieren und sie müssen akzeptieren, dass ich meinen Schmerz hier in ein Förmchen gießen muss, zum Verarbeiten, zum Überkommen. Denn eigentlich habe ich meine Freunde immer für ein bisschen smarter als den Rest der Menschheit gehalten.

Eigentlich.

Ich wurde immer verzweifelter. Ist denn da keiner, der mich versteht, der mir helfen wird? Na klar! Ich schlug mir in die Hand.

Bingo! Einen gibt es noch! Ich hatte doch das Glück den Platzhirsch des aufklärenden Journalismus höchstpersönlich kennenzulernen. Er ist weltweit die Nummer 1, wenn es darum geht, den Schmutz ans Licht zu holen. Die Rede ist von niemand Anderem als Günter Wallraff. Er war mein letzter Anlauf, mein allerletzter verzweifelter Versuch eine Allianz zu finden.

Natürlich habe ich noch seine Handynummer. Er gab sie mir im Mai 2011. Da kam er zu einer Kulturveranstaltung in mein Exil San Sebastián. Da ich wusste, dass wir gemeinsame Freunde in Köln hatten, sprach ich ihn darauf an.

Da er am nächsten Tag nichts vor hatte, bot ich ihm eine kleine Stadtführung an, und daraus wurde ein schöner Tag mit Spaziergang, Lunch am Hafen und Patxaran auf Eis am Plaza de la Constitución.

Am Abend sackten wir bei mir auf der Terrasse ab, dort wo ich mittlerweile meine ganzen Zeitrafferfilme vom Himmel drehe, und aßen ganz rustikal Brot mit Chorizo und Ziegenkäse, und der Rotwein floss.

Es waren noch ein paar Leute dabei, teils seine Familie, teils Deutsche im Baskenland, und je später der Abend umso spannender die Geschichten, die uns Günter anvertraute. Günter war mir sehr sympathisch und ich musste ihm auch erzählen, was mein allererstes Erlebnis war, das im Zusammenhang mit seinem Namen kam: ich war als Kind bei meinem Onkel zum Geburtstag, diesem Onkel schenkte man Wallraffs Buch GANZ UNTEN (wo er sich als Türke verkleidet in die Kloaken der deutschen Schwerindustrie begeben hatte).

Ich sehe noch genau vor mir, wie mein Onkel sein Geschenk öffnete und dieses Buch hervor holte. Mein Onkel brauchte gar nicht lange überlegen, zum Glück war der Papierkorb in Reichweite, und plumps war er das Buch wieder los. So etwas bleibt hängen. Und jener Günter saß nun bei mir auf der Terrasse, und Forrest Gump ließ mal wieder grüßen.

Aber damals hatte ich noch nichts von dem Unsagbaren gewusst. Damals hatte ich noch nicht geahnt, wie pervers, hinterhältig und krank unsere Elite dann doch wirklich ist. Sonst hätte ich dem Günter an jenem Abend bei dem ganzen Wein beide Ohren abgequatscht.

Jahre später, nachdem ich das Unsagbare gefunden hatte, rief ich Günter an, und erzählte ihm meine Sorgen und Erfahrungen. Er hörte mir aufmerksam zu und sagte: „Das sind sehr schwere Behauptungen. Ich habe aber nicht mehr die Kraft für so etwas. Ich schaffe es nicht mehr, mir so eine große Nummer aufzuhalsen. Ich bin zu alt geworden. Darum muss sich jetzt jemand Neues kümmern, jemand der jünger ist als ich." Dann setzte er noch mit Wärme hinzu: „Hab dich wohl, vergiss nicht, du bist Mensch."

Ja, das sagte er schon damals, als er am späten Abend meine Wohnung verließ: er habe nur sehr wenige kennengelernt, die so authentisch, unkompliziert und ehrlich wären wie ich. „Du bist Mensch!"

Aber was nützt es mir, wenn ich damit alleine bleibe?

Günter legte auf. Ich hatte den Telefonhörer noch in der Hand und brauchte wieder eine ganze Momentrunde länger um zu raffen, dass ich wohl nirgends eine potente Allianz finde.

Genau in jener Sekunde wurde die Lunte gezündet, die mich dann ein Stück weiter runter auf der Straße des verzweifelten Aktivismus zum Explodieren brachte.

Tja, und die arme Frau Möckelmann musste das dann mit ihrem Leben zahlen, und zu meiner Verteidigung muss ich sagen: ein großes Stück Mitschuld hat die alte Rittenbach. Diese notgeile, aufgetakelte Milliardärsstute. Die hat mein Fass endgültig zum Überlaufen gebracht.

⁂

KAPITEL 12

DIE GEISELNAHME

Die Rittenbachs kamen zu einer Kulturreise mit einer sehr erlesenen Minigruppe. Vornehme, wohlhabende, ältere Leute aus Deutschland kamen für vier Tage, um das Beste der baskischen Küche und die schönsten der baskischen Konzerte kennen zu lernen.

Alle wohnten im Maria Cristina, das ist die erste Adresse in dieser Stadt. Ein Luxushotel angesiedelt im alten Sommerpalast der Königin Isabel II. Man sagt, dass sei das beste Hotel Spaniens. Zumindest glauben es die Rolling Stones. Denn egal wo in Spanien sie spielen, für die Nacht lassen sie sich ins Maria Cristina fliegen.

Die Stones habe ich vor dem Hoteleingang gesehen. Zum ersten Mal, dass ich mich wie ein bedepperter Fan hinstellte und gewartet habe. Und das habe ich nur getan, weil die Stones ein Relikt sind, und ich ihre Musik sehr mag.

Nur Queen Elisabeth ist länger im Amt. Aber für die würde ich mich nirgends anstellen. Aber für Mick, Keith, Ron und Charly schon. Und dann kamen sie. Alle waren sehr klein, und alle hatten keinen Arsch in der Hose. Einfach nur Beine, die direkt in den Körper übergehen. Ja und der Mick sieht aus wie ein Krokodillederhandtäschchen auf zwei Beinen. Und damit kann ich wieder den Bogen zu Frau Rittenbach schließen, denn die sieht fast auch schon so aus.

Frau Rittenbach war mal eine sehr schöne Frau, und sie ist es immer noch für ihr Alter. Sie gehört zu den Frauen die immer bekamen, was sie wollten. Und die damit nicht umgehen können, wenn das nicht mehr so ist. Wenn plötzlich jemand „nein“ sagt.

Ihr Mann war ein feiner Herr, sehr gut aussehend, fürstlich in seinen Zügen. Nur er war wesentlich älter als sie, und gewiss war das mittlerweile ein Problem. Denn Viagra hat auch Grenzen.

Wie ich Frau Rittenbach einschätze, hat sie sich dann mit dem Reit- oder Tennislehrer vergnügt. Aber plötzlich merkte sie, dass sie selbst dafür zu alt wurde.

Doch das Feuer in ihr war noch nicht ganz erloschen. Sie benahm sich wie eine unerträglich Stute, die unbedingt gestriegelt werden musste. Oder wieso war sie die ganze Zeit so zickig, launisch und wollte ständig eine Extrawurst gebraten haben?

Tagsüber hielt ich diese Truppe mit einem Spaziergang durch San Sebastián auf Trab. Das kam sehr gut an. Je mehr Gruppen man leitet, um so deutlicher bekommt man ein Gefühl, wie jede Gruppe tickt. Und gerade bei so alten Schickimickis mache ich mir einen Spaß daraus, nicht nur über geschichtliche Zusammenhänge zu referieren. Sondern ich taste auch gerne ab, wie weit ich gehen kann, wie viel von meinem Humor - der manchmal sehr speziell ist - ich in der Lage bin zu verteilen.

Ein Tour-Guide ist auch ein Pausenclown, und diese Rolle hatte ich schon seit der Grundschule mehr oder weniger erfolgreich gefüllt. Anekdoten und Zoten kenne ich genügend, besonders wenn ich in meinem Territorium unterwegs bin. Und natürlich ist mir aufgefallen, wie Frau Rittenbach fast ins Sabbern kam. Offenbar erregte ich sie. Und zum ersten Mal ist mir die Frau Möckelmann ins Bewusstsein gekommen. Sie war die älteste von allen, sie war in Begleitung einer eigenen Pflegerin, auf sie mussten immer alle warten, der Stadtrundgang wurde dank ihr zu einer Tour-de-Force.

Und wie immer bestand meine Kunst darin, den Schnellsten der Gruppe mit der Langsamsten auszusöhnen. Deswegen legte ich an jeder Ecke einen neuen Txakoli-Stop ein, und schon ging es wieder mit der Laune aufwärts. Der Txakoli ist ein herber, leicht perliger Weisswein, dessen Trauben an der salzigen Meeresluft hier an der Küste reifen. Und da es davon nicht ganz so viele Flaschen gibt, so dass sie nicht zum Export reichen, muss man schon selber hier vorbeikommen, um den Txakoli mal testen zu können. Es lohnt sich.

An jenem Abend ging es dann mit einem Minibus weiter nach Bilbao. Bilbao ist ja zum Vorzeigeort für einen geglückten Strukturwandel geworden. Aus dem verrußten Industriemoloch wurde eine hippe kosmopolitische Metropole. Nicht nur das Guggenheim ließ die Besucherzahlen explodieren, die ganze Stadt bekam einen neuen Look. Und so entstand auch die neue Konzerthalle, die nicht nur ihren Namen, sondern auch ihr rostiges Aussehen dem Metallschrott der ehemaligen - an dieser Stelle angesiedelten - Werft EUSKALDUNA zu verdanken hat.

Und dort gab es Verdis Requiem. Haben sie es mal gehört? Nun auch wenn ich Verdi schätze, aber das Requiem der Requiems hat für mich Mozart gemacht. Mozart hat jene Tiefen ausgeleuchtet, vor denen sich die meisten Menschen scheuen.

Nach einem langen Tag brachte ich die Truppe zurück nach San Sebastián ins Maria Cristina. Ich half der Frau Möckelmann noch aus dem Bus raus. Ich wünschte den Herrschaften eine gute Nachtruhe und lief nach Hause, denn morgen früh ging es schon weiter.

Der Herr Tim, so nennen die Gruppen mich dann meist, soll nämlich morgen die Herrschaften für weitere Ausflüge abholen. Und das tat ich dann auch.

Gut gelaunt und frisch geduscht war ich wie verabredet um zehn Uhr im Hotel. Der Minibus war auch wieder da. Der zweite Tag mit der selben Gruppe weckt in mir ein Gefühl von Vertrautheit. Schließlich weiß man schon vorher mit wem man es heute zu tun hat.

„Hallo einen schönen guten Morgen allerseits." Frau Rittenbach blinzelte mich nur abfällig an, der Rest nickte nett, und Frau Möckelmann mit ihrer Begleiterin war nicht gekommen. Sie ließ sich entschuldigen, das Tempo, was ich vorgebe sei für sie unerträglich. Bahnt sich da eine Beschwerde an?

Egal, ich zeigte dem Busfahrer meine Geheimwege nach San Pedro, wir tranken das heilige Wasser am Marienbrunnen, dann setzten wir mit der Fähre hinüber nach San Juan, wo dann der Bus wieder auf uns gewartet hatte. Jedesmal erzähle ich, dass St. Juan mich an den Gardasee erinnert, und jedesmal gibt man mir Recht.

Dann ging es mit dem Bus weiter über den Monte Jaizkibel. Nun geht es 450 Meter steil hoch mit freier, unverbauter Sicht auf den großen Atlantik.

Hier oben gibt es keine Häuser mehr, aber frei lebende Pferde. Dann kamen wir an der, von der ETA gesprengten, McDonalds Filiale vorbei und hier hat man eine fantastische Aussicht auf die Pyrenäen, und direkt vor uns auf das Tal des Bidasoa, so heißt der Fluss, der hier die natürliche Grenze zwischen Spanien und Frankreich bildet.

Und wenn man sich weiter nach vorne begibt, dort ist ein alter, schon zerfallener Turm, und wenn man an dem vorbei geht - aber Vorsicht, da geht es steil runter ! -, sieht man noch die französisch baskische Küste mit Hendaye und

St. Jean-de-Luz. Und je nach Sichtverhältnissen kann man sogar die Küste von Biarritz erkennen. Manchmal kommt auch ein Flugzeug rein und landet in Fuenterrabia. Jedesmal ein Spektakel, denn die Landebahn liegt in einem sehr engen Tal und endet direkt am Meer.

Nach diesem Fotostop hielten wir noch einmal kurz an, an der Wallfahrtskirche von Guadalupe, sie ist Teil des Jakobsweg. Dann endlich kamen wir in Fuenterrabia an, mittlerweile von der UNESCO zum Weltkulturerbe erklärt. Carlos, der fünfte, hatte hier im 16. Jahrhundert eine Festung bauen lassen, direkt an der französischen Grenze. Und das musste er auch, denn wer mal in Hendaye war, weiß dass die Franzosen große, alte Kanonen an der Uferpromenade haben, die alle auf Spanien zeigen, und gewiss das eine oder andere Mal benutzt wurden.

Die alte Festung von Carlos V. sieht von außen wie ein düsterer Bunker aus, von innen hat sie hohe ritterliche Räume und einen grünen, großzügigen Hof. Mittlerweile dient die Festung als Parador. Das ist eine staatliche, spanische Hotelkette, die ausschließlich historische Gebäude nutzen und so beleben und damit auch pflegen.

In der Bar des Paradores gab es wieder Txakoli, und keiner hatte die Frau Möckelmann vermisst. Das gute Wetter, meine gute Führung und jetzt der Txakoli hier im Hofe der alten Festung hatte etwas Magisches. So schön kann Arbeiten sein. Frau Rittenbach schenkte mein Glas erneut nach, sie war sehr zufrieden mit dem Tagesprogramm. Und sie wollte wissen, ob ich heute Abend auch am Dinner teilnehmen würde. Als ich ja sagte, meinte sie: das freut mich zu hören.

Nach dem Tagesausflug gab es eine Verschnaufpause von drei Stunden. Um zwanzig Uhr sollte ich alle erneut zum Dinner abholen. Und man bat mich in Abendgarderobe zu erscheinen.

Und so tat ich es. Gott sei dank habe ich noch einen Anzug, in den ich noch so gerade eben reinpasse, wenn ich die Luft anhalte und nichts esse. Also genau richtig für den heutigen Abend.

Im Hotel Maria Cristina warteten im Foyer schon alle auf mich, denn ich kam eine Minute zu spät. Sofort fiel mir Frau Rittenbach auf, sie war ganz in rot, trug ein eng anliegendes, recht kurzes Kleid, das mit einer dicken schwarzen Naht gesäumt war. Roch schon fast ein bisschen nach Fetischismus. Und kaum dachte ich das, zwinkerte sie mir schon vertraut zu.

Ihr Mann merkte das natürlich nicht, er war damit beschäftigt, sie stolz strahlend vorzuzeigen. Ja, ganz klar, trotz ihr Alter war sie immer noch gut, und sie war gewiss der Blickfang der ganzen Runde.

Ein großer Tisch war bestellt im Mirador de Ulia. Der Mirador hat nur einen Michelin-Stern aber eine fantastische Aussicht auf die Stadt, und auf den Strand La Zurriola. Um dahin zu kommen, brauchten wir wieder den Kleinbus.

Frau Möckelmann war auch wieder dabei, aber ohne ihre Pflegerin. Das wunderte mich, aber Frau Möckelmann lachte nur und meinte, sie würde es nicht einsehen, für eine Pflegerin so ein sündhaft teures Abendessen zu bezahlen. Bedienstete gehören nicht in solch einen Rahmen. Ich schluckte und dachte: hoffentlich habe ich heute auch wieder einen Platz am Tisch, und nicht draussen beim Busfahrer an der Tankstelle bei gummiartigem Weißbrot mit geschmacksneutraler Industrie-Tortilla.

Aber ich hatte Glück, wieder Mal nahm ich an einem Spitzenessen teil, und wieder Mal hat man mich sogar dafür bezahlt. Wieviel, darf ich jetzt nicht sagen, denn Neid kann ich nicht gebrauchen. Aber keine Angst, solche Einsätze sind die absolute Ausnahme. So etwas ist nicht mein täglich Brot, aber wenn es passiert, dann ist es meist immer eine gute Story.

Die Aussicht von der Terrasse des Restaurants habe ich genau so genossen wie die Touristen. Dazu gab es ein paar Appetizer und eiskalten Champagner. Dann wurden wir zu Tisch gebeten.

Ich habe mich extra nicht zu den Rittenbachs gesetzt, aber ich saß so, dass ich mit ihr Augenkontakt halten konnte. Das alte Tier war scharf wie Hulle, und ein bisschen Spielen kann nicht schaden, dachte ich mir.

Ich saß dann bei einem Herrn Möller, Wirtschaftsprüfer, und seiner Frau. Er sah aus wie ein dicker Lausbub mit Designerbrille, war aber schon gewiss über sechzig. Mit jedem Glas Wein plauderte er mehr aus dem Nähkästchen. Er erzählte mir, wie Schweizer Bänker mit kleinen Maschinen im Tiefflug über den Bodensee kommen, auf einem Acker in Deutschland landen und dort von ihren Kunden die Einzahlung auf das anonyme Nummernkonto persönlich entgegen nehmen. Das sei Teil des Services.

Seiner Frau war das sichtlich unangenehm, dass ihr Mann so offen und unzensiert sich mir anvertraute. Ich fand es spannend. Herr Möller war sich zutiefst sicher, dass Deutschland zur Bananenrepublik verkommen ist. Nur seine ganz eigenen Beobachtungen reichen aus, um das behaupten zu können. So sagte er mir.

Ich habe ihn sofort verstanden. Meine eigenen Beobachtungen reichen mir ja auch! Genau genommen, wegen meiner eigenen Beobachtungen, die so UNSAGBAR sind, sitze ich gerade in U-Haft und schreib alles hier nieder.

Der Austausch mit Herrn Möller war unerwartet und erfrischend. Wenn ein gestandener, deutscher, vereidigter Wirtschaftsprüfer mir von den ihn bekannten Manipulationen erzählt, das hatte schon Klasse & Gewicht.

Und was mich freute, dass er großer Fan von Dirk Müller, Volker Pispers und John Perkins war. Der erste ist Börsianer, der zweite ein Komiker und der letztere war Economic Hitman. Und alle drei legen ihren Finger in die selbe Wunde, an die der ganze Globus zu leiden scheint.

Herr Möller wusste, dass achtzig Prozent des ganzen Vermögens durch ein und dieselbe Tasche fließen. Ihm war die Studie von Glattfelder natürlich bekannt. Und er wusste auch, dass das Wort „Verschwörungstheorie" von der CIA kreiert wurde, und bewusst gegen all diejenigen eingesetzt wird, die an den offiziellen Erklärungen eines grausamen Attentates - es fing mit JFK an - zweifelten.

Ich war begeistert, neben diesem Mann zu sitzen! Seine Frau war weniger begeistert, und noch weniger begeistert war Frau Rittenbach, die sich offenbar neben ihrem Göttergatten langweilte. Das war mir doch egal und als der Nachtisch verteilt wurde, wollte der Oberkellner wissen, ob ich begleitend einen Kaffee oder eine Copa haben will.

Copa ist eine hochprozentige, und damit immer gute Anlage, witzelte Herr Möller. Wir nahmen beide eine Copa. Ich einen Whisky on the Rocks, er wollte unbedingt den Patxaran testen, schließlich hatte ich ihm ja davon vorgeschwärmt.

Später als ich pinkeln ging, traf ich Frau Rittenbach im Eingang der Herrentoilette. Hatte sie auf mich etwa gewartet? Sie ließ mir keine Zeit etwas zu sagen und zog mich direkt auf die Klokabine, schmiss die Türe zu und nestelte nervös an meinem Hosengürtel. Das ging alles so rasch, außerdem war ich gut angesoffen. Eigentlich fühlte ich mich ganz wohl. Aber das, was Frau Rittenbach nun von mir wollte, dafür waren wir beide zwanzig Jahre zu alt. Eine Fünfzigjährige hätte ich gerne gebumst, auch als Dreißigjähriger. Das Problem war jetzt nur, dass Fünfzig und Dreißig vor zwanzig Jahren waren.

Behutsam löste ich mich aus Frau Rittenbachs gieriger Umklammerung. Ich gab ihr Zeit zu verschnaufen, sich zu sammeln, ich lächelte sie charmant an, nach dem Motto „ist doch okay, kein Problem, ich finde mich auch toll, ich hätte mich ja auch ficken wollen." Mann, was kann ich arrogant sein! Habe ich das tatsächlich gesagt? Oder nur gedacht? Ich weiß es nicht mehr, ich war zu betrunken.

Egal wie, egal was, es hat nichts genützt. Die alte Rittenbach fing an zu schreien. Und von da an habe ich einen Filmriss, ich weiß nur, dass plötzlich die Situation eskalierte. Und da ich mich durch das intensive und so gute Gespräch mit Herrn Möller ermutigt fühlte, habe ich das hysterische Geplärre einer notgeilen, eingebildeten Egomanin kurz und elegant mit einer kollektiven Geiselnahme abgewürgt.

Ich stürmte zurück in den Speiseraum, brüllte laut: „Atencíon! Escuchen por favor!“ Dann stellte ich meine Bedingungen: keiner verläßt das Restaurant. Alles hört auf mein Kommando! Jetzt erstmal eine Runde Copas für alle. Alle Anwesenden beklatschten das.

Ich war dann so frech und versperrte den Restauranteingang mit einem schweren Kommodenmöbel, das den Eingangsbereich schmückte. Der treue Paul hatte mir dabei geholfen. Der treue Paul ist Herr Möller, der sich ohne zu zögern an meine Seite stellte, sein Glass hochriss und „¡Viva la Revolución!“ schrie. Auch das wurde laut kichernd beklatscht. Es wirkte alles wie eins von diesen Event-Dinnern, wo sich Schauspieler unter die Gäste gemischt haben. Mittlerweile war soviel Wein geflossen, und Verdis Requiem gestern in Bilbao hatte die Seelen auf solch einen dramatischen Abend gut vorbereitet.

Am Ende veranlasste ich bei dem Oberkellner, dass der Wein immer nachgeschenkt wird, dass niemand Durst oder Hunger leidet, und dass niemand das Restaurant verlassen darf, auch das Personal nicht, und dass ich die Leute erst freigebe, wenn der baskische Umweltminister persönlich gekommen ist, um mit mir zu sprechen, um mich anzuhören. Paul zwinkerte mir verschwörerisch zu und meinte anerkennend: du bist ja echt ein verrückter Hund!

Da hatte ich noch wirklich geglaubt, dass der Umweltminister nachts aus seinem Bett steigt, und in Pantoffeln und Pyjama kommt, weil es so pressiert, weil ich ihm so extrem Wichtiges mitzuteilen habe.

⁂

Die Geiselnahme dauert schon fast zwei Stunden. Immer noch kein Umweltminister in Sicht. Und Frau Möckelmann wurde nun grantig. Sie wolle sofort ins Hotel zurück, sie habe dort ihre Tabletten vergessen, und ihre Pflegerin würde sich mittlerweile Sorgen machen.

Beruhigend redete ich auf sie ein. Kann die Pflegerin nicht mit den Tabletten hierhin zu uns kommen?, wollte ich wissen. Doch Frau Möckelmann blinzelte mich erbost an: „Ich werde Sie vor den Kadi zerren! Was Sie hier mit uns machen, wird Konsequenzen haben!“

Paul bemerkte zu meiner Verteidigung, dass auch sie, Frau Möckelmann, es eines Tages verstehen wird, dass es notwendig war, hier diese Geiselnahme durch zu ziehen. Der Zweck heilige die Mittel. Hicks. Das wäre alles eine schöne Rede gewesen, wenn er nicht so gelallt hätte. Und Frau Möckelmann blieb hart.

Sie wurde erst nachgiebiger, als ich ihr angeboten hatte, in der Küche mehr heiße Himbeeren mit hausgemachten Vanilleeis zu besorgen. Vorhin ist mir aufgefallen, mit welch großer Freude sie das in sich hineingeschlungen hatte.

Paul kam natürlich mit in die Küche. Der ganze Laden war ja jetzt unter meinem Kommando, und Paul war mein Erfüllungsgehilfe. Mein erster treuer Begleiter. Wir waren wie Adolf und Blondie. Ich warf das Stöckchen, und Paul sprang hinterher. Ich weiß nicht wieviel Zeit wir in der Küche verbrachten. Ich weiß nur, dass uns jemand ein paar Gin Tonics frisch zubereitete und was war dann? Meine Erinnerungen sind verschwommen.

Hatte mich nur einer in der Küche gefragt, wieso ich die Geiselnahme überhaupt machte? Nein, niemand. Trotzdem klopfte man mir auf die Schulter, „tienes cojones!" und prostete mir zu. Das Küchenteam feierte mich wie einen Helden, offenbar mochte man die Abwechslung, für die ich sorgte.

Hauptsache Abwechslung. Das Weswegen war egal.

Als wir dann mit den heißen Himbeeren endlich zurück kamen, lag Frau Möckelmann mit ihrem Gesicht auf dem Tisch. Sie war tot. Und glauben Sie ja nicht, dass das jemand von den anderen bemerkt hätte. Leider war es wieder mal ich, der es als erster erkennen durfte.

Wegen Frau Möckelmanns Tod wollte ich meine ganze Geisel-Aktion nicht abbrechen, denn ich meinte ja zu wissen, dass es nicht mehr lange dauert, bis der baskische Umweltminister hier auftauchen würde, dem habe ich noch so viel zu sagen. Hicks.

Aber wegen der Leiche musste nun der Arzt und die Polizei kommen. Das hatte mich völlig aus mein Konzept geworfen. Ich verbarrikadierte die Türe von Innen, das heißt Paul und ich stellten noch rasch ein Paar Stühle auf die Kommode vor der Eingangstür. Einfach nur lächerlich, was wir da veranstalteten, um den Schutzwall aufrecht zu halten. Aber bevor ich nicht den Umweltminister sprechen konnte, durfte keiner gehen. Auch die Leiche nicht!

Mann, war ich besoffen. Und als dann die Polizei kam …, wer hatte die überhaupt gerufen? Das Erste, was mir auffiel, war, dass einer dieser kräftigen Baskenburschen ein Silberkettchen trug, und zwar ganz ein ähnliches, wie ich es auch habe.

Habe ich Ihnen schon erzählt, dass ich ein großer Fan von Silberkettchen bin? Oh Mann wurde mir schlecht, alles nur Kerle in Uniform. Ich musste kotzen. Zum Glück ließ man mich aufs Klo.

Dann hielt ich meinen Kopf ewig lang unter kaltes Wasser. Was ist denn da draußen los? Wieso ist da ein Bulle bei mir auf dem Klo? Ich kann doch alleine pinkeln gehen. Und kotzen auch. Und schon wieder wurde mir schlecht, und nochmal hielt ich meinen Kopf über die Kloschüssel. Diesmal war ich mir bewusst, dass ich in Begleitung war, einen Zuschauer hatte … hatte man mich echt verhaftet? Was für ein Film! Was für ein Scheißfilm.

Als ich vom Klo zurück kam, war das Restaurant so gut wie leer. Wo ist mein Paul? Wo ist mein treuer Paul? Wieso sind auf einmal alle weg? All' meine lieben Touristen … Wo ist denn der Bus hin? Nur Frau Möckelmann war noch da, der Bestatter ließ auf sich warten. Und die Leute aus der Küche waren noch da. Manche kicherten, und mein Kopf brummte und drehte sich.

Dann kam noch ein Polizeiauto. Heraus kam eine athletische brünette Frau. Was für ein hübsches Gesicht, war mein erster Eindruck. Sie kam auf mich zu, ich saß auf einem Stuhl, hielt meinen Kopf vor lauter Seelensturm mit beiden Händen fest.

Diese hübsche Frau lächelte mich an. Offenbar wartete sie, dass ich was sage. Ich grinste sie breit an und lallte. „Hallo, ich bin der Tim. Und du?"

„Hallo, ich bin die Naiara. Und ich muss dich jetzt festnehmen." Und ich sagte nur: „Wow!"

⁂

Kapitel 13

Der zweite Fund

Und da bin ich. In Untersuchungshaft. Wie lange bin ich jetzt schon hier? Dreißig Stunden? Oder mehr? Und wieviel davon habe ich geschlafen? Ich finde mich auf einer kleinen Pritsche unter einer rauen Wolldecke wieder. Wer hat mich denn zugedeckt? Vielleicht war es Naiara. Vielleicht hat sie mir noch einen Gutenachtkuss gegeben und ich habe das nicht gemerkt. Träum weiter. Ich lach mich gleich kaputt.

Jetzt fällt mir erst auf, wie hart die Pritsche ist. Es ist dunkel. Durch das kleine Fenster, besser sollte ich sagen: durch die kleine vergitterte Luke kommt ein wenig Licht in meine Zelle. An der Wand ist ein Brett fest verschraubt. Das ist mein Tisch. Ich sehe dort einen Stapel Papier. Und ich erkenne den Pappbecher, beschmiert mit vertrockneten Kaffeespuren. Das Papier ist beschriftet, ich schaue es mir genauer an. Es wurde von mir beschriftet. Jetzt fällt es mir wieder schlagartig ein!

Man hat mich aufgefordert alles aufzuschreiben. Zu erklären, was passiert ist. Und wie im Fieber habe ich damit angefangen ohne Punkt und Komma alles zu erzählen, und ich fing wirklich ganz von vorne an. Bei Zeitgeist, bei Raquel und dem gefundenen iphone. Was mich wundert ist, dass ich meine komplizierte Frühkindheit vergessen habe, zu erwähnen. Aber wieso sollte ich das erwähnen? Der aufmerksame Leser wird es mir längst schon unterstellt haben.

Ich durchblättere neugierig meine Aufzeichnungen und ja, tatsächlich, ich habe noch nicht mit einem Wort erwähnt, wieso ich mich überhaupt in solch eine Bredouille begeben habe. Wäre meine Niederschrift ein Schulaufsatz gewesen, dann wäre das eine Sechs. Thema verfehlt.

Es wird nun Zeit, dass ich die Katze aus dem Sack lasse. Dass ich Ihnen erzähle, was das Unsagbare ist. Ein paar Stunden Schlaf haben mir geholfen, nun bin ich klarer im Kopf, dann sollte es mir leichter fallen, die richtigen Worte zu finden.

Im Internet war mir dieses Thema bereits mehrfach aufgefallen, gerade auf youtube, denn wenn man dort etwas sieht, dann werden einem automatisch Filme mit ähnlichen Themen vorgeschlagen. Aber im Reflex habe ich nicht ein einziges Mal solch ein Video angeklickt. Es war einfach ein Thema, das ich nicht wissen wollte. Und gewiss wollte ich es nicht wissen, weil es große Angst verursacht. Weil man dieser Situation, ohne eine Wahl zu haben, ausgeliefert ist. Es gibt Dinge, die will man instinktiv nicht sehen. Und das geht dann so lange gut, bis es vor der eigenen Haustüre auftaucht.

Doch zunächst habe ich mit Erfolg mehrere Jahre lang daran vorbei geguckt, während ich mich mit anderen, verwandten Dingen schon beschäftigt habe. Wie zum Beispiel mit dem Film Zeitgeist. Und nicht zu vergessen, meine allerersten Gehversuche in diesem Neuland von alternativen Medien und News.

Ich erinnere mich an zwei Blogs, die ich aufmerksam verfolgte, so ab 2006, 2007. Zum einem war das der Blog von Jean Haines mit dem Titel „2012: what is the ‚real' truth?" und zum anderem Christopher Story mit seinem http://www.worldreports.courtofrecord.org.uk/, eine ganz einfache Seite ohne Firlefanz, nur von der Kopfzeile knallt schwarz auf rot: GLOBAL ANALYSIS INTERNATIONAL INTELLIGENCE.

Jean und Christopher! Was für Erinnerungen kommen mir dabei. Zwei, drei Jahre habe ich die beiden bestimmt täglich gelesen. Zuerst Christopher, dann Jean.

Jean ist eine ältere Dame in den USA, die nicht nur aktiv Material über Bewusstseinswandel, Ausserirdische und andere „Mythen" teilt und kommentiert. Sie redet auch von der Schattenregierung und deren düsteren, satanischen Agenda. Was ich an Jean mochte und heute noch mag: sie antwortet ihren Lesern und sie ist immer sehr menschlich und sehr liebevoll im Umgang mit allen Beteiligten. Eine gebildete, alte Dame halt, und es ist spannend, was auf ihrem Blog so alles ausgegraben und diskutiert wird. Wenn das alles nur Spinner sind, die haben auf jeden Fall bessere Umgangsformen als so viele Nichtspinner.

Als das Jahr 2012 zu Ende ging, waren meine Gedanken zu dem Ende des Mayakalenders der Weihnachts-SPEZIAL-Post auf ihrem Blog. Das hatte mich mit Stolz erfüllt. Ich werde diesen Beitrag - er ist auf English - in den Anhang legen.

Gewiss habe ich bei Jean viel gelernt, was online Etikette und Benimmregeln angeht.

Noch vor Jean bin ich auf Christopher Story gestoßen, keine Ahnung wie ich bei dem gelandet bin, aber mit seiner spartanisch gehaltenen Seite und mit seinem Experten-Englisch (nicht leicht zu lesen, dieser Bursche) erfuhr ich jede Menge über das, was auf den Korridoren der Macht so ab geht. Story war kein ganz Unbekannter. Und wie ein Freak sah er erst recht nicht aus. Er war Berater von Margaret Thatcher und danach schrieb er brisante Bücher. Den ganzen Wechsel von Bush zu Obama habe ich bei Story mitgelesen. Und irgendwann fing Story an zu erzählen, dass die Bushies schwer kriminell sind. Leider gab es keine Möglichkeit ihm Fragen zu stellen. Mit ihm hatte ich keinen Dialog, wie mit der netten Jean. Aber bei Story hatte ich das Gefühl, er ist ein Experte, er kennt sich aus. Und er nimmt kein Blatt vor den Mund.

Später hat Story in seinem Blog erzählt, dass man versucht hatte, ihn zu vergiften. Aber er habe es überlebt. Und er habe damit gerechnet.

Dann ging es weiter mit seinen Berichten. Eine paar Tage nur noch. Und dann wurde seine Seite totenstill. Später wurde dort gepostet, dass Christopher Story verstorben sei. Natürlich kein Wort mehr von dem Vergiftungsversuch, und den Post, wo er darüber sprach, der war sofort entfernt worden. Und die ganze Sache war vergessen. In den Mainstream-Medien hat niemand dem Mr. Story nachgeweint. Aber für mich war das schon ein krasses online Erlebnis. Ich war live dabei, wie jemand eliminiert wurde. Ich und eine Handvoll weiterer Leser seines Blogs, den angeblich auch die Weltbank und die Federal Reserve lesen, waren unfreiwillige Zeugen in einem hinterhältigen Mord geworden. Oder hatte er die Vergiftung überlebt? Und war dann einfach nur so gestorben?

Kannten Sie etwa diesen Mann? Sollte sein Ableben uns interessieren? Wieso eigentlich, bei so vielen Menschen auf der Erde? Ach so, es geht nicht um den Mann, es geht um seine Botschaft. Und die ist so heikel, dass es Sinn machen würde, dass der Mann dafür mit seinem Leben gezahlt hat.

Ein Mann kann die Welt verändern, wenn seine Botschaft rauskommt. Und im Laufe der Geschichte wurden viele Männer - und Frauen - getötet, damit die Botschaft eben nicht rauskommt.

Und genau das kann sich wiederholen, muss sich aber nicht wiederholen, wenn wir im Kollektiv gelernt haben, und die wichtige Botschaft nicht mehr nur von einer Person oder nur von einer kleinen Gruppe, sondern von uns allen getragen und verstanden wird.

Mit Verstehen meine ich: die Botschaft zu verinnerlichen, und die Konsequenzen, die man daraus schließt, kommen dann von alleine. Die Pille ist bitter, aber sie wird uns befreien.

Das nur Vorweg. Auch als Selbstschutz. Die Zeiten, wo man unliebsame Botschaften unterdrücken kann, sind vorbei, und damit das so ist und bleibt, muss jeder selber zum Träger dieser Botschaft werden. Die Fackel muss weiter gegeben werden, nur so kann sich das Licht vermehren. Natürlich reicht ein Streichholz die Dunkelheit zu erhellen, nur wie lange brennt ein Streichholz alleine?

Jetzt habe ich genug ausgeholt, ich glaube Sie sind nun so weit, das bittere Unsagbare endlich zu erfahren.

Um nochmal an die beiden Funde anzuknüpfen, die so wichtig sind, um den Rest meiner Reise zu verstehen, komm ich endlich zum zweiten, dem wichtigsten Fund. Der Grund weswegen ich nun in Untersuchungshaft sitze. Der Grund weswegen ich so verzweifelte, dass mir die Hutschnur platzte. Seit fast fünf Jahren versuche ich, dass man mir zuhört. Alle Anstrengungen waren vergeblich. Da wurde mir klar, dass es ganz ohne Randale leider nicht geht. Die Gleichgültigkeit muss doch an irgend einer Stelle durchbrechbar sein.

Diese dumm gelaufene Geiselnahme war der lauteste aller meiner Schreie. Übrigens Schrei: Edvard Munch hatte es geahnt. Haben Sie mal den Himmel auf seinem Gemälde DER SCHREI gesehen? Munch war sehr visionär. Und Erich Kästner hat es auch schon formuliert in seinem Gedicht DAS LETZTE KAPITEL. Wahre Künstler spüren es bereits schon viel früher. Oder sie gehörten einer Loge an, und wußten einfach mehr.

*

Ich musste diesen langen Anlauf nehmen, denn was jetzt kommt, die meisten werden einfach abschalten, weil es eben das Unsagbare ist. Weil es in keinen Kopf geht, zumindest in keinen gesunden. Weil man es nicht wissen will, weil es völlig depressiv macht, wenn man es einmal weiss. Und weil keiner dem entkommen kann.

Genau wie den ersten Fund, der Himmel schenkte mir das nötige Werkzeug, ein iphone, habe ich den zweiten Fund auch direkt vor meiner eigenen Haustüre machen dürfen. Was man übersehen will, kommt zu einem nach Hause, klopft an der Türe und sagt: hallo, siehst du mich jetzt endlich?

An einem sonnigen Tag Mitte 2012 schnackte ich mit Julio, unserem Pförtner, über die neusten Fussballergebnisse, denn das war Julios Steckenpferd, und ganz nebenbei schaute ich auf ein Flugzeug, das ziemlich niedrig vom Osten über unsere Stadt geflogen kam. Vermutlich eine Boeing 737. Vermutlich im Landeanflug auf Bilbao, denn der Flieger war extrem niedrig, vielleicht schon zu niedrig für den in achtzig Kilometern entfernt liegenden Flughafen.

Kaum war der Flieger über meinem Kopf, fingen die Triebwerke an brutal zu qualmen. Zwei große, dicke, fette Rauchspuren zogen sich urplötzlich hinter der Maschine her. Ich dachte zuerst an einen doppelten Turbinenbrand und sah schon in meiner Fantasie das Flugzeug in der Concha - unserer Muschelbucht - notlanden. Weit wird der es nicht mehr schaffen! Genau so sah es aus.

Doch dann, beim Verlassen unserer Stadt, also kurz hinter Monte Igeldo, wurde der Rauch einfach wieder abgestellt, und ganz normal, und ohne die Not notzulanden, und ohne weiterhin zu qualmen, flog das Flugzeug einfach weiter, bis es nicht mehr zu sehen war.

Julio glotzte dem Flieger verwirrt hinterher, und fing an zu lachen. Er fand es nur komisch, aber nicht wichtig. Die Real Sociedad - der lokale Fussballverein - war da interessanter für ihn.

Ich war - von Sekunde 1 an - nur entsetzt. Doppelt entsetzt. Einmal weil ich genau weiß, was ich mit eigenen Augen sehen musste. So etwas kann man nicht mehr vergessen. Das war so wie damals in Paris in der Peepshow, da hab ich auch Dinge gesehen, die ich nicht mehr vergessen konnte. Nur damals ergriff mich die nackige Lust und heute ergriff mich die nackte Panik.

Wir werden mutwillig besprüht! Niemand kann dem entkommen! Und doppelt entsetzt war ich, weil es keiner sehen will! Wie ich direkt schon in Minute Eins feststellen durfte. Und dieses Gefühl produzierte in mir eine Ohnmacht, die von da an nur noch wuchs.

Es brauchte noch etwas, und schließlich kam dann auch der Tag, an dem ich sogar an dieser Ohnmacht wachsen konnte. Aber das sollte noch dauern.

Noch stand ich mit Julio auf der Straße. Und es war vielleicht sein albernes Gelächter, das mich vorerst wieder entspannen ließ. Wenn ich ehrlich bin, ich habe dann dieses scheußliche Thema erstmal wieder bei Seite geschoben. Wenn auch nicht mehr lange. Doch auf die Schnelle gelang es mir nochmal, mir selbst einzureden, das da mit dem qualmenden Flugzeug war nur ein Zufall oder nur ein Einzelfall.

Das ging dann so lange gut, bis ich eines morgens aufwachte und den ganzen Himmel in einem weißen, schlierigen Krisskross vorfand. Die Piloten spielten VIER GEWINNT. So schien er mir. Hat dieser Himmel von heute etwas mit dem Flugzeug von neulich zu tun? Besteht da ein Zusammenhang? Oder ist das auch wieder nur ein Zufall? Oder ist da echt was im Busch? Und wenn, dann kann dem keiner entkommen. Das wurde mir sofort klar. Und schon wieder setzte sich das Gefühl von erstickender Ohnmacht auf meine Brust.

Mir dämmerte dann, dass ich aus meiner Ohnmacht nur rauskomme, wenn ich aktiv werde. Wie, wusste ich noch nicht. Aber aktiv werden, das war mir von da an eine heilende Notwendigkeit.

Wegschauen und Vergessen. Das geht nicht. Zumindest bei mir nicht.

Nun, genau dort - im Sommer 2012 direkt vor meiner Haustüre - wurde der Sockel aufgestellt, auf dem nun Frau Möckelmanns Kopf steht. Obwohl ich der Meinung bin, die gute Frau hätte genau so am nächsten Tag beim Ausflug im Guggenheim sterben können. Oder ein Tag zuvor, in Verdis Requiem. Das war nur schlechtes Timing, oder auch nicht. Denn nun bin ich endlich motiviert alles, was ich, seitdem ich aktiv wurde, erlebt habe, aufzuschreiben.

Und nun wird es endlich doch noch jemand lesen, und wenn auch nur der baskische Staatsanwalt. Und Sie. Dann wissen es ja schon zwei mehr. Immerhin, besser als niemand mehr. Und dafür bedanke ich mich.

⁂

KAPITEL 14

BITTERE WAHRHEIT

Jetzt wo einmal die unsagbaren Parameter abgesteckt sind, kann ich damit beginnen, Ihnen meine Frontberichte zu liefern, von einer Schlacht, von der bis dato kaum jemand weiß, dass es die überhaupt gibt.

Lang genug schon lag ich in jenem virtuellen Schützengraben, kenne mittlerweile recht gut die ganze Szene in drei Sprachen, die immer gleichen, miesen Tricks der Feinde, und erlebe - und das ist das Schöne! -, wie täglich - spätestens bei jedem weiteren Unwetter - immer mehr Menschen weltweit hinzukommen, weil sie sonst von ihrem Gewissen nicht mehr in Ruhe gelassen werden.

Das ist unsere einzige Motivation! Meine und die der meisten Mitkämpfer. Wir spüren noch die Natur in unserem Herzen. Und daher tut uns weh, wenn man die Natur verbiegen will.

Sehr deutlich wird auch in dieser virtuellen Schlacht, wie besorgte Menschen von sich selbst aus in jeder Situation wissen, was zu tun oder zu antworten ist, ganz ihrer Intuition folgend. Während die andere Seite, alles nur Bezahlte sind, die befohlen werden, damit sie am Einsatz überhaupt teilnehmen. Da kämpft gerade Herz gegen Hure, geistreicher Witz gegen plumpes Beleidigen, Mensch gegen Maschine, Natur gegen Manipulation. Kurz: Gut gegen Böse.

Und ich weiß genau, wie diese Schlacht zu gewinnen ist: wir müssen alle davon wissen, wir müssen alle lernen, wie man uns spielt. In wie weit alles manipuliert wird. Wir müssen es sehen, erkennen und verstehen. Denn, nur was wir verstehen, können wir lösen.

Denn - und jetzt alle im Chor: „Die Wahrheit macht uns frei!“

Und jetzt wissen Sie alle, dass die Wahrheit zunächst sehr bitter ist. Und den bitteren Geschmack wird man nicht wieder los, erst recht nicht wenn man wegschaut. Es gibt nur eins was hilft, und auch das weiß ich aus aller erster Hand: aktiv werden.

Wie denn? Was soll ich denn tun?, höre ich Sie nun fragen.

Um das zu wissen, muss man erstmal auf sein Herz hören. Das Herz sagt uns, wo unser Platz ist, was unsere Aufgabe ist, wenn wir uns jener heiligen Geometrie des natürlichen Seins einordnen.

Aber wenn man sein Herz nicht mehr hört, dann BITTE achten Sie darauf erst die nötige Ruhe und Stille zu finden. Das muss doch irgendwie zu schaffen sein! Mittlerweile gibt es doch genügend Yoga-, Meditations-, Qi Gong-, Chill Out-, Chill In-, Mindfullness oder Mouthfullness Kurse. Ach, Sie wissen nicht was Mouthfullness ist? Echt nicht?

Kleiner Tipp: hat was mit Saugen zu tun, und danach kommt dann La Gran Tranquilidad. Zumindest für ihn. Darum gehören wir auch zu den Säugetieren. Denn was uns wirklich nachhaltig beruhigt, ist das Saugen oder Gesaugtwerden. Das sagte mir mal ein mittelmäßig begabter Filmregisseur in Berlin nach einer Zecherei in einer Schwulenbar. Natürlich nahm ich ihn nicht mit nach Hause, aber dafür seine einfache, brillante Idee. Und hatte mir vorgenommen, irgendwann in irgend einem Buch oder Drehbuch das Bild des säugenden Säugers zu verwursten.

Denn viel mehr sind wir echt nicht. Noch nicht.

Übrigens: was hat Saugen mit Sprühen (damit meine ich jetzt die Flugzeuge) gemeinsam?

Nun, wenn man es einmal erfahren hat, dann kann man nicht mehr so tun, als dass man nicht weiß, was das ist. Und interessanterweise machen wir ja die selben Gesichtsausdrücke, in der größten Freude, oder im größten Horror.

*

TEIL II - Berichte von der Front

KAPITEL 15

DIE GEBURT VON REPUGNANT PILOT

Als ich dann, endlich mir bewusst darüber, den dritten oder vierten Krisskrosstag bemerkt hatte - gewiss gab es das schon vorher, aber außerhalb meiner Wahrnehmung - war damit mein innerer Frieden endgültig futsch.

Und mein Herz wurde immer lauter. „Tu was! Mach was! Informier dich! Du darfst das nicht ignorieren!" Die ganze Zeit ging das so. Und dazwischen blinzelte ich immer wieder ängstlich zum Himmel hoch ... und sah diese weißen Streifen ... schon wieder!

Die Zeit mich zu informieren ließ sich nicht mehr verschieben. Ich fand keine Ausreden mehr, es nicht zu tun. Na gut, dann gucke ich mir halt eins dieser vielen youtube Videos an. Ich blieb zu Hause, nahm mir einen Abend frei dafür, öffnete mir eine Flasche Bier und klickte zufälligerweise einen Vortrag von Sofia Smallstorm an.

Sofia ist eine kleine Frau, sie stand an einem Rednerpult und hielt einen Vortrag auf Englisch. Uff! Mir wurde so etwas von speiübel, das Bier blieb mir im Hals kleben. Und wenn mir so etwas mit meinem Lieblingsgetränk passiert, dann ist es Zeit sich Sorgen zu machen.

Was Sofia erzählte, war nichts für Anfänger, sondern Hardcore für Fortgeschrittene. Das als Einstieg war ein viel zu großer Schluck gewesen. Sofia redete von Transhumanismus. Von Nanotechnologie, die unsere DNA überschreiben soll. Von einer Maschine-Mensch Schnittstelle, die uns nun „reinprogrammiert" werden soll. Von einem Experiment, das global läuft, ohne dass man uns fragte, ohne dass man es uns sagte. Sie redete von einer technischen „Evolution" die man uns aufzwingen will.

Daraufhin schnappte mein mentaler Schließmuskel zu und ich habe das ganze Thema sofort wieder fallen lassen. Wie eine heiße Kartoffel, an der man sich die Finger verbrennt. Meine Reaktion war einfach fallen lassen und schnell weg, mich nicht mehr umdrehen und so zu tun, als sei das gar nicht geschehen.

Darum verstehe ich viel zu gut all diejenigen unter uns, die genau so reagieren. Es gibt Dinge, die man einfach nicht hören oder wissen will.

Es gibt Unsagbares. Und dieses Unsagbare kommt nicht daher, dass man es nicht sagen oder aussprechen kann. Das Unsagbare kommt daher, dass man es nicht (wahr) haben will. Weder als Gedanke, noch als Bestandteil dieser Welt.

Es hat dann wieder Wochen gedauert, bis ich es erneut wagte, mich mit diesem unbequemen Thema zu beschäftigen. Meine vorgeschobenen Vorwände mich damit nicht mehr beschäftigen zu müssen, brutzelten in der zu heißen Wintersonne weg. Ja, die Sonne ist heute anders als damals, nicht? Und so konnte ich nicht vermeiden zu SPÜREN, dass dieses Thema da ist, und nicht weg geht, nur weil ich weg schaue.

Leider sah ich auch immer wieder fette Streifen am Himmel, die, wenn man sie einmal erkannt hat, nicht mehr zu ignorieren sind. Vereinzelt fing ich dann an Fotos zu machen. Und auf der Suche nach einer professionellen Erklärung schickte ich die dann an unsere Wetterstation, die oben auf dem Monte Igeldo ist. Die Meteorologen müssen doch wissen, was da läuft!

Die Direktorin Margarita M. schickte mir prompt eine Antwort, es war eine kopierte Stelle aus irgendeinem Schulbuch, wo erklärt wurde, wie Kondensstreifen entstehen. Dort stand auch, dass Kondensstreifen nach wenigen Sekunden, maximal Minuten sich aufgelöst haben. Da aber so einige Streifen den ganzen Tag über unserer Stadt hingen und sich langsam zu einem Tuch ausdehnten, fragte ich nochmal bei Frau Margarita M. nach, was das denn soll. Aber es kam dann keine Antwort mehr. Aus und vorbei.

Das hat mich so überrascht, dass diese Frau gar nicht mehr antwortete, dass ich Dampf ablassen musste. Eine Option wäre es gewesen, mit dem Bus auf den Monte Igeldo zu fahren und wie ein Verrückter an der Türe des baskischen meteorologischen Institutes zu hämmern, bis sie mir endlich antwortet, oder - Plan B - ein Video zu basteln. Und so machte ich mein allererstes Video zu diesem Thema überhaupt, mit dem Titel AM I PARANOID - Teil 2. (Teil 1 handelte von einem Meteoriten in Russland, der wohl - wie es Bild für Bild zu sehen ist - von einem UFO zerstört wurde). Das war im Februar 2013.

Von nun an sollten all die Videos, die ich bastelte, mir helfen, meinen Frust umzuwandeln und aufzulösen. Mehr noch: dort wo die Ohnmacht Einzug hielt, machte sich nun das Gefühl von Macht wieder breit. Und wenn es nur ein bisschen Macht ist, aber genügend um eine Geschichte in wenigen Minuten zu erzählen. Und wenn diese Geschichte von anderen Leuten wahrgenommen wird, dann kann ich den Samen erstmal weiter reichen ... und hoffen, dass er aufgeht. Aber das hängt dann von Ihnen ab! Ganz von Ihnen!

Und so sollte ich noch ganz viele, recht beliebte Videos machen. Alle nur wenige Minuten lang, für den raschen Konsum im Internet und auf dem Smartfon.

Mein „Am I paranoid“ Video hatte gerade mal ein Duzend Zuschauer, wenn überhaupt. Doch die Befriedigung, die ich dennoch deswegen zunächst spürte, wurde mit jedem neuen fetten Streifen am Himmel überschmiert. Es war mir nun klar, dass da was passiert, was längst kein Einzelfall mehr ist. Ich brauchte Rat. Und ich weiß nicht mehr wie, aber ich fand schließlich guardacielos.org im Internet. Das sind die spanischen Himmelswächter, wenn man es wörtlich übersetzt. Also versuchen wir es da mal, dachte ich mir.

Ich schickte nochmal meine Mails, die ich vorher vergeblich an die Wetterstation und auch an die örtliche Presse geschickte hatte, nun an Guardacielos, und bekam kurz darauf eine Antwort von einer Josefina Fraile.

Was sie mir da geschrieben hatte, waren keine schönen Nachrichten, aber ich spürte, dass Josefina gut informiert und sincera ist. Sincera heißt: ehrlich, aufrichtig, geradlinig. Ich merkte direkt, dass Josefina da war, während die Profis der Wetterstation und der örtlichen Presse nicht antworten oder nur ausweichen.

Zu dem Zeitpunkt hatte Josefina ein 25-minütiges Interview im spanischen TV, bei einem Regionalsender, gemacht. Und das empfahl sie mir zu sehen. Und ich war platt! Dieses Interview kann ich auch JEDEM meiner Leser empfehlen, sich mal anzuschauen! Dort erfuhr ich, dass es Klimawaffen gibt, die mit Erfolg in Vietnam eingesetzt wurden. Und weil sie so schreckliche Auswirkungen hatten, von den United Nations verboten wurden. Und dass man nun die selbe Technologie - unter anderem Namen - anwendet, um uns vor dem Klimawandel zu retten.

Mein erster Eindruck von Josefina waren die Emails, die sie mir schrieb. Und nun in dem Interview sah ich sie zum ersten Mal als Person beim Sprechen. Und sie hat mich überzeugt. Diese kämpferische, kleine Dame. Mir war klar, dass ich ihr helfen muss.

Also setzte ich mich hin und übersetzte ihr TV Interview ins Deutsche so wie ins Englische. Danach bastelte ich die Untertitel in den Film und verteilte dann Kopien an mögliche Sender. Damit meine ich nicht ARD oder ZDF, sondern guardacielos und Aktivisten in Deutschland. Das hielt mich beschäftigt und während ich das tat, war die Ohnmacht dominiert. Und als ich dann sah, dass Werner Altnickel - einer der Pioniere und wichtigsten Aktivisten in Deutschland, mehr zu ihm später - das von mir untertitelte TV Interview auf seinen youtube Kanal geladen hatte, und in nur wenigen Tagen 30.000 Zuschauer fand, ja da war mir klar, ein einzelner Mann alleine kann etwas tun. Yes he can.

Von da an habe ich mit Josefina weiter gearbeitet, das Spiel mit dem Übersetzen hat sich mehrmals wiederholt, ich half ihr für diverse offene Briefe z.B. ans Europaparlament, und sie half mir, denn meine Videos wollte ich nicht nur auf Deutsch oder English, sondern auch auf Spanisch veröffentlichen.

Obwohl wir uns nie im wahren Leben gesehen haben, entstand zwischen uns ein Pakt, wo jeder weiß, was er zu tun hat. Und jeder tut, was er kann. Aber ich greife vorweg. Diese Zusammenarbeit wuchs über die letzten Jahre bis heute. Erst drei Jahre später hatte ich mit ihr zum ersten Mal telefoniert. Mein Eindruck war wie am Anfang. Josefina ist ein Flintenweib mit Herz. Gut, dass es sie gibt. Und ich gehe davon aus, sie zu treffen, das steht noch an, gewiss werde ich davon berichten.

❊

Nach der Übersetzung des TV Interviews bat mich Josefina täglich Fotos vom Himmel zu machen, und zwar so, dass man den Ort erkennt, und die dann bei ihr auf ihrer Guardacielos-Seite, nach Datum sortiert, ins Archiv zu laden. Sie sammelt für eine Gerichtsverhandlung Fotos aus verschiedenen Regionen in ganz Spanien. Und im Norden, bei den Basken, hatte sie noch keinen Kollegen, außer mich.

Just dann hatte ich mein iphone gefunden, wir erinnern uns, es fiel mir auf den Fuß, und so war ich sofort bereit ihr zu helfen.

Doch die Fotos auf Josefinas Seite zu teilen, war solch eine komplizierte Prozedur, dass ich sie fragte, ob ich die Fotos auch woanders - auf einer anderen Platform - sammeln kann, um dann den Link ihrer Sammlung beizufügen. Josefina war damit einverstanden.

Außerdem hatte ich zu jenem Zeitpunkt nur ein sehr altes MacBook, wo das Betriebssystem die neuen, nötigen Browser nicht mehr verarbeiten konnte. Und somit blieb mir ein rascher, einfacher Zugang ins Internet verbaut. Das hatte sich mit dem iphone schlagartig geändert, endlich hatte ich wieder ein Gerät, was „up to date" war, ganze zwei Jahre war es mein einziger eigener Zugang zu all dem, was ich dann online tun sollte.

Es ist wahr, dass mein ganzer Grundstein, die ganze Basis meiner Arbeit, egal ob Fotos oder lange Briefe, ausschließlich dank des gefundenen iphones entstanden sind. Ab und zu nutzte ich einen öffentlichen Computer, wie zum Beispiel in der Stadtbibliothek.

Aber im Prinzip war das iphone mein einziges Werkzeug. Alles was ich hatte, um meine Arbeit zu machen. Es war klein und weiß, und lag in der Hand, wie ein Stein. Nicht mehr, nicht weniger. Für mich fühlte es sich an, wie der Stein, mit dem David Goliath besiegte. Wenn die Schreibfeder mächtiger als ein Schwert sein soll, dann ist gewiss ein gut genutztes iphone mächtiger als eine Armee. Und so zog ich in die Schlacht.

Zunächst öffnete ich auf meinem facebook eine ganz neue Seite. Ich hatte ja schon „blofeldcine productions" für meine Filmregisseur-Ambitionen, so wusste ich bereits, wie man so eine Seite öffnet und einrichtet. Mir fehlte nur noch ein guter Name. Ich wollte nichts mit „Chemtrail" nehmen, das war mir sofort klar.

Zum einem ist dieses Wort abstoßend. Und zum anderen hat mir Josefina erklärt, dass das Wort „Chemtrail" ein Kofferwort ist, extra kreiert, um dieses Thema ins Lächerliche zu ziehen. Denn googlete man (vor wenigen Jahren noch) das Wort „Chemtrail" fand man sich direkt bei all den Spinnern, Aluhutträgern und Verschwörungstheoretikern wieder. Und zwar dort, wo es freaky und albern aussieht.

Hingegen googlet man Solar Radiation Management oder Geo-Engineering, dann bekommt man seriöse Informationen, sogar vom Bundestag und von der Planungsstelle der Bundeswehr. Dort findet man dann die Technik, die es gibt, dort erfährt man auch, dass Edward Teller, der Vater der Wasserstoffbombe, auch Vater dieser Sauerei ist.

Auch wenn Chemtrail ein falsches Wort ist, und gepflanzt wurde, um uns auf eine „irre" Fährte zu locken, so wird - und das ist mein Gefühl - diese Sauerei mit dem Wort „Chemtrail" in die Geschichtsbücher eingehen. Denn mittlerweile gibt es immer mehr Menschen, die merken, was gespielt wird, es gibt immer mehr gute Aufklärer, die das Wort „Chemtrail" nutzen, es ist längst nicht mehr so wie vorgestern. Wer heute das Wort Chemtrail googlet, findet mittlerweile jede Menge seriöse Information.

Aber okay, Sauerei bleibt Sauerei, ganz egal, wie man sie nennt. Und „Chemtrail Baskenland" war mir zu grau als Name. Ich brauchte irgendeinen leuchtenden Namen … einer, der das Thema beinhaltet, aber sich von den anderen abhebt. Am Besten mit Humor. Just dann sah ich wieder einen fetten Streifen über mir, und dachte: wie widerlich! Und dann fragte ich mich: merkt der Pilot das? So etwas muss der doch merken, oder?

Und schon kam mir der Name, mein Pseudonym. Der widerliche Pilot! So wie Bruce Wayne sich Batman nennt, um all die Witwen und Waisen dieser Welt zu retten, so sollte ich von nun an als THE REPUGNANT PILOT mein Wesen treiben. Und ich brauch dazu keinen Gummianzug mit Flügeln, mir reicht das iphone und eine Seite auf facebook. Als erstes Profilbild nahm ich das Foto von zwei nackten Blondinen in einem Cockpit. Damit setzte ich dann den Ton: sag's mit Titten.

*

Am 09. Oktober 2013 lud ich meine ersten Fotos hoch. Und keiner schaute zu. Das war die Geburtsstunde von THE REPUGNANT PILOT.

Und ich war überrascht, dass ich dann fast täglich bizarre Himmelsformationen fotografieren konnte. Nun, wo ich mir vorgenommen hatte, täglich Fotos zu machen, und deswegen täglich ganz genau hinguckte, da wurde mir nur noch mehr übel …

Denn es war über meinem Kopf mehr los, als ich es zuerst erahnen wollte.

Aber wenn ich die Kamera draufhalte und es knipse, dann habe ich den kleinen Trost zu sagen: ihr könnt es zwar machen, aber von nun an wird es nicht mehr ungesehen bleiben. Ich werde eure Taten festhalten! Ich werde von nun an alles ganz genau dokumentieren, und ich werde meine Beweissammlung der ganzen Welt zeigen, in der Hoffnung, dass ein frei denkender, einflussreicher Mensch meine facebook Seite irgendwann mal findet, so wie die Flaschenpost im Ozean.

Nach anderthalb Jahren täglichen Sammelns hatte ich dann endlich meine ersten 500 followers und fühlte mich wie ein Schneekönig. Fünfhundert von zwei Milliarden facebook Mitgliedern oder von acht Milliarden Menschen.

Viel schneller als neue Likes für meine Seite fand ich neue Streifen am Himmel. Und nicht nur Streifen, schon innerhalb meiner allerersten aktiven „repugnant" Tage knipste ich etwas für mich ganz Neuartiges: ich sah meinen ersten Sun-Dog. Das sind Reflexionen der Sonne, in der mit - wie ich später erfuhr - Nano-Partikeln gesättigten Luft. Die leuchten dann wie schmierige Ölflecken, manchmal so stark, dass man meint eine Nebensonne zu sehen. Diese Sun-Dogs treten meist zusammen mit einer Halo auf, dies ist ein kreisrunder Lichtbogen um die Sonne herum. Sieht aus wie ein Heiligenschein, ist aber nicht heilig. Auch wenn die amerikanische Presse es meinte. Man hatte beim Papstbesuch mehrmals ein Halo in den USA fotografiert, und die Presse hat sich in ihrer Entzückung überschlagen, dies sei ein Zeichen Gottes.

Heute weiß ich, das man das Plasma nennt. Wir atmen keine Luft mehr ein, sondern ein mit Nano-Partikeln gespicktes Plasma. Barbara wo bist du, wenn ich dich brauche? Hast du mir nicht beim Lunch in St.Jean-de-Luz gestanden, dass du als Physikerin an Plasmawaffen arbeitest?

In meinem ganzen Leben hatte ich so eine Halo, einen Sun-Dog oder nur einfach die stundenlang ausblutenden „Kondensstreifen" noch nie gesehen. Das war früher anders. Und das weiß ich ganz genau. Vor neun Jahren hatte ich meine gesamten Fotos alle mal digitalisiert und nach Jahren sortiert. Eine ganze Woche lang saß ich daran, rund um die Uhr. Eine richtige Sklavenarbeit war das. Aber es hat sich gelohnt.

Genau so wie ich mittlerweile meine ganze Musik mit einem Klick wieder finde, finde ich auch meine ganze Vergangenheit. Vom Urgroßvater bis zum Jetzt. Von Wuppertal über Amerika bis Spanien. Von Ariane bis Tina. Alles was ich schön fand, alles was ich liebte, alles was verflossen ist, habe ich nun auf einem Pendrive. Und wissen Sie was? Unter all dem Verflossenen gibt es kaum Wettermanipulation, so wie man sie heute fast überall fotografieren kann.

Kaum sage ich, weil ich tatsächlich ganz wenige Fotos habe, wo der Himmel verdächtig ist. Das älteste ist von 1986, wo ich in Kanada unter einer fetten „Streifenwolke" Wasserski fahre. Und ab 1999, genau passend zum Jahrtausendwechsel, gibt es dann doch das eine oder andere Foto.

Man muss ja nicht alles digitalisiert haben. Es reicht ja, wenn Sie Ihr altes Fotoalbum hervorkramen. Da gibt es gewiss noch eins, in irgendeiner Kommode, Fotos von Ihnen damals, als Sie noch klein und lieb waren. Schauen Sie mal nach! Falls Sie dann doch auf einem alten Bild einen Himmel finden, mit bizarren Streifen, dann schicken Sie mir das bitte unbedingt zu! Am besten Sie laden das direkt auf meine Timeline im facebook. Ich werde dann in der neuen Edition dieses Buches darauf hinweisen. Dass jemand so ein Foto findet ist sehr selten, darum mache ich mir die Mühe es dann auch mit einzubeziehen.

Da fällt mir gerade ein, dass bei den Beatles (A Day in Life) auch kurz ein verschmierter Himmel über London zu sehen war. Wenn man bedenkt, dass diese Technologie schon über siebzig Jahre alt ist, Patente kann man googlen, dann wundert es mich nicht, dass es immer wieder mal Testflüge gab, um diese Waffe auszuprobieren. Aber nie war es damals so penetrant kontinuierlich, wie heute.

Sie können sich selbst davon überzeugen, Sie müssen nur in Ihrer eigenen Vergangenheit wühlen.

THE REPUGNANT PILOT fing an mit der Frage: gibt es ein Muster? Im Himmel, in den Nachrichten, in der Welt um mich herum?

Was ich zunächst nur ahnte, weiß ich mittlerweile. Daher meine Verzweiflung, daher mein Bestreben, daher die unglückliche Geiselnahme, daher der Tod von Frau Möckelmann. Nein, ich weigere mich dafür die Verantwortung zu übernehmen. Die gute Frau hatte an jenem Abend genau so viel Spass und Wein, wie all die anderen. Wieso musste sie ausgerechnet dann sterben?

Es sei denn, es war Göttliche Fügung damit rauskommt, was rauskommen soll.

⁂

KAPITEL 16

ES IST KRIEG!

Ich bin Frontberichterstatter in einer Schlacht, die zu einem Krieg gehört, den die meisten von Ihnen noch gar nicht erkannt haben. Der aber auch gegen Sie geführt wird!

Oder: STELLEN SIE SICH VOR, ES IST KRIEG UND KEINER MERKT ES.

Obwohl die meisten noch auf den Ausbruch des dritten Weltkrieges warten, bin ich der Meinung, dass er bereits angefangen hat. Natürlich kann alles noch schlimmer werden, wenn man es echt noch schaffen sollte, den russischen Bären zum Steppen zu bringen. Aber das braucht es gar nicht, denn so wie es ist, reicht es, um vom dritten Weltkrieg sprechen zu können.

Und spätestens fing der mit der Finanzkrise im Jahre 2008 an. Oder gar schon am 11. September 2001. Dieser Krieg fing so klammheimlich und schleichend an, dass man es gar nicht mitkriegte. Und noch länger brauchte man, um zu erkennen, wer in diesem Krieg der tatsächliche Angreifer ist, und wer das tatsächliche Opfer.

Nun, das Volk hatte immer schon das Opfer bringen müssen. So war es in jedem Krieg. Aber damals wurden Opfer gebracht, um die eigenen Ansichten dem anderen aufzuzwingen. Was nun neu ist, diesmal geht es nicht mehr um unterschiedliche Ansichten.

Diese unterschiedlichen Ansichten werden natürlich immer noch geschickt gegeneinander ausgespielt, und zwar so lange, bis das Fass (mal wieder) überläuft. Aber es geht nicht um Ansichten. Es geht einfach nur darum, die Opferzahl so hoch wie möglich zu schrauben. Egal wie, Krieg, Bürgerkrieg,

Seuchen, Epidemien, Umweltkatastrophen, Hungersnot etc pp ... Hauptsache viele Tote, denn diesmal geht es um ENTVÖLKERUNG.

Und die Leute, die diese Entvölkerung orchestrieren, die sind der tatsächliche Feind.

Es geht auch längst nicht mehr um Bodenschätze, so wie Öl. Denn dass Motoren nur mir Öl laufen, ist ein Irrglaube. Wie so einiges mehr.

Wenn wir diesen Krieg nicht erkennen, liegt es mit daran, weil wir die Waffen nicht wahrnehmen. Damals erkannte man die Absichten seines Gegenübers an der schwingenden Keule in seiner Hand, daraus wurde eine Lanze, die auf einen gerichtet wurde. Die Lanze wurde von einem Pfeil und der wiederum von einem Kanonenlauf abgelöst. Aber immer konnte man rasch erkennen, dass eine Waffe auf einen gerichtet wurde. Die Gefahr war erkannt. Und das bedeutete immer eine Reaktion von uns: man weicht aus oder man greift an.

Aber heute schlummern wir alle gemütlich durch den Taumel unsrer Alltagssorgen, konsumierter Wollust und chronischen Selbstgefälligkeit. Wir wissen, dass wir die Guten sind, das erkennt man am Wahlrecht, an emanzipierten Frauen, kastrierten Männern, an der tollen Wohnung mit Einbauküche und dem Wissen, dass die da hinten ja immer noch wie im Mittelalter leben. Aber wir wissen Bescheid. Wir wissen, wie es geht. Wir sind die Guten.

Und wir meinen immer noch, dass die Atombombe die schlimmste Waffe ist, die der Mensch je erfunden hat. Sie stellt für uns immer noch den Gipfel des Schreckens dar, und wir tun so, als hätte sich seitdem nichts mehr entwickelt.

Nun tatsächlich hat sich alles entwickelt, der Krieg hat sein Aussehen komplett verändert, die Waffen wurden immer subtiler.

Und alles wurde dabei zur Waffe. Unser Wetter, unsere Religion, unsere Nahrung, unsere Bildung, unsere Wissenschaft, unsere Medizin, unsere Medien, unsere Unterhaltungs- und Kommunikationstechnologie, unsere Beziehungen, unser Sex, und in letzter Konsequenz unsere Sprache und das Wort. Nirgends gönnt man uns Klarheit und Frieden, ständig werden wir angegriffen, zumindest kirre und scharf gemacht, so wie ein Pitbull an der Kette.

Der Terror dominiert unser Leben. Und damit meine ich nicht nur verwirrte Fanatiker, sondern auch den Konsum-Terror, den immer-gut-aussehen-Terror, den immer Gutelaune-haben-Terror, niemals-blöd-auffallen Terror, und so weiter und so fort.

Was sich aber in all den Jahren nicht veränderte, ist die Absicht unserer Herrscher. Und die können uns nur beherrschen, wenn sie uns unterwerfen. Und dafür brauchen sie die Peitsche, oder heute eine subtile Mischung aus Medien, Nanotechnologie und EMF-Bestrahlung.

Damit der Hamster ja nicht seine Mühle verläßt und anfängt, für sich selbst zu denken …

Willkommen an der Front!

⁂

KAPITEL 17

TAL DER AHUNGSLOSEN

Damals in der DDR gab es das Tal der Ahnungslosen. Das befand sich südlich von Leipzig, dort hauste man in einem tiefen Tal und hier kam die Übertragung des westdeutschen Fernsehens nicht mehr hin. Die Leute, die dort lebten, kannten weder „Der Alte" noch „Tatort", sie wussten auch nicht, wie der neue Mercedes aussah, noch konnten sie erahnen, welche Mode die Frauen im Westen trugen. Sie waren die Ahnungslosen. Ich weiß das, denn ein entfernter Onkel ist damals im Tal der Ahnungslosen ums Leben gekommen. Er versuchte auf seinem Hausdach eine größere Antenne Marke Eigenbau aufzustellen und ist dabei tödlich verunglückt. Zumindest hat er versucht aus seiner Ahnungslosigkeit auszubrechen.

Heute gibt es dieses Tal nicht mehr, heute erreicht die Informationstechnologie jeden noch so versteckten Winkel auf unserem Planeten. Dennoch gibt es heute mehr Ahnungslose als damals. Vielleicht liegt das daran, dass wir uns gar nicht mehr als ahnungslos empfinden. Erst wer erkennt, dass er ahnungslos ist, versucht aus diesem düsteren Loch auszubrechen. Aber wer sich einbildet, er habe den Durchblick und gehört von Geburt an zu den „Guten" auf unserer Weltkarte, der ist schlichtweg hoffnungslos ahnungslos, denn er bemüht sich nichtmals darum eine Ahnung oder nur einen blassen Schimmer zu bekommen.

Das Tal der Ahnungslosen war früher geographisch definiert, heute ist es ein Seinszustand, wir wurden so dumpf gemacht, dass uns die Ahnung nicht mehr interessiert.

Willkommen in der neuen Welt!

Egal ob Freunde oder Bekannte in Berlin, Madrid oder in Los Angeles. Die meisten von ihnen leben alle im Tal der Ahnungslosen. Ich habe nicht einen einzigen unter ihnen, der sich darauf einläßt, diese sich aufbauende Gefahr zu erkennen, geschweige denn etwas dagegen zu unternehmen.

Das ist kein Vorwurf, es ist nur eine Feststellung.

Ich versuche diese Freunde/Bekannte mal grob in drei Kategorien zu unterteilen. Nein, ich spiele nicht „teile und herrsche", sondern „sortiere und versuche zu verstehen":

Zur ersten Kategorie gehören die Schweiger, also all diejenigen, die mir auf jede billige Zote, auf jedes beliebige Witz- oder Pin'Up-Foto sofort antworten, aber wehe ich teile meine Beobachtungen zum Himmel. Als Antwort kommt dann nur eine klaffende Stille.

Und wage ich es trotzdem nochmal nachzufassen, wird die Stille nur noch klaffender. Es wird dann so still, dass es in den Ohren weh tut.

Ich glaube sie meinen, dass wenn man es vermeidet darüber zu sprechen, dann macht dieses Problem einen großen Bogen um sie. Da kann man dann nur noch beten, dass der nächste Doppel-Tornado (ganz neu! Jetzt auch in Deutschland) bitte nicht durch die eigene Straße gesaust kommt. Solange es Barmen trifft, ist Wuppertal noch in Ordnung, sagt der Elberfelder.

Die zweite Kategorie sind die Leute, die antworten. Und zwar als freiwillige, ehrenamtliche Fürsprecher unseres Systems. Sie sind die sogenannten Skeptiker, die den Informationen aus dem Fernsehen oder den Zeitschriften blind vertrauen, aber alles, was auf youtube läuft, skeptisch ablehnen. Sie vertrauen einem Gütesiegel, egal ob in der Kleidung (Armani) oder in den News (Reuters). Meistens sind solche Leute auch Pharma-Jünger, Impfbefürworter, Wähler, Depot-Besitzer. Kurz, sie sind die Créme de la Créme unserer Kultur. Und somit die größten Verteidiger unseres Systems.

Einer von denen sagte mir sogar mal, er würde es nicht befürworten, dass ich mich mit „so etwas" beschäftige. Nicht befürworten? Nun, diese Leute halten sich gerne am exakten Kurs der offiziellen Narrativa fest, wie der Junkie am Stoff.

Oder neulich sagte mir jemand, der mir sehr nah steht: „Tim, du leidest an Röhrenblick."

Ist es nicht genau umgegehrt? Aber hätte ich so geantwortet, hätte ich da jemanden, der mir sehr nahe steht, beleidigt, und das hätte wieder einen Riss durch die ganze Familie gezogen. Ich ersparte mir eine Antwort, die man mir in jedem Fall übel genommen hätte und schluckte den Röhrenblick einfach runter. Egal.

Diese Leute haben gerne vergessen, dass an jenem 11. September drei Gebäude plötzlich pulverisierten, obwohl es nur zwei Flugzeuge gab (falls es überhaupt Flugzeuge waren). Diese Leute sagen auch, die Welt ist ein Haufen Scheiße, und ich will auf diesen Haufen doch nur hochklettern, damit wenigstens ich in der Sonne sitze. Mehr als einen Platz in der Sonne sich erkämpfen, geht ja so wie so nicht. Mehr kann man nicht erwarten. Jeder muss für sich gucken, wo er bleibt.

Aber wo bleiben wir, wenn die Sonne ausbleibt?

Je reicher (an Geld) der Mensch ist, umso schwerer fällt es ihm das System anzuzweifeln. Sie halten sich an die billige Propaganda, dass der Andere - immer wieder gerne Putin - an unseren Problemen schuld ist, und sie glauben, dass das Klima sich wandelt, weil es im ZDF so gesagt wurde. Diese Leute stellen sich freiwillig auf jene Spur, die von den Systemplatzanweisern vorgezeigt wird. Und sie haben richtig Angst davor, noch genauer, noch tiefer, noch gründlicher hinzublicken, selbst zu denken, sich einen eigenen Reim zu machen.

Denn die Konsequenz wäre, dass sie dann erkennen würden, dass die Welt und die Menschen vielleicht doch nicht so ein großer Haufen Scheiße ist, aber das, was sie Geld nennen, ein einziger globaler Beschiss ist. Das ganze System ist so raffiniert eingeflochten, wenn man es erkennt, erkennt man auch, dass unser Geld eigentlich gar keinen Wert hat. Darum wollen die, die Geld haben, dieses System gar nicht so genau erkennen. Einfach Augen zu und weiter.

Dabei könnten gerade heute reiche Menschen so viel tun: sie könnten helfen die nötigen Regenwasser-, Blut- und Bodenanalysen zu zahlen, sie könnten helfen es rauszuschreien, zu plakatieren, zu drucken, zu verbreiten, was uns passiert. Das wir angegriffen werden! Sie könnten helfen LEBEN ZU RETTEN! Aber dafür muss man erstmal hinsehen und es schlucken, und danach verdauen. Und da haben sie Angst vor, denn bei diesem Denkprozess werden sie erkennen, dass ihr Geld morgen keine Rolle mehr spielt. Und genau, das wollen sie nicht hören. Davor fürchten sie sich noch mehr als vor dem jüngsten Tag.

Und statt jetzt mit dem noch gültigen Geld der Geburt des Neuen zu helfen, verteidigen sie ihren digitalen Schatz. Ja, sagen sie, es kommt ein Wandel! Aber ohne meine Mücken. Und so verlängern sie leider nur den Krieg, den man gegen uns alle führt.

Und dann gibt es die dritte Kategorie von Leuten. Das sind die, die es erkennen und sagen: „das ist halt so. Wir können sowieso nichts daran ändern." Sie nehmen es hin, als wäre es von Gott gegeben. Sie sagen es mit dem Lächeln des Eingeweihten. Sie spüren die tragische Reichweite und zucken nur mit den Schultern. Und schon reden sie wieder über die vielen schönen Banalitäten. Es gibt ja ständig ein neues Event. Einen neuen Film. Eine neue CD. Ein neues Buch. Einen neuen Wein. Eine neue Reise. Eine neue WM. Und manche haben sogar eine neue Liebe. Es gibt immer was Neues, was man teilen kann.

Aber wie kann es sein, dass man das Ausmaß dieses Verbrechens versteht und trotzdem artig die Steuererklärung abgibt oder die Strafgebühr für ein falsch geparktes Fahrrad überweist? Wie kann das sein? Das passt doch gar nicht zusammen, oder?

Vielleicht laufen wir tatsächlich auf Schienen einer alten Erziehung und Konditionierung. Und der Rest überfordert uns.

Egal.

Die meisten meiner Freunde wissen es nicht, oder wollen es nicht wissen, dass ich der Repugnant Pilot bin. Dazu schweigen sie sich alle aus. Und mittlerweile glaube ich, genau so musste es sein. Nur so fühlt sich meine Dramaturgie stimmig an. Nur so konnte ich meinen Weg finden: nämlich alleine.

Ich habe den Weg nicht nur gefunden, ich bin ihn auch gegangen, und für mich wird es nun Zeit, Heim zu kommen.

Und hoffe meine Freunde empfangen mich und hören mir diesmal zu.

⁂

KAPITEL 18

SCHLACHT ON FACEBOOK

Früher hätte so ein Alleingelassener wie ich ganz schön alt, dumm und einsam ausgesehen. Man wäre dann der Ausgegrenzte geblieben. Heute aber nicht mehr, heute gibt es ja zum Glück facebook. Dort findet man zum Glück Gleichgesinnte. Wenige Leute versprengt über den ganzen Globus, die auch erkannt haben, was im Himmel los ist, und die verstanden haben, dass facebook zu mehr taugt, als nur Fotos von einer Party zu zeigen, die wir alle versäumt haben. Aber bis ich die richtigen Leute fand, sollte noch etwas dauern.

Manche munkeln, dass das facebook vom CIA gegründet wurde, dass der Zuckerfeller wirklich ein Rockeberg ist. Und ja klar, ich könnte mir so etwas vorstellen. Wieso nicht? Denn Trug war und ist immer schon Teil des Herrschens gewesen. Alleine schon das Wort Zuckerberg beschreibt genau was facebook ist: es ist ein riesig großer Berg Zucker an dem nun schon zwei Milliarden Fliegen kleben bleiben.

Und das ist auch Evolution: damals, selbst unter Androhung von Folter, wollten wir nicht sagen, was wir tun oder planen. Heute schreit es jeder laut raus: das bin ich, das denke ich, das like ich. Das ist wie mit dem Fuchs und dem Raben. Der Rabe hat ein köstliches Stück Käse im Mund. Der Fuchs sagt: gibst du mir was von dem Käse? Der Rabe antwortet: Nein! Also ändert der Fuchs die Taktik: ich habe gehört du hast so eine schöne Stimme, kannst du mir nicht was vorsingen?

Wir wissen was passiert. Der Rabe fängt an zu krächzen, der Käse fällt ihm dabei aus den Mund, und der Fuchs kriegt nicht nur ein Stück, sondern alles.

Mein erstes Facebook war voller Käse. Da hatte ich noch nicht die richtigen Freunde. Ich las zum Beispiel täglich, wie Naiara - nein nicht die Kommissarin, hier bei den Basken gibt es so einige Naiaras - nun ich las ein tägliches Update von Naiara, wie sehr sie ihren Mann liebt, vergöttert und bewundert. Täglich kam ein Foto. Die beiden beim Essen, die beiden beim Flanieren am Strand und dadrunter stand immer: du bist mein Leben!

Ein Jahr später waren die beiden geschieden und Naiara musste nicht nur zum Psychiater, sondern auch zum Informatiker, sie musste sich nicht nur ihre Seele neu sortieren lassen, sondern auch ihre Online-Präsenz.

Sonst las ich zu jenem Zeitpunkt viel über Formel 1, oder einmal sogar wie mein Neffe von Pommes träumte, und als ich dann auf der Mauer meiner damaligen Freundin einen Eintrag von irgendeinem Luigi las („hey Süße, du hast letzte Nacht deine Ohrringe bei mir liegen lassen") hatte ich dann die Schnauze endgültig voll. Ich habe mein Konto einfach wieder gelöscht. Und ich erinnere mich, dass das nicht so einfach war. So war mein erster Gedanke facebook ist wie eine Sekte, schnell ist man drin, aber ganz schwer kommt man da wieder nur raus.

Ein paar Jahre später, das mit der Freundin, die überall ihre Ohrringe vergaß, hatte sich erledigt, und 2011 meldete ich mich dann erneut bei facebook an, mit der Motivation meinen Blindenfilm APAGA LA LUZ zu bewegen. Ich machte meine erste eigene Facebook-Seite auf und nannte sie blofeldcine, so nenne ich schon seit immer meine Produktionsfirma, wenn ich dann mal wieder produziere.

Aber erst die Gründung vom THE REPUGNANT PILOT brachte mir neue, sehr wertvolle Freundschaften. Plötzlich stieß ich auf Gruppen in denen man interessante Sachen erfahren konnte.

Und wie immer habe ich mich mit jedem offen und unvoreingenommen unterhalten. Gerade auf digitaler Distanz ist es leicht ehrlich zu sein. Und natürlich sollte man immer freundlich und respektvoll sein, denn sonst „click" und die Belästigung hört auf.

Diese Art der Annäherung ist völlig neu. Auf der einen Seite fiel es uns ja schon immer leichter sich einem Wildfremden auf einer Reise anzuvertrauen, als dem Nachbarn, der uns schon in Windeln gesehen hat. Wieso ist das so? Dinge, die uns auf der Seele liegen, will man nicht immer seinem näheren Umfeld zeigen, vielleicht fürchten wir, verspottet zu werden, vielleicht weil wir einfach unseren Schein wahren wollen, dass hier bei uns in der Straße alles nur normale Bürger wohnen.

Doch in der dunklen Nacht, in den tiefen Höhlen des facebooks ist eine Vertrautheit, wie auf einem Gangbang. Alle machen es mit allen, und jeder zeigt was er kann, und jeder steht und spricht für sich selbst.

Und da spürt man dann die Person, mit der man es zu tun hat. Die Essenz kommt rüber, egal wie weit die Person entfernt ist, egal ob sie einen echten Namen nutzt oder einen Fantasienamen. Es ist die Summe des Gesagten und Gezeigten durch die die Person gefiltert rüber kommt, und man spürt rasch mit wem man es zu tun hat. Durch die Megabytes hindurch kann man wittern, wie der andere tickt.

Denn der Schlag eines aufrichtigen Herzens ist auch durch das Digitalisieren hindurch zu spüren. Und wer einem unwohl gesonnen ist, der fällt direkt oder sehr schnell auf, so wie ein Päderast im Kinderbecken. Man spürt seine verspannte Haltung, seinen Drang sich bloß nicht entblößen zu dürfen. Denn das aufrichtige Herz kann sich immer und zu jeder Zeit entblößen. Doch der Lügner braucht ein Mäuerchen, hinter dem er sich verstecken kann.

Wieso einige ein Leben versteckt hinter dem Mäuerchen bevorzugen, ist eine andere Geschichte. Und zu der kann ich nichts sagen, weil mir die Erfahrungswerte fehlen.

Was ich nur sagen wollte, man spürt rasch, ob einer überhaupt eine Intuition hat. Die meisten von uns Erdlingen sind tatsächlich noch mit Pommes oder vergessenen Ohrringen beschäftigt. Oder mit Fussball zur Abwechslung. Doch in gewissen Darkrooms findet man Leute, die es wissen wollen. Leute die Befriedigung suchen. Denn ihre Intuition macht sie unruhig, besorgt, teilweise kirre. Und ihr Verlangen schreit nach Antworten, nach Klarheit, nach Lösungen.

Ja, und dort trifft man sich dann zum kollektiven Detektivspiel. Und so etwas hat es vorher noch nie gegeben! Mehrere Leute treffen sich mit der gleichen Sorge. Und man bespricht sich untereinander. Ein Austausch findet statt, und der ist komplett horizontal, hier gibt es keine Befehlshierarchie, zumindest nicht bei den Leuten, die aus eigener Intuition handeln.

Und in diesen Gruppen spielt weder Hautfarbe, Religion, Kontostand noch Körbchengröße eine Rolle. Zu dieser Gruppe gehören alle, die saubere Luft atmen wollen. Hier bringt jeder mit, was er kann. Man legt es auf den Tisch und wenn jemand anderes etwas ähnliches gefunden hat, dann legt er es dazu, und gemeinsam rätselt man, ob da vielleicht ein Zusammenhang besteht.

Und je mehr Leute an diesem Spiel teilnehmen, umso mehr Augen etwas sehen, umso mehr Ohren etwas hören, um so mehr Fundsachen sich präsentieren, umso deutlicher kristallisiert sich heraus, was da am Himmel passiert.

Wissen ist Macht. Und so lange wir - das Volk - so wenig wie nötig wissen, sogar in dem Irrglauben leben, frei und gebildet zu sein - wird sich an den hiesigen, irdischen Verhältnissen nichts, aber auch gar nichts ändern.

Brot und Spiele, hin und wieder ein ordentlicher Schreck, der uns durch Mark und Bein saust, und wir bleiben alle schön auf der Spur, wo man immer wieder sagt: so ist das eben.

Steigende Kosten. So ist das eben.
Arbeitslosigkeit. So ist das eben.
Korrupte Politik. So ist das eben.
Impfen. So ist das eben.
Digitales Geld. So ist das eben.
Kriege. So ist das eben.
Inflation. So ist das eben.
Schlechte Ernährung. So ist das eben.
Scheißjob. So ist das eben.
Pillen schlucken. So ist das eben.
Teure Scheidung. So ist das eben.
Hart kämpfen, um doch noch abgezockt zu werden. So ist das eben.
Umweltverschmutzung. So ist das eben.
Der Mensch ist von Natur aus schlecht. So ist das eben.
Klimawandel. So ist das eben.

Das interessiert alles keinen. So ist das eben.
WM gewonnen. So ist das eben.

WM verloren. Das kann nicht sein! Ja, nur das führt zu einer flächendeckenden Depression. Bei dem Rest, egal was, sagt man immer wieder nur: So ist das eben.

Aber nicht alle sagen das. Es gibt einige, die sagen: so muss es nicht sein. Oder sie sagen: geht es nicht anders?

Und diese Leute - dank facebook - können sich nun zu einem Rudel zusammen schließen. Rudel ist vielleicht nicht das richtige Wort, denn einen Leitwolf gibt es nicht. Rudel ist das richtige Wort, wenn man erkennt wie effizient, stark und gefährlich solch eine Gruppe werden kann.

In hatte mal einen Verteiler auf facebook gegründet, den nannte ich das „wachküssende Rudel“. So konnten wir uns koordinieren, man war auf einmal nicht mehr alleine, wenn man z.B. bei der Bundesregierung auf ihrer facebook Seite seine Sorgen vortrug. Und das hilft immer.

Aber es gibt ja nicht nur das wachküssende Rudel, nein es gibt auch die SOKO Aluhut. Und es gibt da eine Schlacht in den weit entfernen Galaxien des Onlineversums, die ist leider so echt, wie die Wahrheit, die um jeden Preis verborgen bleiben soll.

Es geht in der Schlacht nur um die Wahrheit. Denn die Wahrheit macht uns frei.

Diese Schlacht wird in den öffentlichen Medien und im öffentlichen Diskurs komplett ignoriert. Zum einem gibt es leider zu viele blutige Auseinandersetzungen, die von dieser Schlacht ablenken, und zum anderen wollen die Herrscher nicht, dass das Volk merkt, dass es da eine Schlacht, um die Wahrheit gibt. Denn um so mehr Menschen sich dieser Schlacht bewusst werden, um so schneller ist sie auch gewonnen.

Das ist schon fast so wie bei KRIEG DER STERNE. Rebellen haben durch akribisches Beobachten die Baupläne dieses parasitären, menschenfeindlichen Systems entkodifiziert, studiert und durchschaut.

Wenn nun dieses Wissen sich verbreitet und das Volk das auch erkennt, dann hört das Herrschen auf. Und zwar von jetzt auf jetzt. Klar, dass da eine winzige Gruppe von Parasiten Angst davor hat.

Und da diese Schlacht die entscheidende ist, und nicht vergessen werden darf, bin ich so frei ein paar Protagonisten beim Namen zu nennen. Das ist ja das tolle an der heutigen Zeit. Alles geht immer schneller. Zum ersten Mal kommt nun ein Geschichtsbuch während die Geschichte noch spielt.

Und ich möchte es rasch aufschreiben, bevor wir - das wachküssende Rudel - die offiziellen Sieger sind, denn dass Geschichtsbücher von Siegern geschrieben werden, auch das ist obsolet. Geschichte wird von akribischen Beobachtern festgehalten. Daher kann ich nur jeden ermutigen, seine eigene Geschichte zu beobachten und aufzuschreiben. Und damit aufhören, sich nur berieseln zu lassen.

⁕

KAPITEL 19

DIE LETZTEN

Auch wenn ich meine facebook Freunde - bis auf ganz wenige Ausnahmen - immer noch nicht im echten Leben getroffen habe, sind mir so einige ans Herz gewachsen. Vielleicht weil ich in den letzten Jahren bei ihnen mehr Rat und Trost als bei meinem Real-Life Freundschaften gefunden habe.

Und mir ist aufgefallen, dass so manche von denen, die im Internet aktiv sind und sich für das Wohle aller einsetzen, ehrenamtlich und mit reinstem Gewissen, Leute sind, die oftmals selber gar nicht so gesund sind, oder am Rande der Gesellschaft stehen. Ausgerechnet von solchen Leuten, die wir in unserem anerzogenem Wertesystem viel zu gerne übersehen, ausgerechnet von denen kommt nun die Hilfe für uns und den ganzen Planeten.

Ich kenne so einige auf facebook, die zum Beispiel mit Multiple Sklerose zu kämpfen haben, am Rollstuhl gebunden sind, eben nicht die ganze Nacht den heißen Kater auf der Tanzfläche machen können. Auch wenn wir solche Randfiguren weder sehen noch lieben wollen, aber diese Randfiguren lieben uns und den Planeten genug, um uns helfen zu wollen. Zu der Endzeit - so sagte Jesus - wird der Erste zum Letzten, und der Letzte zum Ersten.

Nun haben wir eine Minute vor zwölf, damals ging es noch um arm gegen reich, oder um links gegen rechts, aber die Zeit rennt im Sauseschritt davon und heute, jetzt wo Sie diese Zeilen hier lesen, geht es nur noch um EINS:

Wer setzt sich für das Leben ein, und wer arbeitet dagegen?

Und unter den wirklich Schönen und unter den wirklich Reichen findet sich kaum jemand, der sich für das Leben einsetzt. Solchen Leuten wird man eines

Tages zu ihrer eigenen Entlastung zu Gute halten, dass sie ja nicht anders konnten. Schließlich haben sie genau das personifiziert, was in unserem System glorifiziert wurde. Dass so ein Leben zur Falle werden kann, will das gemeine - leider oft neidische - Volk gar nicht wissen.

Ich zitiere da gerne Woody Allen: glauben Sie wirklich, es macht mir noch Freude, wenn eine siebenzwanzigjährige, vollbusige Blondine mir den Schwanz lutscht?

Wenn unsere Promis dann endlich erkennen, dass der letzte wahrhaftige Spass, der noch zu entdecken bleibt, es ist, die Welt für die kommenden Generationen zu retten, dann bricht der Damm.

Aber wir werden nie vergessen: die Letzten waren die Ersten.

*

KAPITEL 20

MEIN ERSTER TROLL

Wenn der Groschen fällt, dann langsam. Und bei mir dauert es manchmal sogar noch länger. Weil ich gar nicht so fies denken kann, wie es läuft. Tatsächlich musste mir Folgendes gleich dreimal Mal passieren, erst beim zweiten Mal wurde ich stutzig, und beim dritten Mal hatte ich es aber dann geschnallt.

Meine - für mich neu entdeckten - Bedenken und Sorgen teilte ich immer dort auf facebook, wo gerade Klima das Thema war. Natürlich habe ich das getan, weil ich damals echt noch auf eine seriöse Antwort gehofft habe. Noch dachte ich, dass die Bundesregierung sich tatsächlich für meine Sorgen interessieren würde, schließlich hatte ich jede Menge eigene, interessante Indizien zu präsentieren.

Und was geschah? Jede, wirklich jede „Behörde" - Bundesregierung, Umweltbundesamt, ZDF, ARD, RTL, Spiegel, Focus, Bild, Wetterdienst, Wetteronline und so weiter und so fort - überhörte einfach meine Frage, also ich wurde komplett ignoriert. Und statt dessen kamen ein paar - wie es zunächst scheint - gaaanz normale facebook Nutzer und griffen mich an! Meistens waren das Männer, zumindest laut Profil.

Beim ersten Mal überrascht es einen. Man erntet plötzlich Spott und Hohn, und man muss sich anhören, dass man ein verbohrter, unbelehrbarer Idiot sei. Und dass man in der Schule nicht aufgepasst habe.

Nun, das habe ich so wie so nicht. Aber wieso werde ich so vehement beschimpft und beleidigt, nur weil ich meine Wolkenfotos zeige?

Als ich dann beim dritten Mal, beim dritten Post, immer noch von den gleichen Leuten angegriffen wurde, da hatte ich es dann erkannt.

Diese Leute kommen nur um Radau zu machen, um abzulenken und zu stören. Und es sind immer wieder die selben drei bis zwölf Spieler. Und es ist der Job dieser seelenlosen Brut so Leute wie mich zu stoppen, einzuschüchtern und mundtot zu machen. Wenn Sie könnten, würden Sie mein Buch hier verbieten lassen. Und damit das nicht geschieht, werde ich diese wurmartigen Wessen hier NICHT beim Namen nennen. Gerne werde ich aber jedem freundlichen Wachmann ihre Namen mitteilen - auch wenn ich bezweifele, dass die mit echtem Namen in so eine schmutzige Schlacht ziehen.

Der fleißige Leser kann aber ihre Namen und Einschüchterungsversuche in meiner Sammlung aufstöbern. Einfach mal in den Ordner Screenshots gucken, dann sehen Sie auch das, was ich hier nicht erwähnen werde. Dort sehen Sie dann auch, dass ich bedroht wurde, dass ich aufpassen müsse, dass so einer wie ich nicht eines Tages abgeholt wird.

Verbale Pflastersteine zu werfen - und zwar auf uns, das besorgte Volk - ist das Brot und Butter des Trolls. Es ist klar, dass diese Leute Rückendeckung haben. Würde ein Aktivist solch ein aggressives Bullying betreiben, man hätte dem sein facebook Konto längst gesperrt.

Mehrmals habe ich ganz deutlich erlebt, wie diese Leute organisiert handeln. Man sieht es immer wieder daran, dass sie sich zu zweit oder dritt innerhalb der selben Minute auf meinen Post oder Kommentar stürzen. So als ob ganz schnell ein Eimer Wasser, nein besser, zwei, drei Eimer Wasser auf das von mir gelegte Feuerchen gekippt werden müssen, bevor es sich ausbreiten kann.

In solchen Momenten scheint mir, die sitzen alle am gleichen Tisch im gleichen Büro. Trinken alle den gleichen Automaten-Kaffee, haben alle den gleichen Haarschnitt und gewiss alle ein traumatisches Erlebnis in frühster Kindheit überlebt, denn ein gesunder, ausgeglichener Mensch würde diesen Job nie machen.

Und diesen Job gibt es weltweit. Da ich ja ständig auf drei Sprachen unterwegs bin, kann ich bestätigen, dass es diese Troll-Kolonnen - ich nenne die gerne SOKO Aluhut - überall gibt. Und die Methoden sind überall die selben. Denn der Auftraggeber am anderen Ende der Leitung auch. Schließlich ist das eine globale Nummer.

Es geht den Trolls einzig und alleine darum, in jenen online Diskussionen das Auge eines zufällig vorbeikommenden Lesers sofort von unnötigen Entdeckungen abzulenken.

„Hör dir den Repugnant Pilot nicht an, der ist ein dilettantischer, um Geld und Aufmerksamkeit bettelnder Neurotiker."

Aber das funktioniert mittlerweile gar nicht mehr so, wie es geplant war. Denn der Troll verliert mit jedem weiteren seiner Einsätze an Effektivität. Täglich wachen neue Menschen im Angesicht dieses großen Verbrechens auf.

Täglich teilen und posten immer mehr Leute den komischen Himmel, den sie nun auf einmal auch bewusst wahrnehmen und gerade so eben fotografiert haben. Mich erreichen solche Fotos oftmals zuerst. Und ich bedanke mich dann, und richtig heiße Fotos werden dann von mir nochmal extra präsentiert.

Immer sichtbarer wird, was in unserem Himmel geschieht. Und immer sichtbarer wird, wer zur Trollgarde gehört. Die würgen sich gerade durch ihr Verhalten selbst ab. Man muss nur aufmerksam die Kommentare unter irgendeinem facebook Beitrag lesen, und man erkennt es sofort.

Überall, wo fünf Trolls auftauchen, tauchen fünfundzwanzig Aktivisten auf und schlagen Alarm, d.h. sie liefern weitere starke Indizien, dass hier was oberfaul ist. Dass Wasserdampf so nicht aussieht.

Neben den Trolls gibt es dann als Antwort von der jeweiligen „Behörde" nur noch drei mögliche: 1. man wird ignoriert. Das ist das Normalste. 2. Man wird gelöscht. 3. Man wird verpetzt, und dann kann es sein, dass man bei facebook ganz rausfliegt, weil man gegen die „Community Guidelines" verstoßen habe. Der Troll aber darf beleidigen und verpetzen. Doch damit ist dann schon seine Potenz, und sein Geschick, ausgeschöpft.

Täglich tobt eine globale Online-Schlacht, um die Wahrheit unter die Leute zu bringen. Stündlich versucht man uns den verschmierten Himmel als schön zu verkaufen, und minütlich gibt es ein paar neue Augen mehr, die es sehen, erkennen, verstehen, bis das nächste Herz aufschreit und auch helfen wird.

Manchmal empfinde ich es wie ein Wettrennen: Augen, die sich öffnen vs. Augen, die sich vernebeln lassen. Licht von Innen vs. Gift von Außen.

Aber noch gibt es zu viele Mitmenschen, die überhaupt keine Ahnung haben, von dem was passiert, denn sie können sich einen mutwilligen Eingriff ins Klima so gar nicht vorstellen, und erst recht nicht, dass es deswegen eine Schlacht im Onlineversum gibt, wo unterdrückt, eingeschüchtert und zensiert wird.

Diese Leute, also der normale Bürger - der, der nichts zu verbergen hat - würde bei „unterdrückt, eingeschüchtert und zensiert" sofort an die Türkei oder Nord Korea denken, aber niemals an Frau Merkel oder Herrn Maas.

Und solche Bürger reagieren regelmäßig erbost, wenn sie zufällig auf meine schockierenden Nachrichten stoßen. Von denen wird man dann auch teilweise beleidigt oder verspottet, oder einfach als Freund wieder abgemeldet. Aber solche Leute halten irgendwann mal die Klappe, wenn sie merken, dass sie gegen meine/unsere gesammelten Daten nicht mehr anstänkern können. Sie schlucken es dann, um es rasch wieder zu vergessen.

Und wer weiß? In manchen tickt es dann weiter, bis der Samen aufgeht, und dann auch sie es erkennen, und dann auch sie helfen werden, es zu beenden.

Doch der Troll hält niemals die Klappe. Und stänkert immer weiter. Er stänkert nur noch, um zu stänkern. Hartnäckig kleben die an einem dran, wie das Kaugummi an der Schuhsohle. Und just dann kommt meine Testfrage:

„Hey du, ich bin hier täglich im Einsatz, weil ich große Sorgen habe. Was ist deine Motivation? Wieso hast du Zeit täglich die Leute, die sich Sorgen machen, anzupöbeln? Wenn da nur harmloser Wasserdampf den Himmel vernebelt, dann lass die Spinner doch spinnen und gut ist. Oder hast du gar kein eigenes Leben? Also was ist deine Motivation?“

Einer antwortete mal: damit du nicht in dieser paranoiden Vorstellung, man würde uns absichtlich besprühen, leben musst.

Klar, rund um die Uhr im Dauereinsatz eine weitere verlorene Seele zu retten, gibt es bei der kirchlichen Telefonseelsorge, aber nicht auf facebook. Man hat im Internet schneller was zum Poppen gefunden als eine ehrliche, kostenlose Seelsorge.

Nach meiner Frage, was ist deine Motivation, kam eigentlich nie eine Antwort. Das war in den meisten Fällen eine Schachmatt-Frage. Und da die meisten Trolls nicht sehr intelligent sind, und vielleicht auch nur vorgedreschte Phrasen kopieren und posten, sind sie mit so einer Frage überfordert, aus dem Konzept geworfen und schweigen dann nur noch.

Oder sie kläffen aggressiv zurück (um sich bei ihren Vorgesetzten beliebt zu machen?). In ihrem herablassenden Ton und ihrer besserwisserischen Haltung, erinnern mich dann solche Trolls sehr stark an Roland Freisler und seinen unvergesslichen, gefilmten Auftritt beim Prozess gegen die Stauffenberg Freunde. Immer schön von oben, schreien, angreifen, kurz: einschüchtern. So ein Verhalten fährt man nur auf, wenn man sich im Schutz und in der Gunst der Autorität fühlt.

Und alles was der „offiziellen“ Version im Wege steht, wird klein geknüppelt oder weg geschrieen. Und so wurde es immer schon gemacht. Und es gab immer schon Würstchen und Kröten, die für Geld beim Kleinknüppeln und

Wegschreien geholfen haben.

Aber diesmal hat sich etwas komplett geändert. Diesmal gibt es etwas Neues: die Kommunikations-Technologie. In unserem Beispiel ist es facebook. Vielleicht wurde ja facebook tatsächlich nur gegründet, um uns besser kontrollieren zu können. Was ist aber, wenn wir es nutzen, um uns gegenseitig wachzurütteln?

Je mehr sich von uns an der Schlacht im Onlineversum beteiligen, umso überforderter werden die Trolls. Je mehr sich von uns einmischen, umso schwieriger lassen sich die aufklärenden Inhalte verstecken. Dass man mich mittlerweile überwacht und zensiert ist keine Überraschung, dazu später mehr. Aber facebook wird nicht Sie alle überwachen können. Bzw. man kann es, aber es nützt nichts, denn man kann es ab einer gewissen Menge nicht mehr verarbeiten. Die Alternative wäre dann, facebook komplett zu sperren, am besten ganz abschalten, ... um die Meinungsfreiheit zu retten. Eins ist klar: umso mehr von dieser Schlacht wissen, umso schneller haben wir sie gewonnen.

Erkennen Sie das nun auch?

❊

Kapitel 21

Leanders Liste

Mit jedem verheerenden Unwetter wird die Bewegung der „Chemtrail-Gläubigen“ größer. Mit jedem Tornado, die - neuerdings auch - über Deutschland wüten, kommt ein Bus voll mit neuen Zuschauern auf meiner Seite The Repugnant Pilot an. Mit jedem sintflutartigem Wolkenbruch steigen bei mir die LIKES steil nach oben. Meine Seite ist wie das Thermometer im A-loch des kranken Patienten. Ich sehe das Fieber steigen. Und Fieber ist eine Abwehrreaktion auf Krankheit.

Apropos chemtrail-gläubig. Wer war so frech, Leute wie mich als chemtrail-gläubig abzutun? Was ich sehe hat nichts mit Glauben zu tun. Und was ich glaube, muss ich nicht unbedingt sehen.

Dass man Fakten als Glauben abtut, ist Teil dieses Verbrechens, denn wenn alles, was wir glauben falsch ist, dann hat man uns in der Hand. Dann sind wir ausgeliefert. Alles wird auf den Kopf gestellt. Fakten sind Glauben. Oder ein Glaube wird Fakt, wie zum Beispiel beim digitalen Geld. Da glauben wir nur, dass das Geld auf dem Chip ist. Fakt ist, dass sich damit nicht nur Brot und Spiel, sondern auch Bomben und Mörder bezahlen lassen. Und so etwas geschieht dann ausschliesslich und immer nur für die Demokratie und für die Freiheit. So ist es heute, und so war es damals. Da sagte man noch: Arbeit macht frei.

Und selbst die chemische Schändung des Himmels hat einen blumigen Namen, man nennt es „fortschrittliche Zukunftsfähigkeit“. Denn es wird als rettende Maßnahme gesehen und promoviert, und zwar vom Institute for Advanced Sustainability Studies Potsdam e.V. (Kurz: IASS). All das, was bereits heimlich passiert, hat eine Planstelle.

In einem älteren Text hatte ich Sustainability mit Lebenserhaltung übersetzt. Man kann es auch mit Umweltverträglichkeit oder auch mit Nachhaltigkeit übersetzen. Also vielleicht lese nur ich in Sustainability ein Wort, dass uns eine Zukunft zu ermöglichen verspricht. Nutzt man die Übersetzung „Nachhaltigkeit“ oder gleich die elegante Wortkombination „transformative Nachhaltigkeitsforschung“, so wie es von der IASS selbst übersetzt wird, dann könnte man ja schnell sagen: ja, wir werden nachhaltig vergiftet, damit hier alles transformiert …

Und das will doch keiner, oder?

Und unser Klaus, der Töpfer, und Ex- und weltweit erster Umweltminister, war Ehrenpräsident in jenem organisierten Verein der nachhaltigen Lebenserhalter, oder lebenserkaltenden Nachhalter.

Und wer sich echt mal die Zeit nimmt diese langweiligen Videos der IASS auf youtube anzuhören, erfährt auch, aus dem Mund von Klaus, dass jährlich mehrere Millionen investiert werden, um die Sprache zu kontrollieren, denn wer die Sprache kontrolliert, beherrscht das Thema.

Und da werden tatsächlich Millionen verschleudert! Denn wo ich heute stehe, kann ich das sehr gut erkennen. Ein Teil meiner Indiziensammlung zeigt deutlich, dass sehr viel Geld ausgegeben wurde, um uns tüchtig den Verstand zu verkneten. Der Hirnschiss hat einen Preis. Denn er muss ja erst produziert werden.

Also längst bevor der gemeine, trottelige Troll als Fusssoldat in den Kampf geschickt wird, werden Dachverbände a la IASS oder IPCC (Intergovernmental Panel on Climate Change) gegründet, die eine Linie oder Richtung vorschlagen, die dann in unseren Medien von den Meinungsmachern geschickt platziert wird.

Die Meinungsmacher sind meist beliebte TV Moderatoren, die uns locker flockig unterhalten, „informieren“ und ganz nebenbei abstecken, was geht und was nicht geht. Was gilt und was nicht gilt.

Meinungsmacher sind in der Regel ein bisschen gewiefter in ihrer Rhetorik als der gemeine Troll, aber auch sie fahren auf einer vom Auftraggeber vorgegebenen Spur, dass heißt, die sind fern ab jeglicher spirituellen Intuition, auch die haben den Kontakt mit Mutter Natur längst schon verloren, sei es wegen aufgeblähtem Promi-Ego, zu viel Kokain oder man hat sie ganz einfach nur an den Eiern.

Also hier spuck ich nochmal ein paar Namen in mein Instant-Geschichtsbuch. Habt bitte Nachsicht mit mir, wenn ich den einen oder anderen vergesse zu erwähnen. Ich kann nur erzählen, was ich von meinem Wachposten aus erspähen konnte.

Da gibt es den bekannten Wetterfrosch Jörg Kachelmann, so ein joviales Plauderpummelchen, der so ganz souverän, lässig und von oben herab daher kommt und uns sagt, dass man das Wetter ja so überhaupt nicht beeinflussen kann. So etwas sei völliger Quatsch, und all die, die etwas anderes behaupten sind nicht besonders intelligent. „Die sind nicht die knusperigsten Chips in der Tüte.“ So hatte er es gesagt. Jaja, der Jörgi ist ein rhetorisch ganz gewiefter. Auf sein Buch wartet noch die ganze Welt.

Es gibt da übrigens Internet-Gerüchte, dass Jörg Kachelmann zunächst Chemtrails zugegeben habe, aber dann drastisch zurück gerudert sei. Irgendwas war da passiert. Und ich meine gehört zu haben, dass eine Klage wegen sexueller Belästigung zurück genommen wurde, weil er nun mitspielt. Was auch immer im Internet steht oder beim Friseur erzählt wird, ich halte es nur fest, wenn es ins Bild passt. Geschwätzt wird ja viel. Besonders in der Politik. Und Wetter plus IASS = Politik.

Weiter geht es in meiner „ZARAH LEANDER Gedenkliste“. Genau, Sie haben richtig gelesen. Ich benenne meine Liste nach jener hübschen Schwedin, die im Auftrag von Dr. Goebbels drei Tage vor Kriegsende noch ganz laut „Ich weiß es wird noch eine Wunder geschehen!“ geträllert hatte.

In den Neunzigern in Berlin haben meine Filmkollegen und ich uns gewundert, wie so eine Frau am Schluss noch so einen großen Scheiss bauen konnte. Nun, vielleicht hatte sie noch nicht erkannt, dass Schluss war? Vielleicht war sie unter Druck? Oder vielleicht war sie nur eine dumme Hure?

Auf jeden Fall symbolisiert sie all jene Eigenschaften, die es für den Medienmensch von heute braucht, um auf der Zarah Leander Gedenkliste zu erscheinen. Eine Liste, die leider nicht vollständig sein wird. Ich kann nur erzählen, was ich aus meiner beschränkten Perspektive mitbekommen habe. Ich habe keine Lust raus zu gehen und zu suchen, wer da noch auf die Liste gehört. Diese Mühe kann sich dann die Polizei machen, an dem Tag, wenn sie ihre Augen wieder zum Sehen nutzt.

Also weiter mit der Zarah Leander Gedenkliste:

Dann gibt es da noch diesen ZDF-ling namens Rayk Anders. Der sieht aus wie Omas bestes Bübchen. Auch wieder so ein Knuddelstar für die anästhesierten Traumschiff-Gucker. Jetzt mal im Ernst? Wer macht das Casting für Leute die beim Fernsehen Karriere machen wollen? Mit seinem weichgespülten Lächeln kommt er gewiss bei all den Leuten an, die echt noch glauben, dass

Volksvertreter das Volk vertreten, Zitronenfalter die Zitronen falten, und die Medien frei sind.

Mir scheint: je luschiger einer ist, um so weiter kommt er.

Immerhin hat Rayk einen würdigen Nachfolger zu Dr. Goebbels prächtiger Dokumentation DER EWIGE JUDE gedreht. Rayk ist mit seinem, vom ZDF finanzierten, Dokufilm LEBEN IM WAHN der ganz große Wurf gelungen. Damit hat er sich direkt ins Geschichtsbuch katapultiert.

Aus erster Hand weiß ich, wie das Interview, ein wichtiger Bestandteil des Filmes, mit meiner Co-Aktivistin Ria den Breejen einfach völlig verhunzt und verdreht wurde. Da ich selber ständig Filmchen montiere, weiß ich, wie das geht. Das ist genau so wie mit Gaddafi und seiner Rede vor den United Nations. Sieht man sich die zwei-minütige Fassung des amerikanischen Fernsehens an, meint man, der Gaddafi redet Unfug und hat ein Drogenproblem. Sieht man sich den ganzen Vortrag an, dann fragt man sich unweigerlich, ob Gaddafi die Drogen nur genommen hat, um Mut zu finden, das auszusprechen, was wir alle nicht sagen oder hören dürfen. Er hat es getan, und zwar vor der UN.

Rayk Anders und sein Regisseur Marc Qambusch haben es zumindest versucht, Ria möglichst vorzuführen. Auf den ersten Blick könnte man „Arme Ria!" sagen, doch wenn man dann dieses miese Spiel durchschaut hat, erkennt man, wer hier die wirklich Armen sind.

So ein Rayk ist nicht alleine. Die Liste jener Luschen-Typen hört ja nicht mehr auf. Gucken Sie sich die nur genau an! Alle sehen aus, als wären sie damals in der Schule chronische Opfer von Mobbing gewesen. Das ist das Mindeste, was jene arme Seelen ertragen mussten, damit sie nun an diesem falschen Aufschrei nach Anerkennung so blind teilnehmen.

Dann gibt es noch einen „echten" Verschwörungstheorien-Experten namens Sebastian Bartoschek. Dass er Experte ist, wird immer drunter geschrieben, damit man es auch sofort erkennt. Ich bin zum Beispiel kein Experte, ich bin nur aufmerksamer Beobachter und Dummefragensteller. Aber Sebastian ist Experte, unsere Presse wird nicht müde darauf hinzuweisen.

Sebastian ist ein Experte in der Tradition von Max Eichler, der war auch ein Experte und verantwortlich für das Reichsbürgerbuch „Du bist sofort im Bilde". Damals. Dort bekam man anschaulich und ruckzuck erklärt, was im Reich geht und was eben nicht. Und das kann der Sebastian auch. Ruckzuck zeichnet er auf ein Blatt Papier, was die Vorraussetzungen sind, um ein Verschwörungstheoretiker zu werden. Komischerweise, nein besser: ironischerweise, spielt dabei für ihn die Sucht nach Anerkennung eine ganz bedeutende Rolle.

Nun Sebastian, wenn Du das hier liest: natürlich freue ich mich auch über Anerkennung! Aber es ist die Sorge, die mich auf den Plan ruft. Du hast ja diese Sorgen nicht. Also: was ruft Dich auf den Plan? Nun lass mich raten: na klar, auch du bist eine Knuddel-Lusche!

Weiter geht's:

Nicht nur TV-Redakteure, Doku-Regisseure, Experten und Wetterfrösche schaufeln sich in diesen Tagen ihr eigenes Grab, sogar auch echte Star-Komiker.

Mit dem deutschen Humor ging es für meine Begriffe seit der Privatisierung des Fernsehens steil bergab. Die Rede ist von Anfang der Neunziger. Plötzlich boomten allerhand Comedy-Clubs, und diese Sendungen hatten alle eins gemeinsam: sah man sie alleine, fand man sie nicht komisch. Doch sah man sie in einer Clique, da wurde dann an jeder für witzig vermuteten Stelle laut mitgelacht, damit die anderen nicht denken, man habe den Witz nicht verstanden.

Lachen ist bekanntlicherweise ansteckend. Plötzlich lachte die ganze Clique, und von da an wurde wöchentlich gelacht. Und so wurde eine neue Generation von Komikern und Kabarettisten in unsere Wahrnehmung genagelt, mit Geld und Sendezeit der großen privaten Sender, die mit Millionen um sich geschmissen haben im sich immer mehr zuspitzendem Quotenkampf.

Natürlich gedeihte da im Schatten des großen Geldes, in den kleinen Clubs oder regionalen Sendern, auch der ein oder andere fähige Komiker. Ich denke da an Volker Pispers und Christoph Sieber. Das sind Leute mit Witz und Gewissen.

Das kann man leider von Oliver - Freund Speckbulette - Kalkofe nicht behaupten. Er fand es komisch und originell die beiden dicken Sänger „Klaus & Klaus“ so zu nennen. So ist sein Humor. Ich finde es lustig, dass er mittlerweile selbst wie eine Speckbulette aussieht. Es ist immer so: zeigt man mit dem Zeigefinger auf eine andere Person, der kleine, Ring- und Mittelfinger zeigen auf einen selbst.

Kalkofe verkleidet sich gerne und meint von sich selbst, er wäre ein guter Stimmen-Imitator. Falls er wirklich mal lustig war, dann würde ich mich freuen, wenn einer von Ihnen mich auf jene Stelle hinweist.

Nun zum vorläufigen Tiefpunkt seiner von der Kohle gepushten Karriere: Die deutsche Band VitaVision hat einen musikalisch guten und vom Text sehr klugen

Song geschrieben, mit dem Thema und Titel: CHEMTRAILS. Ich finde die Nummer gut, und habe sie auch auf meine facebook Seite gespiegelt. Denn in den öffentlich rechtlichen Radiostationen ist dieser Song nicht zu hören. Oder wenn, dann nur als Verballhornung. Oliver band sich - wie die Sängerin - ein Kopftuch um und machte wieder den ulkigen Stimmimitator. Auch diesmal war er nicht komisch, doch diesmal hatte er eine Aufgabe zu erfüllen. Und damit hat sich die Speckbulette Nr. 3 direkt zu den Richtern auf die Anklagebank gesetzt.

Und direkt daneben kann sich sein Komiker-Kollege Lutz van der Horst setzen. Noch so'n Grimassen-Schneider mit Knuddel-Luschen-Effekt. Er ist sich auch nicht dafür zu schade, besorgte Bürger zu verspotten. Wo lief das noch? In der ZDF heute-show. Kann man alles auf meiner Seite finden. Leider.

Mann, Ihr luschigen Witzfiguren! Mit Komik hat das nichts mehr zu tun. Eher mit Beihilfe zum Mord. Vielleicht kriegt Ihr den Kopf noch aus der Schlinge, wenn Ihr auspackt und erzählt, wie so ein Thema von oben geplant, gepusht und ausgeführt wird. Dann gibt es gewiss Straferleichterung.

Denn - und jetzt kommt wieder eine messerscharfe Beobachtung: ist es etwa ein Zufall, dass ausgerechnet die Komiker, die so rasch von den neuen deutschen, privaten Fernsehsendern nach oben gespült und auf den Thron gehoben wurden, auch ausgerechnet die Komiker sind, die nun am Lautesten über „Chemmies" lachen. Müssen ??

Ich kann mir vorstellen, wie man ihnen sagte: „Nun, hast du schon vergessen, wem du hier alles zu verdanken hast? Ohne uns wärst du bei deinem Talent Tellerwäscher geblieben. Jetzt mach, was man dir sagt, und stell keine dummen Fragen!"

Der Drehbuchautor in mir muss sofort die Szene ausmalen …

Aber Oli, Lutzi, merkt Ihr, dass ich Euch ein Schlupfloch baue? Jetzt ist Eure Stunde gekommen: wenn an meinen Vermutungen was dran ist, dann am besten alles erzählen. Publikum habt Ihr ja. Und achtet darauf, dass Ihr nicht vorher noch plötzlich versterbt. Und wenn an meinen Vermutungen nichts dran war, dann seid Ihr einfach nur echt völlig deppert und dumm. Und das kann ich nicht so ganz glauben.

An alle die davon betroffen sind: wenn wir jetzt alle gemeinsam aus dem Schrank kommen, dann ist das böse Spiel aus.

Erkennen Sie das?

Weiter geht es in Leanders Liste:

Nicht vergessen dürfen wir die Trittbrettfahrerin namens Giulia Nouhi Silberberger. Sie ist die Ausrichterin des GOLDENEN ALUHUTs, einer jährlich stattfindenden Auszeichnung für den paranoidesten Spinner unter all den Verschwörungstheoretikern.

Giulia ist Trittbrettfahrerin, denn sie hat den Aluminiumhut gar nicht erfunden. Den hat die Marketingabteilung der CIA erfunden, gemeinsam mit dem Begriff „Verschwörungstheoretiker". Das Konzept mit dem Aluhut ist exakt das gleiche, wie das mit dem Judenstern. Ist man einmal mit Judenstern oder Aluhut markiert, gehört man nicht mehr dazu, hat man nichts mehr zu sagen. Den Rest der Geschichte kennen wir ja.

Giulia tut mir einfach nur leid. Wo ihre männlichen Kollegen noch Luschen oder Knuddelluschen sind, … nun selbst das ist sie nicht. Sie ist einfach nur eine arme Sumpfdottel, geplagt von dem Trauma, dass sie auf Tanzparties nie aufgefordert wurde und immer sitzen blieb. Nun ich kann das sagen, weil ich damals auch der war, der sitzen blieb.

Aber ich bin damit anders umgegangen! Mein Gott Giulia! Deswegen muss man nicht so tief sinken!

Aber statt nachzudenken, klammert sich Giulia an ihre neue Rolle und bildet sich ein, dass, was sie tut, sei meinungsprägend und von Bedeutung.

Auch hier finden wir das selbe Muster, wie bei all den oben genannten Kollegen: Nun hat sie endlich Aufmerksamkeit, nun ist sie jemand.

Schade, dass sie das mit einer so unehrenhaften Sache macht. Viel ehrenhafter wäre es Pornofilme zu drehen. Aber dafür braucht man noch ein Minimum an Talent. Und Aussehen. So wie Zarah zum Beispiel.

So weit so gut. Jeder ist Gefangener seiner eigenen Traumen, jene Wunde, die man uns irgendwann mal angetan hat. Doch es gilt aufzupassen, dass das eigene Trauma einem das Leben nicht völlig verkorkst. Mittlerweile ist die Indizienlast so erdrückend, wer jetzt noch das Gegenteil behauptet, kommt zu kurz, wenn er lediglich sein Trauma als Verteidigung hat.

Die Motivation dieser Leute, sich an diesem grausamen Verbrechen zu beteiligen, kann man nur erahnen, und eines Tages werden wir mehr wissen, genau so wie wir eines Tages zum ersten Mal erfuhren, dass der Vater von Heinrich Himmler eine Hühnerzucht hatte, und dass die eine große Inspiration für den kleinen Heinrich war.

So werden wir auch eines Tages erfahren, was die inspirierenden Momente für Giulia, Sebastian, Rayk und Jörg waren. Und sie werden merken, dass sie unter all ihren Taten, immer ihren Namen drunter geschrieben haben.

Beschwert sich da jetzt einer, weil ich diese Bande aufzähle und explizit erwähne? Nun, wieso das denn? Diese Namen stehen bald in jedem Geschichtsbuch. Denn da haben sie sich selbst reingeschrieben.

Aber da, wo viel Schatten ist, gibt es auch viel Licht. Dank jener Mitmenschen, die in jener Onlineschlacht dem dumpfen Medien- und Trollgeblöke Paroli bieten. Aber bevor ich vom Licht erzähle, möchte ich erst rasch noch den gemeinen Internet-Troll und sein mickriges, feiges, wurmhaftes Wesen ein bisschen genauer ausleuchten.

❊

KAPITEL 22

TROLL-HAUS

Der Troll ist für mich der definitive Beweis, dass meine Fotosammlung echt brenzlig für gewisse Interessengruppen und Machenschaften ist. Erst durch den Troll und sein Gesabber werden meine Fotos geadelt. Trollsabber ist ein Gütesiegel. Dort wo Trollsabber dran klebt, handelt es sich vermutlich um die Wahrheit oder um etwas, was uns zur Wahrheit führen könnte. In Neudeutsch nennt man dann so etwas „Falschmeldung".

Erkennen Sie es? Auf allen Ebenen wurde vorgesorgt und vorgearbeitet, mit dem einzigen Ziel unsere Kompassnadel zu verbiegen. Damit wir unsere Orientierung verlieren und ja nicht die Wahrheit aufspüren.

Und dieses Desinformations-Programm ist in der Tat nachhaltig und vielschichtig, und damit es sich so ausbreiten konnte, dass wir nicht nur nichts dagegen tun, sondern auch nichts erkennen und sehen, hat es tatsächlich mehrere Millionen Euro gekostet, wie unser Klaus ja freimütig zugegeben hat.

Wer auch immer die Deutungshoheit hat, angewandt wird sie von den Medien und in letzter Kampfreihe, von den Trolls. Man kann es wie ein Heer betrachten. Oder wie ein Schachbrett.

Sagt die Deutungshoheit „das ist nur Wasserdampf", dann muss der Troll sich so lange prügeln, bis der andere sagt: „ja, du hast Recht. Alles nur Wasserdampf. Und deine zitierten Quellen und Argumente sind echt ganz toll. Jetzt bin ich überzeugt. Alles nur Wasserdampf."

Bei den zitierten Quellen (Metabunk, Psiram und es gibt so viele mehr) sind wir - in der Militärsprache - im Schützengraben angekommen. Der gemeine Troll darf mit dem Bajonett im Anschlag raus auf das Schlachtfeld stürmen. Vom Schützengraben bekommt er seine Rückendeckung. Und der Schützengraben führt die Befehle der strategischen Planungsstelle aus. Und so geht das immer sukzessive weiter zurück, und tiefer rein hinter die feindliche Linie, bis zu deren General, und der dient dem König.

Und schaut man genau hin, erkennt man, dass der unserem König dient. Und das ist ja das verflixte an dieser ganzen Geschichte.

Der Troll baut seine Argumentation auf Troll-Seiten auf, die berufen sich auf Troll Institute und die belegen alles mit den Thesen von trolligen Wissenschaftlern.

Wer meint, ich vergaloppiere mich aber nun gewaltig, sollte mir erstmal erklären, wieso der Kriegstreiber Obama zu Amtsantritt einen Friedensnobelpreis geschenkt bekommen hat. Das ist so als wenn man mir einen Oscar für den besten fremdsprachigen Film verleiht, nur weil ich eine Kamera und eine kurvige Muse im Dirndl habe. Aber hallo? Haben Sie noch nicht gemerkt, wie die Trolls uns wirklich auf allen Ebenen und von allen Seiten ins Bewusstsein spucken?

Nun, ich fühle mich so frei und sicher, das alles zu behaupten, auch wenn ich persönlich keine Deutungshoheit habe, so habe ich aber die Frucht der akribischen Kontinuität. Auch in meinem Blut fließt der deutsche Pingel. Ja, der deutsche Pingel, das ist das Element in unserem Wesen, woran die Welt schon öfters zu leiden hatte, aber wenn der deutsche Pingel richtig genutzt wird, baut er die besten Autos und braut das schmackhafteste Bier. Meine über 23.000 Fotos sind nicht zu übersehen und sprechen für sich selbst.

Und gewiss ist es auch der deutsche Pingel in mir, der mich dazu antreibt es nochmal alles für Sie aufzuschreiben, damit es auch der letzte Hansel endlich kapiert. Schließlich geht es auch um sein Leben! Und um Ihr Leben.

Neben den bereits erwähnten Schreibertrolls - die übrigens seit ein paar Monaten immer leiser werden, vielleicht weil sie gegen meine Indizien einfach nichts mehr zu melden haben, gibt es mittlerweile auch eine neue Troll Generation. Ich nenne sie den Troll 2.0. Dazu gehören:

Die Technotrolls. Die arbeiten leise und diskret im Hintergrund. Sie hacken unsere Accounts, sie blockieren oder kappen Verbindungen wie z.B. sie entliken meine Follower, so dass meine News dort nicht mehr auftauchen. Das habe ich schon mehrmals gehört, von Betroffenen. „Hey Tim ich wusste ganz genau, dass ich deine Seite geliked habe! Und nun warst du weg. Ich musste dich nochmal liken. Hab ich natürlich getan!"

Neulich schrieb mir sogar einer: „jedesmal, wenn ich auf deinen Beitrag gehe, stürzt mein facebook ab. Und zwar immer nur bei dir und deinen Posts." Komisch, oder?

Die Technotrolls pushen die Kätzchenbilder ganz nach oben in den Newsfeed und drücken aussagekräftige Wolkenfotos ganz nach unten an letzte Stelle. Würden sie meine Beiträge löschen, würde mir ihr Eingreifen sofort auffallen, und ich würde mich bei facebook eventuell beschweren bzw. all meine Freunde sofort wissen lassen, dass ich schon wieder zensiert wurde.

Aber mir fällt kaum auf, wenn sie meinen Beitrag in die letzte Reihe des ganzen Newsfeed stellen. Denn, wenn ich nachgucke, um zu checken, ob der Beitrag noch da ist, dann finde ich ihn. Gucken die anderen nach, die finden ihn dann oft nicht. „Ich seh deine Sachen nur ganz selten" höre ich immer wieder von meinen Lesern.

Das ist Softzensur und eben kein technisches Versehen. Die Technotrolls stellen einen virtuellen Zaun um all diejenigen auf, die mit ihren Beiträgen dem System gefährlich werden können.

Denn ein paar wenige posten hartnäckig und täglich, sie trommeln, um die anderen aufzurütteln …, und zumindest mir geht es durch das Posten alleine schon etwas besser, ich fühl mich befreiter, so wie nach einem erfolgreichen Stuhlgang …

Also öffne ich mein Fenster und freue mich, dass meine Duftnote nun hinaus ins Netz der Netze getrieben wird, um sich dort zu vervielfältigen.

Denkste. Tatsächlich hat man mich und wenige andere Mit-Stinker unter eine virtuelle Glocke gesteckt. Dort, in unsichtbarer Quarantäne, können wir uns gegenseitig zustinkern, und nur ganz, ganz selten meldet sich jemand Neues zu Wort. Denn, mal Hand aufs Herz, beim täglichen aktiven Einsatz an der Facebook-Front, wieviele von uns sind dabei? Wie viele von uns gibt es, die Posten, die Kommentieren, die mithelfen, dass dieses Verbrechen ans Licht kommt? Wie viele?

Für mich sieht es so aus, als ob da immer die selben zwei bis drei Duzend am Trommeln und Schreiben sind. Hin und wieder kommt mal ein Neuer dazu, oder eine Neue. Aber wo schneller neue Mitglieder erscheinen, ist bei den neu diagnostizierten Alzheimerfällen. Hier erkennt man wieder das diabolische Wettrennen: Wahrheit vs. Alzheimer. Aufwachen vs. Eingeschläfert-werden.

Das kleine Grüppchen der Leute, bei denen der Groschen gefallen ist, wächst zwar stetig. Immer mehr merken, dass 9/11 der Startschuss für ein ganz schlechtes Drehbuch, das man der Welt aufzwingen will, gewesen war.

Doch wenn dann einer plötzlich aufwacht - „Aufwachen" das Lieblingswort der esoterischen Verschwörungstheoretiker - dann bedeutet das in den allermeisten Fällen, dass er nur kurz blinzelt, kurz hinschaut, und vor Schreck die Augen wieder zukneift und sofort weiterschläft. Das Fluor in der Zahnpasta und das Natriumglutamat in den leckeren Chips machen den Rest.

Und für die Minderheit, die noch keine beschädigte Zirbeldrüse hat, für die müssen die Trolls den ganzen Tag an der Front Überstunden schieben. Und es wird nicht nur an den Einstellungen im facebook manipuliert, es wird auch gepetzt und denunziert.

Der Petztroll ist eine Realität. Auch das weiß ich aus allererster Hand. Steht man einmal unter Beobachtung wegen Verbreitung möglicher „Falschmeldungen", dann wird extra jemand abgestellt, nur auf der besagten Seite zu suchen bis er was findet, dass man anzeigen kann. Darum ist es so verdammt wichtig, niemals das Wort verdammt zu nehmen.

Der Petztroll ist vielleicht die Vorstufe und Anwärter des sogenannten hinterfotzigen Psycho-Trolls. Das sind Trolls die persönlich und vertraulich wirken wollen, dabei wollen sie einem nur den Glauben zersetzen, etwas tun zu können. Hier kommt ein gutes Beispiel, Original-Trollstoff:

„Aha, Du erreichst also Politiker?! Und Umweltschützer?! Und dadurch bewegst Du was? Na das ist ja super; dann haben wir ja bald dank Deiner Mithilfe keine Chemtrails mehr ..."

Welcher normale Mensch nimmt sich die Zeit, solch einen Kommentar zu hinterlassen? Niemand. Nur Psychotrolls.

Aber es wird noch besser. Neulich kam dieser Trollstoff, wurde mir überreicht von Mit-Aktivistin Ute Thamm, aber genau so hatte man mich auch schon angesprochen, diese Nummer geht ganz fies an die Wurzel unseres Bewusstseins:

„Wenn Du Dich auf das Negative konzentrierst und gegen das kämpfst, was Du NICHT haben willst, hast Du leider nicht nur nichts verstanden, sondern schadest unseren Bemühungen!"

Haben Sie das gehört?! Jemand bemüht sich doch bereits, also stehen Sie nicht im Wege, und machen Sie nicht alles kaputt, nur weil Sie das Negative ständig vor Augen haben, nur weil Sie versuchen, dagegen anzugehen. Denn je mehr Sie sich damit beschäftigen, um so größer wird es doch nur, das wissen wir doch nun alle. Spätestens seit The Secret.

Tatsächlich habe ich mir auch schon die Frage gestellt, ob die Chemtrails weniger werden, wenn ich weniger hinschaue. Ob, wenn man von dem Gift nichts weiß, es umso weniger einem schaden wird.

Nun, das kann ich halt nicht glauben. Ich glaube, wenn es ein Problem gibt, also eine Abweichung in der natürlichen Ordnung, dann hilft nur eins: es zu erkennen, und je eher man es erkennt, um so leichter läßt es sich korrigieren, und je später man es erkennt, umso schwerer läßt es sich korrigieren. Das ist mein Gefühl bei dieser Sache. Und das kann mir auch kein hinterhältiger Psycho-Troll ausreden.

In dem Zusammenhang ist es auch sehr ratsam die ganze Esoterik-Lektüre a la THE SECRET mit Vorsicht zu genießen. Es ist selbstverständlich, dass unser Bewusstsein unsere Welt formt, es ist erwiesen, dass der Verstand die Materie lenkt, aber so Topseller-Bücher funktionieren genau wie die falschen Propheten:

langsam erfahren wir von unserer spirituellen Kraft, die wir tatsächlich haben. Aber wir erfahren eben nicht alles. Und ich habe das Gefühl, dass die ganzen „Erfolg auch für Sie"-Anleitungen absichtlich verbreitet werden, damit Ihnen eingeimpft wird, dass alles klappt, was sie sich wünschen, spätestens in vierzig Tagen, man muss es sich nur kräftig genug mit seinem ganzen Herzen wünschen …

… und dann vierzig Tage später hat sich nichts geändert. Nun, wieso hat es denn nicht geklappt? Den Fehler können Sie dann bei sich selbst suchen. Vielleicht sind Sie ja doch ein Versager. Das hatte ja Ihr Vater schon angedeutet. Sie wissen schon … Aber das bleibt unter uns. Aber Ihr Interesse, Ihre Absicht und Ihren Verstand zu schulen, haben Sie erstmal wieder verloren, nicht?

Viele, denen es in diesen Tagen dämmert, dass es in unserer irdischen Existenz nur um die Seele geht, verlieren gerade mal die Übersicht im Hokuspokus, der um unsere Seelen herum veranstaltet wird. Und das hat Plan und geschieht mit Absicht. Man macht uns so kirre, dass viele von uns sogar einem Troll noch ein fettes Honorar zahlen würden, nur für den super Tipp, bei Gefahr am besten den Kopf in den Sand zu stecken.

Was gewiss auch zum Psycho-Trolling gehört, ist, dass es auf dem facebook noch einen zweiten Tim Dabringhaus gibt. Ein leeres Profil ohne Fotos. In der google-Suche gibt es mich nur ein einziges Mal. Und ich vermute in der ganzen Welt gibt es keinen zweiten mit meinem Namen, aber ausgerechnet auf facebook, dort, wo ich ein recht großes Publikum habe. Wird so ein Profil angelegt, um in meinem Namen ab einem gewissen Moment doofes Zeug zu verbreiten? Nun, ich habe jenen Tim angeschrieben. Wäre er echt, hätte er mir freundlich zurück geprostet. Ist doch immer wieder ergreifend einen Namensvetter zu treffen.

Und dann gibt es noch den hinterlistigen Topo-Troll. Topo ist spanisch für Maulwurf. Topos waren die Geheimpolizisten, die in die ETA eingeschleust wurden. Zu Deutsch: V-Mann. Die tun so, als ob sie dazugehören, um in richtigen Moment alles auffliegen zu lassen. Ich bin mir sicher, dass der eine oder andere unter uns Online-Aktivisten ein Topo ist, Seite an Seite mit uns zusammen arbeitet, um dann aber die Wahrheit hinter einer Teilwahrheit zu verstecken oder um geplante Aktionen zu verpetzen. Angeblich hat der Mossad die NPD gegründet. Sicherlich ist das eine oder andere „gute" Geo-Engineering Forum genau so von Trolls gegründet worden. Dort können wir dann laut werden, und keiner merkt, wie man uns hinter einem Gatter zur staatlichen Beobachtung hält.

Die Stasi 2.0, oder auch Gestapo 2.0, ist längst unter uns. Wie gut, dass das bekannt wird und all deren Aktivitäten endlich durchschaut werden. Ich freue mich verkünden zu dürfen: wir wissen, was Ihr macht, wir wissen, wer Ihr seid! Dank aufmerksamer Mitaktivisten, die all die Involvierten namentlich listen. Damit ja keiner vergessen wird, beim Nürnberger Prozess RELOADED.

Was mich in dem Zusammenhang so gar nicht überrascht, ist, dass ich damals mit gerade mal nur dreitausend Followern teilweise eine halbe Millionen Mitleser (Totale Reichweite) hatte. Nun habe ich mehr als zwölftausend, also das vierfache der täglichen Follower, und erreiche mit viel Glück und Rückenwind gerade mal fünfzig tausend Leser, also nur ein zehntel von einer halben Millionen. Wie ist das bitte möglich?

Ich habe den Verdacht, dass - würde ich niedliche Kätzchen posten - dann wäre ich heute bei mehr als zwanzigtausend Followern angekommen und hätte einen Total Reach von fünf Millionen oder mehr. Das ist nur so eine Intuition. Aber Fakt ist, dass ich bei facebook mittlerweile froh sein kann, wenn ich nicht unter eine Totale Reichweite von 30.000 rutsche. Und das ist komisch. Und gewiss kein Zufall, und hat auch gewiss mit fehlendem Interesse nichts zu tun.

Ganz im Gegenteil, ich sehe ja wie täglich meine Abonnenten steigen, doch die Summe der Leser stetig sinkt. Und das passiert nicht nur mir, auch meinen Kollegen. Daher sind wir gerade alle damit beschäftigt auch auf anderen Kanälen eine Präsenz zu haben. Diese Diskussion, oder das Aufwachen wird ja Gott sei dank immer flächendeckender, und bald können wir sagen: „Facebook, danke für die Starthilfe! Und nun hab dich wohl.“

Mich gibt es übrigens ab sofort auch unter: therepugnantpilot.com

Bitte unbedingt den Newsletter anfordern ;-)

Facebook wurde gegründet, um uns auszuspionieren, und wir nutzen es, um uns gegenseitig wachzurütteln. Das Schlachtfeld ist unsere Wahrnehmung. Lassen wir uns den schleichenden Tod schön reden? Oder erkennen wir, was gespielt wird?

Es hängt von Ihnen ab.

Eins ist klar. Wir durchleben gerade einen Präzedenzfall.

⁂

Kapitel 23

Tims Liste

Die Mitmenschen, die nicht nur Aufwachen, sondern auch die Kraft haben sich aufzuraffen und dann in der Lage sind etwas zu tun, kann man an einer Hand abzählen. Und die das tun, sind allesamt Weltmeister. Das sehe ich genau, weil wir ja einen unter uns haben. Antony Spatola, zweifacher Weltmeister im Kickboxen.

Natürlich kann keiner von uns so agil und flink einem die Fresse verhauen wie der Antony. Aber jeder von uns Aktivisten teilt jenen Willen, den es braucht, um Weltmeister zu werden. Einen Weltmeister erkennt man daran, dass er nicht aufgibt. Er fällt zwar hin, er bleibt aber nicht liegen. Ein Weltmeister ist jemand, der an den Herausforderungen wächst.

Und nicht einer in der ganzen Trollgarde kennt jenen Willen und jene Kraft. Das ist universelles Gesetz. Das ist die Heldenreise. Und ein Troll ist kein Held. Daher bleibt ihnen nur hinterhältiges Sabotieren, Petzen und Einschüchtern. Und genau daran wächst dann der Held.

Nun komme ich zum Licht, was es Gott sei dank auch noch gibt. Genau so wie ich aus eigener Erfahrung weiß, dass Trolls real sind, weiß ich, dass es eine Handvoll an Gleichgesinnten da draußen gibt, die nicht ruhen bis die Wahrheit in jedem Frühstücksfernsehen läuft und das Lied CHEMTRAILS von VitaVision Deutschland bei der Eurovision vertreten wird.

Nun komme ich zu jener Liste, dem berüchtigt-berühmten wachküssenden Rudel, auf der Mann oder Frau gerne stehen möchte. Und wenn ich dann hier einen übersehen habe, der wird sich vielleicht ärgern. Nicht der übersehene Troll, der freut sich. Das ist der Unterschied zwischen den beiden Listen. Auf die eine will man drauf, auf die andere nicht.

Ja und diesmal nützt wählen, denn man kann wählen auf welche Liste man gehört. Und falls ich jemanden übersehen habe, der kann gerne mich darauf hinweisen, und er erscheint in der nächsten Edition, die es dann gewiss geben wird.

Also, wer gehört zu den Rebellen im Kampf gegen das Imperium?

Nun in den USA die aktivsten sind Clifford Carnicom und sein Carnicom Institute, der Wissenschaftler J. Marvin Herndon, Rosalind Peterson, Patrick Roddie, die Whislteblowerin Kristen Meghan, Edward Mann, Matt Landmann, Nicole Vettraino, Mike Decker, Eric E Cypher, Harold Saive, George Metrik, Wayne Casteen and counting.

Dem selbsternannten Chemtrail-Guru Dane Wigington vertraue ich nicht mehr. Er hat mich geblockt, weil ich behaupte, dass der ganze Klimawandel künstlich und absichtlich produziert wurde. Mein Film GLOBAL FALSE FLAG verärgerte ihn so sehr und passte überhaupt nicht in sein starres Dogma, er schmiss mich bei seiner Seite raus und brach den Kontakt ab.

Auch Dane klammert sich an das CO2 Märchen und behaart zu sehr auf ein globales Erwärmen. Und hält sich somit - obwohl er Missstände anspricht und anklagt - an der offiziellen Narrative fest.

Aber es gibt noch weitere Indizien aus erster Hand, die ich hier nicht teilen kann, die mich aber befürchten lassen, dass Dane kontrollierte Opposition ist. Denn eins ist völlig klar. Der Vorhang fällt und alles kommt raus. Und die jetzigen Machthaber haben für diesen Tag den neuen starken Mann bereits positioniert. Also, wer könnte das sein?

Ich schätze Michael Murphy nicht. Michael hat sehr gute Dokumentarfilme gemacht. Unter anderem „What in the world are they spraying?“. Leider sind seine jüngsten Beiträge so konfus, dass er sich und seine ganze Arbeit damit sabotiert. Nun heißt es: WHAT IN THE WORLD HAPPENS WITH MICHAEL?

Die Leute, die Michael kennen, wissen wovon ich rede. Und die, die ihn nicht kennen, sollen sich selbst über ihn ein Urteil machen. Ich sage nur: ich hoffe er kriegt die Kurve. Denn bei Michael hatte ich immer das Gefühl, dass er zu den Guten gehört.

Dann gibt es noch die Engländer Max Bliss, Harry R. und from down under Neil P. In Spanien Josefina Fraile. Von ihr habe ich ja schon erzählt. Und in Österreich gibt es Franz Miller.

Doch die meiste Aktion läuft für mich persönlich dann doch in Deutschland, Muttersprache bleibt Muttersprache. Und: einmal Wuppertaler, immer Wuppertaler.

Hier in Deutschland der erste Aktivist, der mir aufgefallen ist, ist eine Frau. Ria den Breejen. Gebürtige Holländerin, die der Kunst zuliebe ins damalige West-Berlin ausgewandert ist. Heute ist sie Mitorganisatorin des GLOBAL MARCH AGAINST GEO-ENGINEERING.

Sie ist die Mutter der ganzen Bewegung. Sie steht immer ganz vorne in erster Reihe, wenn es darum geht den öffentlich-rechtlichen Spott zu schlucken. Man nennt sie hämischerweise Chemtrailqueen. Ihr hat Rayk Anders seinen Film LEBEN IM WAHN gewidmet. Nach DER EWIGE JUDE ein weiterer Meilenstein unter den deutschen Dokumentarfilmen.

Dabei ist Ria eine prächtige Frau mit gesunden Instinkten und scharfem Verstand. Und mit dem Herz auf dem richtigen Fleck. Zumindest ist das meine Wahrnehmung. In nicht all zu weiter Zukunft wird in Berlin ein Platz nach ihr benannt. Dessen bin ich mir ganz sicher.

Als nächstes erwähne ich Antony Spatola, den zweifachen Kickbox Weltmeister. Ich weiß noch genau, wo ich das erste Mal von ihm gehört habe: am 03. Oktober 2015, am Tag der Deutschen Einheit, hatten wir beide die selbe Idee: jeder von uns lud ein Video auf facebook, indem wir von den Manipulationen am Himmel redeten. Und an jenem Tag liefen unsre Videos beide extrem gut.

Als ich dann erfuhr, dass Antony solch eine professionelle Kampfsau ist, fühlte ich mich geschmeichelt und direkt stärker, weil ich an seiner Seite stehen durfte. So etwas ist energetisch bestimmt messbar, aber seitdem ich mit Antony in Kontakt stehe, fühle ich mich kräftiger ;-)

Schon komisch, dass all unsere Hirnakrobaten nichts zu diesem Thema zu sagen haben, aber ausgerechnet die Hau-draufs wie Antony und Chuck Norris, der ja auch davon redet. Kann es sein, dass die Muskeln näher an der Natur sind als das Gehirn?

Der Fels in der Brandung ist für mich Jürgen Frankenberger. Ein Blogger der nach Fakten buddelt und gewiss bei der STASI 2.0 ganz oben in der Liste steht. Aber da stand er bei der STASI 1.0 auch schon.

Jürgen ist ein alter Hase, und als die Mauer gefallen war, hat er schnell erkannt, dass da noch eine Mauer steht. Ich halte ihn für extrem belesen, er kennt das Spiel jener dunklen Mächte seit seinem ganzen Leben. Er kennt so gut wie alle Tricks. Er ist ein Fundus an Erfahrung und Information. Wenn ich als Clown ins Feld springe, ist Jürgen mein Schützengraben. Bei ihm findet man, was wir alle nicht wissen sollen.

Mit den letztgenannten Dreien stehe ich täglich in Kontakt. Und das empfinde ich als Ehre. Gemeinsam unterstützen wir den niedersächsischen CDU Abgeordneten Martin Bäumer mit Rat und Tat. Der einzige Politiker, der Mut hat, dieses Thema anzufassen. Natürlich wurden bisher all seine Anfragen abgeschmettert, von den Behörden kamen nur dumme Blabla Antworten zurück. Und die Presse lachte sich halbtot über den spinnenden Martin und seine Nazi- oder Aluhutträger-Freunde. Leider wird man in Deutschland direkt zu einem Nazi gestempelt, wenn man gewisse besorgniserweckende Entwicklungen erkennt. Wenn das so weitergeht, wird das Wort Nazi, genau wie der Trollsabber, noch zu einem Gütesiegel.

Martin scheint, der einzige Politiker zu sein, der meine Fotosammlung zu deuten weiß. Hätte man so einen nicht bei den Grünen vermutet? Ausgerechnet bei der CDU gibt es einen, der es erkennt. Nun, nur ein weiteres Indiz dafür, dass sich alle Parteien und Partei-Ideologien mittlerweile unter dem Einfluss von Political Correctness, RTL Dauerbespaßung und Fluoride im Trinkwasser zu einem wabbeligen Einheitsbrei vermischt haben. Cola oder Pepsi. CDU oder SPD. Hip oder Hop. Es gibt keine Unterschiede mehr. Diese Form der Dualität hat ausgedient. Es gibt lediglich Leute mit Kontakt zur Natur, oder Leute, die diesen Kontakt verloren haben. Es gibt Leute, die sich für das Leben einsetzen, oder es gibt Leute, die das Leben unterwerfen und kontrollieren wollen. Oder man kann es auch so sagen: es gibt Leute, die sind selbstbestimmt, und es gibt Leute, die sind fremdbestimmt.

Das Geld - jenes digitale Gespenst - ist eins der größten Verführer, und hat schon so manch einen Selbstbestimmten kaputtgemacht.

Nun, Geld kenne ich nicht, und Angst kenne ich auch nicht. Aber eins sage ich heute laut und deutlich: wenn meine Einnahmen zu diesem Buch gut sein sollten, möchte ich Ria, Antony, Jürgen und Martin zu mir ins Baskenland einladen, für ein verlängertes Wochenende. Und auch da können Sie mir helfen, dass es klappt! Einfach nur das Buch bitte kaufen und wenn es Ihnen gefällt, dann bitte das Buch empfehlen oder verschenken. Und wir sagen danke.

Weitere … die etwas tun, weitere … die dabei sind.

Werner Altnickel muss in diesem Buch erwähnt werden. Eigentlich in Deutschland an erster Stelle. Aber mit ihm habe ich keinen Kontakt, nur dass er einen von mir übersetzten Videobeitrag auf seinem Kanal hochgeladen hat und dank seiner Verteilerliste wurde das dann ein Gassenhauer. Die Rede ist von dem spanischen TV Interview mit Josefina Fraile. Sehr informativ!

Werner ist die graue Eminenz, auch hinter der Chemtrail-Bewegung. Er war sehr lange aktives Mitglied bei Greenpeace, bis sich dann Greenpeace von ihm getrennt hatte, weil er die „Chemtrail-Hypothese" in Erwägung zog. Oder hat man ihn aussortiert, weil er mitbekam, wie die Uridee hinter Greenpeace völlig korrumpiert wurde? Wer heute denkt, Greenpeace tut etwas für die Umwelt, glaubt auch der Klapperstorch bringt die Babys.

Werner ist ein Urgestein und seine Videos sind so fahl wie seine Pullis. Aber er liegt mit dem Finger genau in der Wunde, konsequent und von Anfang an. Hut ab vor dem alten Kämpfer! Er hat sich nicht verbiegen lassen. Auch nicht von der Mode.

Ich weiß, dass es noch andere Namen gibt, die hier erwähnt gehören, und das wird dann in der nächsten Fassung so sein. Vorerst rede ich nur von all den Leuten, die ich subjektiv von meinem Wachposten aus wahrgenommen habe. Und dort sehe ich das Geschnatter auf facebook. Und ich sehe, wie es zunimmt.

Immer mehr Leute machen Beiträge, immer mehr Leute sammeln Fotos, immer mehr Leute buddeln etwas Skurriles aus, immer mehr Leute sind aktiv dabei, wenn es darum geht, das größte Verbrechen aller Zeiten ans Licht zu bringen.

Manche haben eine eigene Seite oder eine eigene Gruppe gegründet, oder eine eigene Spezialität, wie zum Beispiel eine Partei gegründet, oder wie Corren in Neuseeland, die sich auf wikileaks und Julian Assange spezialisiert hat (dazu später mehr).

All diese guten Mitkämpfer in ihren Aktivitäten kurz zu schildern, sprengt den Rahmen meiner Zeit. Ich hoffe nicht, dass meine U-Haft so lange dauern wird, dass ich von den Anderen auch noch alles erzählen muss. Die sollen besser ihre eigene Geschichte schreiben. Dann wird es ehrlicher.

Aber da sie auch in meiner Geschichte mitspielen, schmeisse ich jetzt alle weiteren Namen von rund um den Globus in ein und denselben Topf, egal ob er oder sie Inhalte produziert oder schreibt, oder nur teilt und kommentiert.

Aber dies hier ist die Liste meiner täglichen Mitkämpfer, und ich möchte mich bei Euch bedanken, dass wir Seite an Seite stehen. Und falls ich einen übersehen habe, habt Nachsicht, die nächste Fassung kommt dann erst Recht.

Die Reihenfolge ist alphabetisch nach Vorname sortiert. Auch hier wieder: Die Nachnamen erwähne ich nur bei denen, die mir ihr Einverständnis gegeben haben:

Alfred J., Albert Friedrich L., Alessa L., Anette K., Anja P., Anne B., Asrael Y., Barbara F., Beate S., Ben F., Betti W., Birgit G., Birgit K., die begnadete Violinistin Birgit Kolar, Boban R., Cassandra S., Charlie H., Chrissy G., Christian R., Christian S., Christin A., Claudia W., Clemens V., Conny G., Corinna S., Corren G., Dagmar S., Dan D., Dan W., Dani Graf, Debbie S., Désirée R., Diego Williner, seine hypnotische Musik schmückt so einige meiner Skyporn Filme, Dieter K., Dieter W., Dimitri Rueger, Dome D., Dumitra S., Ebru Elly Neumann, Erik W., Erwin H., Eva G., Eva H., Evu C., Evelyn Köstenberger, sie hatte echten Stress mit facebook wegen ihren unappetitlichen Fundsachen. Wer davon wissen will, Evelyn ist auf dem russischen facebook vk.com zu finden.

Eyota M., Felipe V., Francisco Jose F., Gabriele H., Gerd H., Gianfranco P., Glenn K., Hannelore H., Hans Huber, sein Steckenpferd ist die Quantenphysik, Hans Ö., Hansruedi T., Hardy D., Hazel P., Heidi von M, Heinz K., Hektor D., Holly F., Ina E. und ihr Graph O., Irv E., Isa P., Isabella H., Jan Karl-Heinz B., Jan E., Jed M., Jodie F., John B. und die heißen Beach-Bräute in Florida, John G., John S., Jose Angel D., Jose D., José Manuel E., Jose Villegas in L.A. mit seinen großartigen Mini-Kunstwerken, die er fast täglich bei mir auf der Seite abládt. Er ist ständig da, mit seinem stummen Aufschrei. Einfach nur klasse.

Weiter geht es mit Jörg C., Jürgen B., Jürgen C., Justyna S., Karina B., Karl M., der Musiker Karsten Wolff, Katja P., Kaysen G., Kerstin D., Kirsten S., Klaus G., Lars Richter, Len Duggan, mein Mann in London, Lenny Z., Leonor N., Lukas Zitz, ein weiterer Spitzensportler und Lieferant der allerfeinsten Fotos. Für ihn habe ich in meiner Collection einen eigenen Ordner angelegt: The Zitz Collection. Die wird mal berühmt.

Weiter: Lutz S., Manuela M., Marc R., Marcel M., Maria Jose L., Marian W., Maribel A., Markus B., Markus B., Markus Henne im Schwarzwald, Markus H., Markus R., Markus S., Mathias G., Matthias A., Mesut A., Michael R., Michael Stapf, der Mann mit der Gasmaske und den smarten Videobeiträgen, Mirko W., Monika H., Meritxell Castells, Nasul Ö. Nicole S., die sich mit Orgoniten auskennt, Nikola S., leiht mir seine Augen in Wuppertal, Norman F., Oliver B., Oliver R., Otto S., Pascal Assink, wohl der aktivste Holländer, Pedro L., Petr K., Petra Baumgartner, Petra C., Pippilotta W., Rachael S., Ralf B., Ralf K., Randy M., Raymond B., Renée D., Reno M., Renzo C., Ricky D., Rico A., Rico L., Rita S., Robert B., Robin H., der rotzfreche Rudy H., Samuel S., Sandra H., Sandra H., Sandy B., Sebastian B., Silke G., Silvia W., Sonia V., Sonja M., Steven Baker aus Irland, Stipan F., Susanne Plaar, Susanna W., Suzanne M., Tala W., Teh M., Tim M., Tim M., Tina Harsem, Thomas Allen M., Thomas F., Thomas M., Thomas Wassermann, Thomas Z., Tom J., Ursina E., Ute Thamm, Uwe M., Valentin H., Vincent G., Virna B., Yvonne B. und last but never ever least Wolfgang Speer.

Das Schöne an dieser Liste ist, dass sie ständig länger wird. Und gewiss ist der eine oder andere Reichsbürger, Bitcoin-Jünger, Sauna-unten-Sitzer, Flat-Earther, Bayern-Fan, Schluckspecht oder Transvestit auch dabei. Soll doch jeder wie er will, aber atmen müssen wir alle. Und das haben o.g. Leute begriffen. Und nur darauf kommt es mir jetzt erstmal an.

Übrigens: Wolfgang Speer war schon vor 1989 aktiv, in Görlitz. Auch er musste dann erkennen, dass hinter der gefallenen Mauer noch eine weitere stand. Da haben die Ossis den Wessis gegenüber einen deutlichen Erfahrungsvorsprung. Die ehemaligen Ostdeutschen haben den Finger viel näher am Puls von heute, sie wissen bereits wie es aussieht, wenn die Fassaden zerbröckeln, sie kennen die Stimmung und die Zeichen. Während der durchschnittliche Westdeutsche sich immer noch für sein Nachkriegswachstum und sein Wohlstandsbauch beklatschen lassen möchte.

Aber leider gibt es noch zu viele - gerade unter den Guten - also unter Ihnen! Damit meine ich Sie, der/die das hier gerade liest. Es gibt noch zu viele die meinen, dies sei alles nur ein Zuschauersport, dass man mit dem „Like" wieder einen Baum mehr am Amazonas gerettet hat. Ich würde gerne mal wissen, wieviele mittlerweile zwar informiert sind, aber im Glauben leben, dass vom Schweigen oder Klicken, die Welt schon besser wird. Immer schön nach dem Motto: ja nicht auffallen. Und wenn ich einen Euro ausgebe, dann für etwas, das mir Spaß macht. Wie Zigaretten oder Schokolade.

Aber eine Regenwasser-Analyse brauch ich doch nicht zu zahlen, wenn man mir ihr Ergebnis kostenlos mitteilt. Und tatsächlich können Sie alle die Regenwasser-Analysen kostenlos abfragen! Ja, Leute, wir sind ja schon froh, wenn Sie überhaupt nur hingucken und es mal für einen Moment schaffen Ihren Blick vom Fußball oder den Möpsen zu lösen.

Wenn der Groschen fällt, dann langsam. Nicht?

Während ich das nieder kritzele, geht die Schlacht da draußen weiter. Neulich zum Beispiel hat FOX News wieder mal einen krassen Sonnenhalo als „oh wie schön" verkauft. Daraufhin kommentiert das wachküssende Rudel bei FOX unter dem Video. Kurze Zeit später werden die Kommentare von FOX entfernt, bis dann die nächste Welle Aktivisten Kommentare abwirft, und die werden dann auch wieder entfernt. Aber jeden Tag erreichen wir eine kleine Handvoll Menschen, die plötzlich erkennt, wie man uns in den Kopf kotet und unseren Himmel verseucht.

Wieviele sind dabei, die es erkennen und sofort die Türe zuschlagen? Ich finde es krass, wie manche in der Lage sind, etwas zu erkennen, und im nächsten Moment haben sie es schon verdrängt. Dabei wissen wir doch alle, wie schlecht das Verdrängen ist. Oder hat sich das noch nicht herumgesprochen?

Wenn Sie wollen, dass wir diese Schlacht gewinnen, dann geht das nur, wenn wir alle aktiv werden, und vom Online auf die Straße kommen.

Das ist wie beim online Flirten. Kommt es zu keiner direkten Begegnung, dann schläft die Sache irgendwann ein. Online kann man ein Feuerchen anzünden, aber der Brand muss auf der Straße bzw. im Bett konsumiert werden, oder würden Sie das anders sehen?

Mittlerweile sind wir so weit, dass mit jedem neuen Unwetter hunderte neue Menschen sich darüber bewusst werden, dass unser Klima zum Feind umgebaut wurde, dass unser Klima als Waffe missbraucht wird.

Jetzt ist die Zeit gekommen, den Funken auf die Straße zu tragen.

Gehen Sie einfach zur Polizei, gehen Sie zum Bürgermeister, gehen Sie zum Gesundheitsamt, belagern Sie die lokale Presse, reichen Sie Klage ein, immer wieder, immer wieder, und immer mehr von Ihnen. Und immer schön freundlich bleiben.

Diesmal geht es ja nicht um Ideologie, sondern um Fakten, Fakten, Fakten. Und wenn Sie kein eigenes Material zum vorlegen haben, dann bedienen Sie sich bitte an meinem.

Auf therepugnantpilot.com habe ich ja meine gesammelten Werke (DIE FLEIßARBEIT DES SCHRECKENS nannte es mal einer) fein sortiert hinterlegt. Abrufbar und herunterladbar für Jedermann. Briefe, Fotos, Filme. Skyporn vom Allerfeinsten. Was das Herz begehrt. Ich nenne meine Sammlung: The Testimony of The Repugnant Pilot. Oder kurz: der Sargnagel. Der Sargnagel für unser System.

Und mein Herz begehrt, dass wenn Sie es einmal durchschaut haben, dass Sie sich dann bitte auch in Bewegung setzen!

Und ganz genau so werden wir dieses Verbrechen stoppen.

⁂

KAPITEL 24

DIE GANZ NORMALE FESTUNG

Die Regeln wurden immer nur für den Untertan gemacht. Der Untertan muss sich an die Regeln halten. Der, der die Regeln macht, kann sie brechen, wie und wann er will. Oder er ändert sie einfach. Und gewöhnlich hat der dann die Deutungshoheit.

Der Untertan - also die Meisten von uns - halten sich an all das, was die Deutungshoheit ihnen vorschreibt. Und daran wird sich nie etwas ändern, solange es Brot und Spiele gibt.

Und solange der Untertan satt und gut unterhalten ist, würde er niemals vermuten, was wirklich im Schilde geführt wird. „Die Regierung würde uns das niemals antun" „und wenn, dann hätte das Fernsehen davon berichtet" sind die zwei größten Irrtümer in der heutigen Zeit gezielter Fehl- und Desinformation.

Und damit das so bleibt, wird uns regelmäßig mit Fotos von Chemie-verschmierten Sonnenuntergängen ein schöner, gemütlicher Abend gewünscht.

Zur Zeit wird kein Moment ausgelassen, uns diesen zerkratzen, versifften Himmel als normal und schön zu verkaufen. In allen Printmedien, in TV-Shows, in Filmen, in der Werbung, Sportevents wie Wimbledon oder Olympiade, sogar in Schulbüchern. Selbst auf der Nivea-Dose tauchten schon die Chemtrails auf. Zum Vertiefen kann ich nur empfehlen, einen Blick in meine Sammlung namens NORMALIZING zu werfen. Besonders spaßig wird es, wenn dann Chemtrails im LEGO-Film, auf der Playmobil-Verpackung oder im Tom&Jerry Komik auftauchen. In Spanien lernen die Kinder den rechten Winkel an zwei Chemtrails.

Die multinationalen Spielwarenkonzerne sind wie die Presse, wie Schulbuchverlage, wie Filmstudios, wie unsere Pharma- und Ernährungsindustrie nur ein kleiner Teil jener Krake, die uns im Würgegriff hält.

Hier erkennt man die finanziellen Verflechtungen die Glattfelder herauskristallisiert hat, und die es braucht, um uns mit größter Beharrlichkeit einzutrichtern, dass diese Streifen am Himmel normal sind.

Und mit noch größerer Beharrlichkeit widerlege ich das ;-)

Stellen Sie sich vor, wir leben in einer Gesellschaft, wo es normal ist, dass von fünf Frauen, drei ein blaues Auge haben. Ich meine so ein Veilchen, weil sie geschlagen wurde. Aber wenn das so viele haben, und selbst in Filmen, Fotos und Schulbüchern auftaucht, dann muss das dort aufwachsende Kind denken, dies sei ganz normal.

Es gäbe dann zwar immer noch wenige, die behaupten, dass ein Bluterguss mitten im Gesicht nicht normal ist, aber solche Stimmen werden rasch als Spinner und Verschwörungstheoretiker diskreditiert.

Was ist also normal?

Für die Nonne ist es normal früh aufzustehen, um zu beten. Für die Hure ist es normal spät schlafen zu gehen, um endlich zu ruhen. Ein Kind würde beides als Normal empfinden, je nachdem wo es aufgewachsen ist.

Und bei unseren Mainstream-Medien ist es normal im locker-spaßigen Ton vorzutragen, dass so ein Kondensstreifen wirklich bizarre Ausmaße annehmen kann. Das sei schon witzig und verrückt, wie manchmal der Wasserdampf so spielt.

Aber wahre Indizien, Patente und Regenwasser-Analysen werden systematisch und komplett ignoriert. Und meine 23.000 Fotos und 110 Filme auch. Und das ist auch normal.

Die Mainstream-Medien erinnern mich an eine große Festung aus dem vierzehnten Jahrhundert. Die Mauer ist hoch und uneinnehmbar. Manchmal wird von oben aus einem Loch ein Kübel heiße Katzenpisse auf den fordernden Eindringling gegossen. Spott inklusive. Kommt Ihnen das auch bekannt vor?

Und innerhalb jener Festung lebt ein erwähltes Volk. Wer beim Fernsehen arbeitet, hält sich aus Defekt schon für etwas Besonderes. Der Presseausweis ist nach dem Diplomatenausweis die begehrteste Erkennungskarte auf unserem Planeten. Kost und Logie geht aufs Haus, und da man zum erwählten Kreis dazu gehört, muss man nicht mehr denken. Und die wenigen, die denken, dass sind die, die lenken.

Und das sind normalerweise Befehlsempfänger 2.0. Der Befehlsempfänger 1.0 gehorcht für einen Orden aus Blech, der 2.0 tut es für einen Sack digitale Mäuse. Die Mittel haben sich schon geändert, wie der Haarschnitt auch. Aber Hauptsache der Mann oder die Frau tut, was man ihm oder ihr sagt. Und so bleibt die Mauer zu. Die Regeln werden befolgt.

Und das war und ist normal.

In Spanien sagt man, Gott gibt Brot denen, die keine Zähne haben. Und Augen denjenigen, die nichts sehen wollen. Solche Leute sind kein Einzelfall, sonst hätten sie keinen eigenen Spruch bekommen.

Jetzt wo die Festung der Mainstream-Medien skizziert wurde, möchte ich noch einen vorstellen, der in der Festung seit Jahren drin sitzt.

José ist ein erfahrener Auslandskorrespondent für das baskische Fernsehen. Ständig in Afrika. Ständig in der Krise. Ständig hat er diesen verspannten, ernsthaften Gesichtsausdruck.

Viele Jahre lebte er richtig gut vom Fernsehen, doch seit der Krise muss auch er kämpfen, denn auch bei den verwöhnten Fernsehleuten wurde der Brotkorb höher gehängt.

Ich habe ihm neulich meine Fundsachen gezeigt. Einen selbst gemachten Zeitraffer-Film mit deutlich zu erkennenden HAARP Rillen in den Wolken, und dann zeigte ich ihm die „Walt Disneys Science Factual Presentation EYES IN OUTER SPACE von 1959 in Zusammenarbeit mit UNITED STATES DEPARTMENT OF DEFENSE, ARMY, NAVY, AIR FORCE AND ARMY SIGNAL RESEARCH AND DEVELOPMENT LABORATORY.“

Hier bekommen wir in bester Disney Manier erzählt, wie unser Wetter das Leben überhaupt erst möglich macht, wie Wetter aber auch immer der große Feind war, und dass es in nicht all zu ferner Zukunft Techniken geben wird, um das Wetter - wenn es dann mal böse wird - zu kontrollieren und zu dominieren. Laut Onkel Walt wird diese Technik für eine bessere Zukunft zum Wohle aller eingesetzt.

Diesen Disney unterschnitt ich mit aktuellen Tornado- und Hochwasser-Aufnahmen, mischte dazu noch ein paar selbstgefilmte Rillchenwolken auf

Zeitraffer. Diese Mischung namens SCIENCE FACT schlug auf meinem facebook ein, wie eine Bombe. Alle schnallten die Aussage, die meine kleine Filmmontage machte. Alle sahen es, nur TV-Journalist José erkannte nichts.

Für mich waren meine Beweise so deutlich in ihrer Aussagekraft wie ein Messer im Bauch der Leiche. Endlich hatte ich etwas, was man nicht übersehen kann.

„Wovon redest du? Erklär es mir!", meinte nur José. Und dann sagte er noch: „Lass den Kopf nicht hängen!" Das bedeutet zwischen den Zeilen „du wirst viel Kraft aufwenden für nichts." Denn er hat ja schon im Vorfeld beschlossen, dass an meiner Geschichte nichts dran ist.

Bei solchen Fernsehfuzzies frage ich mich, was macht der, wenn er in seinem geliebten Afrika auf Einsatz ist? Recherchiert der da wirklich neugierig auf eigene Faust? Mal so richtig forschen, so wie er es bei mir eben nicht tut. Oder fährt er nur an irgendeinem Konsulat vorbei, wo man ihm einen Wisch in die Hand drückt, auf der in wenigen Worten die offizielle Narrative steht. Die kann er nun im Tropenhotel bei Whisky und Zigaretten schön ausschmücken und dabei seinen Hemingway Blues ausleben. Oder wie läuft das?

Nun wieso erkennt er nichts, weder bei meinen Fotos und Filmchen, noch bei meinen Vermutungen und Schlussfolgerungen? Wieso sieht er da nichts?

Sind Leute, die für das Fernsehen arbeiten, einem ganz besonderen Mind-Control ausgesetzt? So ganz abwegig hört sich das nun auch wieder nicht an. Schließlich sind sie die Stimmen, die unsere Meinung prägen.

Oder hat er einfach nur Angst seinen Job zu verlieren? Kann ich mir eher vorstellen. Obwohl er jetzt schon fast gar nichts mehr hat. Er sitzt auf einem schrumpfenden Stuhl, und statt mal unter seinem Arsch zu gucken, wieso seine Butter immer dünner wird, fährt er da hin, wo es den Leuten noch schlechter geht als ihm. Das hilft nicht nur den Armen, sondern auch seinem Ego. Und auf der Schiene fährt sein Zug.

Nun, was ich nun wirklich glaube, was mit unserem José - und so Leuten wie ihm - los ist, ist das Folgende:

Er kann ja nicht nur nicht die außerordentliche Dimension des Negativen erkennen, er erkennt auch nicht die noch viel stärkere Dimension des Guten. So wenig José das größte Verbrechen gegen das ganze Leben erfassen kann, genau so wenig kann er sich vorstellen, wozu das alles passieren könnte. Und wohin es uns führen wird.

Die Schlacht um Gut und Böse ist real, ist in uns drin, und um uns herum. Und wird mit allen Mitteln gekämpft.

Wenn José wirklich seinem geliebten Kongo helfen wollte, würde er sich nicht nur die Symptome der Ärmsten der Armen anschauen, sondern suchen, von wo der störende Druck herkommt, der sich dann in Unruhe, Krieg oder Krankheit manifestiert. Und zwar ganz besonders in Afrika.

Aber nicht mehr nur dort, wie wir jetzt wissen.

⁕

Kapitel 25

Hörzu Heute

Damals gab es die HÖRZU. Und damals gab es nur drei Programme, das ARD, das ZDF und den jeweiligen Lokalsender. Da war es noch leicht den Überblick über alle Informationen zu halten.

Als dann Mitte der 80er die Privatsender Einzug hielten, explodierte der Markt der Programmzeitschriften. An allen Ecken tauchten neue Illustrierte auf. Von nun an lächelten nur noch schöne, leichtbekleidete Frauen von jeder Illustrierten, die das Überangebot der neuen TV-Unterhaltung sinnlich darboten. Die Alice Schwarzer Jahre waren damit endgültig vorbei. Und das war das Gute daran.

Von da an lasen meist nur noch schöne Frauen im TV die Nachrichten vor. Auf einmal ging es um Quoten. Mit Quoten konnte man Geld verdienen. Mit dem schnellen Geld konnte man sein Koks finanzieren.

Alles drehte sich immer schneller. Wenn nicht Schönheit, dann wenigstens das Grauen zeigen. Und nach dem Grauen wieder den Spaß. Nach dem Katastrophenbericht kommt der erotische Actionfilm, nach dem Kriegsbericht das Traumschiff. Am Ende fielen wir müde und wirr ins Bett, denn wir hatten an nur einem Tag mehr Eindrücke aufgesaugt als unser Urgroßvater in seinem ganzen Leben.

Und wir merkten nicht, wie in diesem enormen Wirbel - ja man muss es sich wie ein altes Jahrmarkt-Karussell vorstellen, dass immer schneller wird, wie in dem Hitchcockfilm, bis es von der Achse springt - ja in dem ganzen Wirbel hat niemand bemerkt, wie das Kind namens Wahrheit als erstes von seinem kleinen Plastikelefanten gerissen wurde und hart auf die Asphaltplatte aufschlug. Autsch!

Aber Autsch nur für das Kind. Sonst hat das keiner mitgekriegt, denn noch wirbelt das Karussell, immer schneller werdend und alle kreischen kirre. Nur bei ganz wenigen hört man schon die Angst im fröhlichen Gejaule.

In der Mitte der Neunziger war das Überangebot auf der Mattscheibe so komplett und erdrückend, dass Programmzeitschriften nicht mehr gelesen wurden. Wieso auch? Man blickt sowieso nicht mehr durch. Und wieso einen Wegweiser lesen, der so dick ist, dass man sich dafür einen ganzen Tag in der Woche frei nehmen muss? Das Studieren des TV Programms wurde auf einmal zeitintensiver als das TV Schauen selber.

Von nun an zappte man sich durch die Programme, und blieb dort hängen, wo das Karussell sich am schnellsten drehte.

Und das alles geschah schon vor dem Internet.

Als dann das Internet kam, waren gewisse etablierte TV Sendungen zum Markenartikel gewachsen. Man suchte seine Lieblingsmarke. Egal auf welchem Gerät. Die Sendeanstalten verwischten immer mehr zu einem großen Brei. Der Zuschauer wurde Anhänger von zum Beispiel Stefan Raab oder Formel 1. Es ging uns nur noch um die Inhalte, wo jeder seine eigenen suchte. Und die suchen wir egal auf welchem Programm, im TV oder im Internet.

Und so verloren die Programmchefs an Einfluss. Der Zuschauer wurde aktiv - zumindest manche - und suchte sich die Inhalte, seine Inhalte, die er sehen will, selbst. Der klassische Programmchef - das Vorläufermodell hieß Joseph Goebbels - war damit tot. Denn der entschied, was man uns zumuten konnte und was nicht. Aber heute entscheiden wir nun zum ersten mal selbst, … oder aus Gewohnheit und Angst.

Mittlerweile hat das Internet in jedem Haushalt Einzug gehalten. Wie damals das fließende Wasser. Ich glaube als die ersten Wasserleitungen gelegt wurden, saßen wir damals alle vor der Kloschüssel und zogen an der Strippe, schauten voller Ehrfurcht, wie die Spülung unser Häufchen zur anderen Seite des Ufers brachte. Dorthin, wo es nicht mehr stört.

Oder wir hielten den ganzen Tag lang unseren Kopf unter den Wasserhahn und wunderten uns, dass das Wasser nie aufhört. Das ist nur ein armer Vergleich zu dem was heute los ist. Das Wunder der digitalen Technik, das Fenster zur ganzen Welt in meiner Hand, das braucht tausende von Stunden tiefster Anbetung, bis man es verarbeitet hat. Die Maschine zeigt mir, die Maschine hört mich. Ich selbst brauche keinen Psychologen mehr, seitdem die Maschine mir zuhört. Und wie schön es ist zu wissen, dass es ein Spitzel mitliest. In dem

Moment weiß man, das Technik verbindet, und das du nie ganz alleine bist.

Also ein gefühltes halbes Jahrhundert nach HÖRZU gibt es weltweit x tausende von neuen Kanälen. Und die alten Kanäle, die es damals schon gab, wurden durch große Käufe gebündelt. Wer erinnert sich nicht an die horrenden Summen, die geboten wurden, um Medienkonzerne aufzukaufen, und alle sagten unisono: wie kann das möglich sein?

Nun, heute wissen wir wie und warum.

Diese gekauften Kanäle zeigten sich besonders unterhaltsam und sexy, vordergründig wurde um die Quote gekämpft, aber eigentlich ging es nur darum, den Zuschauer einzulullen, abzulenken, irre zu führen und nach wie vor den alten öffentlich-rechtlichen Anspruch zu stellen: „wir repräsentieren die Deutungshoheit!" So wie wir es ja vom TV gewohnt waren. Das gipfelte dann in: sieht man es im TV, dann gibt es das. Sieht man es nicht im TV, dann gibt es das auch gar nicht.

Und diesen Vorsprung an „Glaubwürdigkeit" haben so manche Kollegen im Internet nicht.

Und dann kam 9/11. Und damit wurde das Internet zum ersten Mal stärker. Immer mehr Vertreter der Wahrheit tauchten nämlich im Internet auf, und keiner davon im TV. Es dauerte dann noch bis 2013 und THE REPUGNANT PILOT tauchte auf. Meine Wahrheit ist ganz einfach: meine Fotos sind wahr, die Uhrzeit unter dem Foto ist wahr, die Fragen die ich stelle, kommen von meinem besorgten Herzen. Hier fing alles an, und viel weiter bin ich nicht gekommen. Ab und zu schreibe ich mir den Frust von der Seele, so wie jetzt gerade eben.

Aber andere Kollegen im Internet sind schon eine ganze Ecke weiter. Und vielleicht nicht nur weil sie viel fleißiger waren. Wer weiß, vielleicht hatten sie Rückenwind.

Nun werde ich Ihnen eine kleine, natürlich sehr subjektive Zusammenfassung präsentieren, von all den neuen Sendern und Wortführern, die man dank Internet sehen, lesen und hören kann.

Eine kleine Programmübersicht a la HÖRZU. Datum und Uhrzeit brauche ich Ihnen nicht mehr zu liefern. Im Internet läuft immer alles zu jeder Zeit. Da verpasst man nicht mehr den Anfang, nur weil man im Stau stand.

Heute verpasst man den Anfang, nur weil man nicht hinguckt.

*

Kapitel 26

Vorsicht Falle

Es ist selbstredend, dass aus meiner Clique alle längst wissen, wie nur ganz wenige Familien die Medien fast der ganzen Welt besitzen, kontrollieren und uns damit geschickt manipulieren. Ehrlichen Journalismus gibt es nicht mehr. „Lügenpresse!“ rufen wir im Chor, und verweisen gerne auf Dr. Udo Ulfkotte. Für die einen ein heldenhafter Whistleblower, für die anderen ein Profilneurotiker mit Geltungsdrang. Was auch immer, sein Buch GEKAUFTE JOURNALISTEN erweckte große Neugierde, und sein plötzlicher Tod war dann wieder nur ein Zufall.

Leute aus meiner Clique wissen, dass man den Medien nicht mehr trauen kann, sie suchen natürlich im Internet, sie finden dort ihre Nachrichten und ihre Beweise. Und ihre Götter.

Und daher sage ich nur: VORSICHT FALLE! Denn der Feind ist raffinierter als wir es uns jetzt noch vorstellen können. Der Hasenbau geht tiefer als wir denken. Oder man kann auch sagen: das Zwiebelchen hat noch eine weitere Schicht des Verhüllens.

Dank dem Internet tauchten urplötzlich neue Leute auf, die gekommen sind, um uns die Augen zu öffnen. Zumindest bei mir war es so, dass ich erstmal nur staunend zuhören und tagelang nicht mehr schlafen konnte. Oder anders rum gesagt: hätte man mir nicht jenen Boten auf youtube gestellt, dann hätte ich es bis heute auch nicht geschnallt, und wäre wie all die anderen lieben Mitmenschen zwischen Formel 1, Würstchen grillen, und über Parteien und Präsidenten fachsimpeln, hängen geblieben. Die Argumente für mein Fachsimpeln hätte ich dann in meiner Fetisch-Zeitung aufgegriffen. Für die einen ist es DIE WELT, für die anderen die taz. Und wenn mir dann trotzdem das

Gefühl gekommen wäre, irgendwas passt nicht, dann hätte mir der Psychiater ein Psychopharmakon verschrieben.

Es war abzusehen, dass der Wissensdruck selbst in einer abgestumpften, anästhesierten Bevölkerung langsam zunehmen wird, woran das auch immer liegen mag. Ich vermute, es liegt am Maya-Kalender. Ich hatte ja davon schon geschrieben, dass es nicht ein Ende bedeutet, sondern ein Neuanfang. Der kosmische Wind kommt nun aus einer anderen Richtung, und diese ganze geheime Technologie hat nur einen Zweck: uns von dieser neuen guten Energie fern zu halten. Ich werde das noch genauer ausleuchten, denn dazu habe ich einen Whistleblower, der mich aufgesucht hatte, um über meinen Kanal seine Geschichte zu veröffentlichen. Es geht um Elektromagnetische Frequenzen (EMF), und dass das eine Waffe ist. Getarnt als Mobilfunk.

Die Elite weiß, dass irgendwann die Wahrheit raus kommt, und zwar, dass wir seit spätestens Babylon von Psychopathen beherrscht werden. Und dass es denen nur um eins geht: uns zu unterwerfen. Der ganze Beschiss und Betrug fliegt auf, denn er ist ja bereits mathematisch bewiesen. Es ist nur noch eine Frage der Zeit. Außerdem ist es einfach unmöglich alle Zeugen zu vernichten, in einer Zeit wo jeder eine Kamera dabei hat, und so einige sich in einen Trillerpfeifenblaser verwandelt haben, es sei denn ... ja es sei denn das große Pulverfass explodiert doch noch und radiert alles ratzeputz aus. Und selbst das wird ja versucht. Aber bis das geschieht, muss man die Masse ablenken. Bei den meisten geht es noch mit Sex und Fussball, und bei einer Minderheit, die ständig wächst, macht man es mit der „Wahrheit".

Also erzählt man lieber die Geschichte selbst, und zwar so wie man sie erzählt haben will, bevor es ein anderer tut. Das weiß ich als Drehbuchautor: es ist ganz wichtig wie was erzählt wird, was gezeigt wird, und was eben nicht.

Scheibchenweise kann man die Story rausrücken und so den Fluss der Informationen steuern. Und man kann hier und dort etwas auslassen, um die wahren Täter weiterhin zu verstecken. So wie man es immer getan hat.

Darüber hinaus gewinnt der neue, out-of-the box Journalist/Aufklärer/Guru so viel Ansehen und Vertrauen bei seinem Publikum der aufgewachten Lichtkämpfer, dass wenn der Vorhang fällt, und die übliche, nun obsolete Riege an Platzhaltern endlich doch noch auffliegt und verurteilt wird, jener neue Journalist/Aufklärer/Pastor sofort als neues Sprachrohr zur Verfügung steht. Solche Leute schaffen es dann manchmal bis zum Bundespräsident. Der Rattenfänger von Hammeln läßt grüßen.

Sehr verdächtig ist immer alles, was auch im TV erwähnt wird. Und erst Recht, wenn es wie ein Schreckgespenst für das Establishment behandelt wird. Zum Beispiel in Deutschland die AfD oder in Spanien die neue out-of-the-box

Partei PODEMOS, was ja schon vom Wort eine eins zu eins Kopie vom obamaschen YES WE CAN ist. Und Obama zeigte ja, dass er nur bomben can. Meint einer echt PODEMOS kann mehr? PODEMOS kann nichtmals erkennen, was am Himmel los ist. Podemos no puede nada (wir können, kann nichts). Oder gibt es hier noch einen, der echt glaubt, diesmal funktioniert das?

Für mich sind all diejenigen zweifelhaft, die die große Gefahr der Chemtrails und EMF Türme komplett ausklammern. Manche tun es, weil sie es noch nicht bemerkt haben, denn es dauert tatsächlich, bis man es erkennt. Und andere tun es, weil sie schlichtweg die Anweisung haben, darüber nicht zu reden.

Doch mittlerweile ist die Beweislast so erdrückend groß und wer dann immer noch weg schaut, aber uns mit Teilwahrheiten (wie z.B. Alex Jones mit Pizza-Gate) unterhält, gehört zur bewusst platzierten und kontrollierten Opposition. Und das Netz der Netze ist voll davon.

Und es ist wichtig zu verstehen, dass diese sogenannten Gatekeeper - also die von oben kontrollierte, und uns unten im Schach haltende, Opposition - tatsächlich brisantes und wahres Material mit uns teilen. Dafür bewundern wir sie dann. Dafür folgen wir ihnen. Dafür vertrauen wir ihnen. Und übersehen dabei, dass diese Info, egal welche Wahrheit, so oder so rausgekommen wäre. Denn es kommt immer alles ans Licht, die Frage ist nur wann.

Also was ich sagen will: hören Sie sich alles an, nehmen Sie mit, was Sie können. Und achten Sie immer darauf, was Ihr Bauch dazu sagt. Und akzeptieren Sie es endlich mal, dass die letzte Instanz immer in einem Selbst drin liegt, egal, was die da draußen im Netz oder beim Friseur einem erklären wollen.

Lernen kann man bei jedem. Und darum freue ich mich auch über die falschen Propheten, denn sie haben gewiss meinen Blick erweitert, nur dass ich mir von ihnen nie erklären ließ, wo weit aufhört, mein „weit" geht vielleicht weiter als ihr „weit". Und darum hat die Stunde geschlagen, nun ein paar heilige Kühe zu schlachten:

Bleiben wir direkt bei Alex Jones, jenem raubeinigen Texaner, der so gerne laut rumpoltert, der es schaffte, in Bohemian Grove einzudringen, der die Bilderberger bei ihren - von den Medien nie berichteten - Treffen auflauert und lauthals mit der Flüstertüte in der Hand alle Teilnehmer angreift ... aber nie eine Kugel schluckt, wobei er immer gut treffbar in erster Reihe steht.

Alex fing seine Show Infowars im Jahre 1995 an. Seine engen Verbindungen zur CIA und Großfinanz sind gruselig und nicht zu leugnen.

Just in dem Jahr fing dann auch der Terror mit dem Oklahoma-City-Bombing an. War das nur ein Zufall, dass Alex im selben Jahr auf Sendung ging? Immerhin redet er von Chemtrails. Aber nicht oft genug, und mir scheint, dass er die wahren Motive nicht durchschaut oder eben nicht erwähnen darf.

Polemisch ist sein Interview mit David De Rothschild über den Klimawandel. David De Rothschild ist von Beruf Abenteurer und Umweltschützer und versucht wie ein Jesus auszusehen, er gehört zu der jüngeren Generation jener Familie. Er schlägt Alarm, macht sich Sorgen um unsere Kinder. Ob der Klimawandel man-made, also durch Überbevölkerung und deren Abgase verursacht, oder zyklisch ist, will er gar nicht länger analysieren, denn Fakt ist, dass der Klimawandel da ist, und die nächsten Generationen bedroht sind. Und es gilt sofort zu handeln.

Alex poltert in seiner erregten Art: What do we do to save ourselves? What do we do to save ourselves? (Was können wir tun, um uns zu retten?) Gleich zweimal winselt er das.

Ich schreie dazwischen: Just stop the ongoing geo-engineering! (Stoppt einfach das längst laufende Geo-Engineering!)

Doch ich bin nicht Teil jener Radio-Sendung, mein Schrei bleibt ungehört. Weder David noch Alex kommen auf die Idee, dass der Klimawandel mit Absicht produziert wurde, dass die Chemtrails eine Wetterwaffe sind. Das sagen beide nicht, und das will der selbsternannte Chemtrail-Aktivisten Frontmann Dane Wigington auch nicht hören.

Keiner von diesen drei Rettern oder Truthern will hören, dass der Klimawandel vielleicht auch an der täglichen Umweltverschmutzung liegt, aber hauptsächlich und überwiegend mit HAARP und Chemtrails produziert wurde.

Das ist das Tabu der Tabus.

Statt dessen nutzt Alex Jones die Gunst der Stunde einen echten Rothschild an der Strippe zu haben und greift den dann auf das Übelste an: seit Napoleon haben die Rothschilds jeden Krieg auf beiden Seiten finanziert. Seine Familie sei am Leid der ganzen Welt schuld. Und Alex, der stramme Boxer, haut kräftig zu, immer wieder. Zum ersten Mal tat mir ein Rothschild leid. Aber heute weiß ich, dass beide hier nur eine Rolle gespielt haben.

Wahrheiten kamen raus, Alex kämpfte wie ein Pitbull und David blieb trotzdem makellos, denn er kam ja nur um über die Bedrohung des Klimawandels zu reden, machte sich Sorgen um unsere Kinder und sieht dabei sogar noch gut aus mit seinem Rauschebart.

Beide Seiten konnten dabei punkten. Aber die wahre Wahrheit bleibt weiterhin versteckt: wir werden schleichend vergiftet bzw. in eine Hungersnot manövriert. Was wird schneller vom versprühten Aluminium zersetzt? Unser Hirn oder der Acker? Und darum spielt es auch keine Rolle mehr, wenn wir eine Minute vor unserem Ende noch erfahren, dass die Rothschilds seit Napoleon jene versteckte Macht waren.

Nun, vielleicht sind meine Schlussfolgerungen voreilig, schließlich ist meine Perspektive beschränkt, und wenn jemand noch andere Betrachtungen zu jenen Playern findet, dann würde ich mich freuen, das zu erfahren. Aber bitte verschont mich mit Trollgelaber, wenn eine kriminalpolizeiliche Untersuchung mehr als angebracht wäre.

⁂

Neben Alex Jones und sein InfoWars und PrisonPlanet ist ZEITGEIST ein weiterer Eckpfeiler im Netz der Wahrheitssucher. Jeder, der anfängt sich für solche Themen zu interessieren, wird zweifelsohne auf ZEITGEIST stoßen. Wie ich ja schon erwähnte, waren für mich die drei ZEITGEIST Filme mit die ersten Augenöffner.

Doch ein paar Jahre später muss ich sagen, mehr als Wachküssen konnte Zeitgeist mich nicht. Und dafür sage ich danke. Aber mehr fand ich dann dort nicht mehr, denn Zeitgeist und die ganze Zeitgeist-Bewegung gehört auch nur zur kontrollierten Opposition.

Sorry Freunde. Tut mir leid. Ja, ich fand die Filme auch gut, ich war beeindruckt von den Fragen, die hochkamen, von der Montage, und besonders von der Musik, die ist super hip. Und der Schöpfer ist ... ja hier begann mein erster Verdacht ... zu biblisch. Peter Joseph, einfach nur viel zu gut, um echt wahr zu sein. Und dann noch dieser Bart! Man sieht ihn, und man mag ihn. Man will sich direkt seinen Ideen und Zielen anschliessen. Auf mich wirkte er zumindest so.

Ich war so begeistert, dass ich damals am 15. März 2008 hier in San Sebastián an der Uni den ZEITGEIST Tag organisierte. Dafür bekam ich gratis eine DVD mit dem ersten Teil zugeschickt. Und einen Beitrag in der lokalen Zeitung. Immerhin.

Später fand ich raus, dass in der ganzen Zeitgeist-Bewegung NIEMAND zuhört. Das weiß ich von Kevin Chidester in Colorado. Kevin hat eine One World Agreement formuliert. Das sind die neuen 10 Gebote, wo jeder Mensch sich nach gutem Gewissen verpflichtet auf dieser Welt in Respekt und Harmonie zu leben. Es geht darum, sich auf Grundwerte zu einigen, die auch bleiben, wenn das System um uns herum zerfällt. Ich finde Kevins Idee gut, all das nochmal zu unterschreiben, was man als selbstverantwortlicher Mensch sowieso tief in seinem Herzen spürt und trägt.

Die Zeitgeist-Bewegung interessiert sich nicht für Kevins Idee. Sie könnte ja wie ein Fallschirm wirken und den Sturz lindern. Zeitgeist will, dass wir gewisse Wahrheiten (false flag 9/11) erfahren, um danach in rasender Wut ins Chaos rennen. Zeitgeist will den Wagen gegen die Wand fahren, um danach ihre vom Computer überwachte RBE einzuführen. RBE steht für Resource Based Economy. Im Klartext heisst das: alles wird rationiert, und der Computer sagt Ihnen, wann Sie Ihr nächstes Glas Wasser trinken dürfen.

Und natürlich redet Zeitgeist mit keinem Wort und mit keinem Bild über unser Wetter. Und wenn dann nur im vorgesteckten Rahmen des CO2-Märchens. In dem Zusammenhang ist interessant, dass ausgerechnet David De Rothschild bei ZEITGEIST EUROPA 2007 aufgetreten ist.

Und wenn man bei ZEITGEIST zwischen den Zeilen liest, erkennt man, dass Jesus und jede spirituelle Kraft völlig geleugnet werden. Das heißt, der Mensch wird nicht von seiner Seele gerettet, sondern von Wissenschaftlern und ihren Super-Computern. Dieses Dogma kommt mit den ZEITGEIST-Filmen unterbewusst und gratis mit.

Im Nachhinein wundert es mich nicht, dass der Film ZEITGEIST auf einem von den Rockefellers gesponserten Filmfestival bekannt wurde. (Welches war das noch? Ich bin jedem aufmerksamen Leser dankbar, der mir hilft das Puzzle zu kleben.)

*

Der Film THRIVE ist da viel kompletter und geht tiefer. Foster Gamble, das schwarze Schaf der Elite, packt aus. Er hat ein Vermögen ausgegeben für eine Superproduktion, die am 11.11.11 Premiere hatte.

Mittlerweile gibt es den Film in fast allen Sprachen. Hier erfahren wir, dass die Eliten nicht nur 9/11 inszeniert haben - wie ja uns ZEITGEIST verraten hat, nun erfahren wir auch, dass die Eliten bereits über freie Energie und eine Technologie verfügen, von der wir gar keine Ahnung haben, dass es so etwas überhaupt gibt.

Es geht sogar noch weiter: der Film THRIVE liefert Beweise, dass wir in Kontakt mit anderen intelligenten Wesen aus anderen Galaxien oder Dimensionen stehen. Beeindruckend sind die ganzen Zeichnungen in den Kornfeldern, ganz besonders jene riesengroße Zeichnung, die eine exakte Antwort auf jene Botschaft war, die wir als Menschheit vor Jahrzehnten ins All geschickt hatten.

Wie weit und ausgebaut dieser Kontakt tatsächlich ist, dass erklärt der Film nicht, aber diesen Kontakt gibt es, und das verschiebt unser Paradigma. Nicht?

Und THRIVE redet von den Chemtrails, wenn auch nur am Rande. Aber in dem Weltbild von THRIVE ist es Fakt, dass wir mit Nanotechnologie besprüht werden. Es ist nur nicht ihr Steckenpferd, sie überlassen es anderen, davon zu berichten. Und in dem Weltbild von THRIVE ist Krebs längst heilbar.

Aber die größte Nachricht in dem Film für mich ist, dass es freie Energie gibt. Man zapft sie einfach aus dem Nichts um uns herum an, ohne Verbrennung, ohne Kontamination und ohne Kriege.

Ist das überhaupt möglich? Angeblich ja, natürlich möchte ich es mit eigenen Augen sehen, um es glauben zu können. Viel geredet wird ja davon, von all den Wissenschaftlern, die alle verfolgt, verhaftet oder ermordet wurden. Und von all den Laboren und Geräten, die beschlagnahmt oder vernichtet wurden. Nicola Tesla war vielleicht der prominenteste und begnadetste unter ihnen, und gewiss der erste. Aber auch ihn und sein Werk hatte man zerstört. Das war noch vor dem ersten Weltkrieg. (Für die, die Tesla nicht kennen und nicht wissen, wann er lebte. Denn in der Schule lernten wir von dem leider nichts.)

Aber außerhalb vom facebook ist mir die freie Energie noch nicht begegnet. Nein, nicht ganz. Stimmt nicht. Da ist mir noch was passiert. Just in jenen Tagen klingelte eines Morgens bei mir das Telefon. Ich war am Duschen, sprang raus, wickelte mich in ein Handtuch und nahm ab.

„Hier Mohorn!" Ich wusste gar nicht wer er war, und was er wollte. Und dann fiel der Groschen. Wenn er fällt, dann langsam. In der Nachbarschaft gibt es einen Laden, die vertreiben Anlagen zum Vitalisieren des Wassers nach dem Grander-Prinzip. Und dieser Händler interessierte sich auch für die Produkte von Aquapol in Österreich und bat mich, ob er meine Telefonnummer weiter geben könne, um sprachlich zu vermitteln.

Und nun hatte ich den Gründer und Erfinder, Prof.-Dr. Wilhelm Mohorn höchstpersönlich an der Strippe. Den kennen Sie auch. Das ist der, der alte feuchte Gebäude trocken legt. Mit einem Antennengerät, dass nach Hokuspokus riecht und ganze viertausend Euro kostet. Man hängt sich diesen Kasten mit Antennen unter die Zimmerdecke, und siehe da, das Wasser fließt langsam aber sicher aus den Wänden raus. Es funktioniert tatsächlich.

Wie ist das möglich? Nun dieses Gerät baut einen Torus an Energie um sich herum auf, und man kann es so einstellen, dass sich die Energie im Torus nach oben oder nach unten bewegt. THRIVE erzählt exakt das selbe. Und bei THRIVE lernen wir, das der Torus die ganze Schöpfung durchzieht. Eine Galaxie, ein Stern, ein Mensch, ein Apfel, ein Atom — alles ist nach dieser toroiden Form organisiert. Heilige Geometrie eben.

Und so geschah es, dass Willy - wir waren sofort beim Du - und ich ein langes Gespräch führten. Das war wieder einer meiner Forrest Gump Momente.

Die freie Energie ist im Raum drin, man muss sie nur anzapfen. Willy redete von dem Nichts, früher nannte man das den Äther, und der andere Wilhelm, der Wilhelm Reich nannte es Orgone, die Chinesen nennen es Chi, und Tesla wusste sowieso schon alles, das ganze Universum wird von diesem Nichts zusammengehalten und aus diesem Nichts kommt die Kraft des Lebens. Hier erklärte mir einer der bedeutensten Pioniere der Freien Energie morgens nach dem Duschen die Welt. Und ich hörte nur fasziniert zu.

Willy erzählte mir auch, dass er die Rede von Einstein ersteigert hatte, und zwar die, in der er sich für seine dumme Relativitätstheorie entschuldigt hatte. Denn am Ende erkannte auch Einstein: ohne den Äther, ohne das Qi, oder nenne es Nichts gibt es kein Leben, gibt es keine Ordnung, gibt es eben rein gar nichts.

Nach dem Gespräch musste ich nochmal duschen. Zu heiß die Implikationen, und zu komisch, dass es immer wieder zu mir kommt, ohne dass ich mich darum bemühe.

Das ist mit ein Grund, weswegen ich meine Erfahrungen endlich aufschreibe, um das, was ich erlebt habe, zu teilen, denn da ist Geometrie drin. Oder Synchronizität.

⁕

Die Synchronizität ist der Dialog mit dem Universum. Und davon redet David Wilcock. Sein divinecosmos.com ist das nächste große Sprachrohr im Internet.

THE SYNCHRONICITY KEY von David Wilcock war eins meiner spannendsten Leseerlebnisse. Und mir sind zwei wesentliche Gedankenbilder hängen geblieben:

die Zyklen der Zeit arbeiten wie eine Mühle, mit jeder Wiedergeburt werden unsere Seelen über die Jahrtausende gemahlen und gerieben, am Ende sind wir so fein, dass wir durch den Filter passen, und aufsteigen - oder eben nicht …

Und er sagt, dass das Universum mit Synchronizität antwortet, wenn man auf dem richtigen Weg ist. Das kennen wir doch alle: manchmal flutscht es. Es läuft von selbst, und das ist so, weil wir in jenem Moment genau das tun, was wir tun sollen.

Außerdem klärt er uns über die FINANCIAL TYRANNY auf, auch er redet von der Weltbank als ultimative Waffe der sogenannten Cabal. Jener geheimen Loge. Jetzt komme ich ins Grübeln. Welchen Namen gibt David der Cabal sonst noch? Zeigt er uns wirklich deren Nest oder lenkt er uns nun mit seinem intergalaktischen Kämpfen wieder nur ab?

Denn mittlerweile sagt David, dass unser Mond so wie weitere Monde in unserem Sonnensystem unterirdische Militärbasen für Aliens haben.

Die Chemtrails sieht er aber nicht. Immerhin läßt David meine Kommentare bei ihm auf seiner Seite stehen, aber er antwortete darauf nie.

Glaubt man David, dann ist Star Trek Realität. Ist eine Zivilisation eine Million Jahre weiter als wir, dann können die alles, und natürlich mit uns in Kontakt treten. Und natürlich auch hier alles aufräumen, wenn einmal die gute Allianz gewonnen hat. Danach kommen die mit dem magischen Besen und machen alles sauber. Aber noch tobt laut David genau jetzt in diesem Moment ein Krieg um die Erde, und das haben ihm seine top-insider bestätigt aus vier verschiedenen top-insider Quellen, und am Ende geht es aber nur um die Seelen. Um biblische Dimensionen. Und das weiß er aus der LAW OF ONE Serie. Das wurde alles gechannelt.

Nun alles schön und gut. Kann ich mit leben. Kann ich mir sogar vorstellen, eine blühende Fantasie habe ich ja auch. Aber dass David die Bedrohung der Chemtrails und der EMF Türme nicht sieht und seinen großen Kanal nicht nutzt, um uns Menschen zu warnen, das empfinde ich als äußerst suspekt.

⁂

Dann gibt es noch Benjamin Fulford, den hatte ich noch vor dem Repugnant Pilot gelesen und sein Geschwafel irgendwann nicht mehr ertragen können. Und ich vermute, dass er seinen ganzen Internet-Ruhm aufbauen konnte, weil er tatsächlich ein gefilmtes Interview mit David Rockefeller hat und den dann fragte, ob er der geheime Herrscher dieses Planeten sei.

Ben lebt in Japan und ist - so wie er sagt - von der White Dragon Society als ihr Botschafter ausgewählt worden, den westlichen Cabal Familien ihr Ultimatum zu übermitteln. Die Asiaten haben keinen Bock mehr sich von United Nations, Rockefeller, Rothschild und Co rumkommandieren zu lassen. Laut Ben war auch der Tsunami 2011 ein Angriff auf Japan, ausgeführt von den Cabal Familien, um die Japaner einzuschüchtern.

Jetzt nach ein paar Jahren Ben-Abstinenz und um diese Liste hier (nach meiner Freilassung) fertig zu stellen, habe ich mich nochmal rasch mit ihm beschäftigt, und beim zweiten Mal anschauen muss ich sagen, das, was er sagt, ist nicht ganz ohne. Er nennt wenigstens die Ratte beim Namen. Und der Weiße Drache zahlt 1 Tonne Gold, also 46 Millionen $ als Kopfgeld für nur eine tote Ratte, die auf Bens Liste steht. Zumindest ist Ben unterhaltsam. Geschichten aus dem Wilden Osten.

Über Chemtrails weiß er Bescheid, aber in Japan sieht er sie kaum, also gehören sie nicht zu seiner ersten Sorge. Es ist tatsächlich so, dass man in Asien nicht täglich zugesprüht wird wie hier. Das passiert nur im Alzheimer-Paradies der NATO. Das sage ich, denn die Länder, wo die NATO das Sagen hat, sind die Länder mit der höchsten Alzheimer-Rate. Gewiss mal wieder nur ein dummer Zufall.

Und Ben weiß natürlich über HAARP Bescheid, er hatte damals so oft davon geredet, und auch im Zusammenhang mit dem Tsunami, und ich glaube das produzierte bei mir jenen Moment, Ben und sein Geschwafel abzuschalten. Nun, mittlerweile verstehe ich ihn besser …

Ben, wenn Du das hier liest, dann schau Dir bitte meine Arbeit an. Zu finden auf therepugnantpilot.com. Vielleicht kann der Weiße Drache auch mir und meinen Kollegen helfen. Wir sind zwar keine Kopfgeldjäger, aber verdammt gute kollektive Detektive und schließlich teilen wir den gleichen Feind. Ich meine es ernst Ben! In Europa oder Amerika finden wir keine Unterstützung. Die kann nur von Außen kommen. SOS … SOS … Weißer Drache wir brauchen deine Hilfe!

⁕

Dann gibt es noch David Icke. Der ist sehr gut informiert über Chemtrails, Fluoride und EMF Waffen. David spricht von einem bewusst gesteuerten Angriff auf unsere Zirbeldrüse.

Die Zirbeldrüse - auf Englisch pineal gland - ist ein Tannenzapfen-förmiges, kleines Organ mitten in unserem Gehirn. Auf der Stirn wird es auch gerne als das dritte Auge markiert. Es ist das Tor in die andere Dimension. Es ist unsere Brücke zu Gott. Es ist unsere Intuition und es ist unser Kompass. Und noch mehr: steht diese Türe auf, dann erhalten wir von hier auch alles, was wir brauchen, um zu heilen. Individuell oder global.

Wen wundert es jetzt noch, dass die Herrschenden uns diese Fähigkeit nehmen wollen? Sand in die Augen schmeissen, ist so alt wie die Bibel.

Interessanterweise sorgt die Mischung Fluorid (Zahnpasta) und Aluminium (Chemtrails) zu einer Verstopfung der Zirbeldrüse. Obduktionen beweisen, dass die meisten von uns eine versiffte, verstopfte oder schon ganz verkalkte Zirbeldrüse haben. Und David Icke sagt, dass es genau darum geht. Uns spirituell blind zu halten, so sind wir auf Hilfe und Führung angewiesen. Nur so akzeptieren wir unsere Herrscher.

David ist ehemaliger Fussballer, der schon seit Ende der Siebziger uns versucht aufzuwecken. Wir sind alle in einer Vibrations-Matrix gefangen. Und die, die uns beherrschen sind Reptiloide Wesen und die nähren sich daran, uns in einer niedrigen Vibration gefangen zu halten. Und genau deswegen wird David gerne verspottet.

Doch David ließ sich noch nie beirren und zeigt uns, dass die Reptiloiden ihre Herrschaft direkt vor unseren Augen verstecken. Reptiloide Wesen, Drachen und andere Teufel schmücken so einige Königshäuser, Kirchen und wachen sogar über der City of London.

Wer hat schonmal von der Unheiligen Dreieinigkeit gehört? David erklärt sie uns:

Das sind Vatican City, Washington DC und City of London. Von dort werden weltweit alle politischen, finanziellen, militärischen und religiösen/spirituellen Angelegenheiten gesteuert. Interessant wird es, wenn man hört, dass diese drei Ministaaten künstlich entstanden sind, eigene Gesetze haben, eigene Regierungskörper haben und eben nicht Teil der EU oder USA sein sollen.

Wir haben keine Kompetenzen bei denen reinzuschauen, aber von dort werden wir alle beherrscht.

Aber nicht nur dort, auch die BIS (Bank for International Settlements) in Basel hat ihre eigene Polizei, eigene Gesetze und steht außerhalb der Schweiz. Oder? Ein geschickter Anwalt kann es uns vielleicht besser erklären, was da genau läuft und wie das funktioniert. Aber im Anbetracht der erdrückenden Fakten ist es schon komisch, nein stimmig, dass die Macht künstliche Gebilde nutzt, um vogelfrei über uns zu schweben.

Und es ist gewiss kein Zufall, dass im Jahre 1985 der Vatikan eine Münze prägen ließ, auf der ganz genau ein Flugzeug mit Chemtrail zu sehen ist.

Hier kann ich auch nur jedem raten, sich selbst zu informieren. Hier in U-Haft kann ich nur kurz anreissen, was ich gehört habe. Genau erzählen kann ich nur, wenn ich es selbst erlebt habe.

David Icke redet auch von dem satanischen Kult, von den Pädophilen unter der Elite. David hat es ausgesprochen, längst bevor es Pizzagate gab.

Wie es scheint, sind gewisse Familien die Schnittstelle zu dämonischen Einheiten. Und diese Dämonen verlangen nach Opfern und verleihen dafür irdische Macht. Oder anders gesagt: diese Dämonen handeln durch gewisse Personen hier auf der Erde. Und an unserem Leid nähren sie sich. Je mehr wir leiden, umso stärker werden sie.

Nun all das hatte mich dann doch nicht so ganz vom Stuhl gehauen. Mein baskischer Geisterheilerfreund Xabi erzählt ähnliches. Aber er erzählt auch, dass jene Dämonen auf dem Rückzug sind. Zumindest im Astral. Und dort muss es zuerst passieren, bevor es sich hier auf Erden manifestieren kann.

Doch noch schmücken die Dämonen hier in San Sebastián die berühmte Brücke der damaligen Königin Isabel II. Lauter kleine Drachen überwachen jeden Schritt. Ist das ein architekturhistorischer Zufall? Es ist zumindest kein Einzelfall.

David Icke hat mir geholfen gewisse Dinge zu sehen. Und er spricht alles an. Und wenn er für seine Dämonen oder reptiloiden Wesen ausgelacht wird, Xabi und ich verstehen ihn.

David Icke ist, so weit ich es beurteilen kann, authentisch. Wenn einer mir das Gegenteil beweisen kann und möchte, ich höre gerne zu.

❊

Aber nun sind wir in der Twilight-Zone angelangt und daher geht es weiter mit Harald Kautz-Vella. Oder kennen Sie den auch schon? Nun, wer ihn kennt, hat sich bereits sein eigenes Bild machen können. Wer ihn nicht kennt, wird nun zum ersten Mal innerhalb des Unsagbaren einem grenzwertigen Erlebnis begegnen.

Harald hat die Chemtrails voll in seinem Weltbild integriert, so wie auch die daraus entstehende Morgellons-Erkrankung. Hier bilden sich synthetische Organismen in unserem Körper, unter unserer Haut, aus den Bauelementen der eingeatmeten Nanotechnologie. Das ist der Alptraum auf Erden.

Am Ende geht es darum die Natur zu hacken, zu überschreiben, zu dominieren. Aus Menschen sollen Bio-Robots werden. Spirituelle Computer. Transhumanismus nennt man das. Ein gewisser Dr. Ray Kurzweil prahlt ja damit, dass dank Nanotechnologie das Weltall endlich mit Intelligenz durchzogen wird. Erst dann ist alles EINS. Ray, Wow! Was würden wir alle ohne Dich tun?

Ray nennt das ganz vornehm: Singularity. Und ich kotze gleich.

Zurück zum Harald. Harald erzählt auch gerne von Black Goo. Black Goo ist ein ölartiger Stein, der Bewusstsein trägt. Und Black Goo funktioniert wie der Spiegel des kollektiven Unterbewusstseins. Das irdische Black Goo speichert unsere Erfahrungen.

Doch irgendwann kam außerirdisches Black Goo dazu, und das hatte negative Erfahrungen gespeichert, denn es kam von einer Spezie, die ihren Planeten völlig zerstört hatten. Dieses negative Black Goo sorgt seitdem dafür, dass die traumatischen Geschehnisse von damals, als man den eigenen Heimatplaneten mal so richtig und komplett vernichtet hatte, sich nun bei uns wiederholen. Drama wiederholt sich ja immer. Es sei denn, man erkennt, man verzeiht. Nur Verzeihen und Lieben kann uns retten.

Mhm. Das Letztere, mit dem Verzeihen, habe ich schonmal irgendwo gehört, nicht?

Harald erzählt auch, dass es beim Falklandkrieg nur um Black Goo Quellen ging. Und: Kommt man in die Nähe dieses Steins, dann wird das eigene Herz eiskalt und empathielos. Die Waffen-SS hatte mit diesem Stein experimentiert. Und laut Harald wurde Black Goo in jeder Kirche mit eingebaut. Und der berühmte Schwarze Stein, der Kultstein im Zentrum der Kaaba in Mekka, sei aus Black Goo gemacht. Daher spürt man an religiösen Stätten EhrFURCHT und nicht so unbedingt Gottes Liebe. Die spürt man schneller und deutlicher im Wald.

Das ist so abgefahren, was Harald mit seiner seelenruhigen, selbstbewussten Art vorträgt, dass das noch eine Pille ist, an der ich zu verdauen habe und während ich das hier schreibe, habe ich keine andere Meinung, als Harald zu erwähnen und ihm seinen Platz zu geben. Ganz unsympathisch ist er mir nicht. Und ich bin mir sicher, dass die Zeit uns sagen wird, wo der Kern des Pudels verbuddelt war.

Nichtsdestotrotz, halte ich die Worte und Ideen des o.g. Ray Kurzweils für viel, viel irrsinniger, vermessener und durchgeknallter, als alles was Harald je gesagt hat. Was Ray Kurzweil mit seiner Singularity dank Nanotechnologie von sich gibt, ist kranker Größenwahn, doch dem hört interessanterweise unsere Wissenschaft, Politik und Welt zu.

Der ist sogar mittlerweile einer der ganz, ganz hohen Tiere bei google geworden. (Goo — gle??)

Ray will immer genau wissen, wo Sie gerade in diesem Moment hingucken ;-) Das allsehende Auge. Und Ray will in jedes Herz schauen, vielleicht weil er kein eigenes hat.

⁕

Weiter in der Übersicht.

Sehr populär auf dem alternativen Medienmarkt ist Ken Jebsen. Ken legt so oft gezielt und wortgewandt den Finger in unsere Wunden. Ken ist ein guter Redner.

Seine persische Herkunft gibt einen ganz neuen und berechtigten Blick auf das Israel von heute (es geht nicht um die Juden, es geht um die israelische Regierung). Dass Ken eigentlich Moustafa Kashefi heißen soll, damit kann ich leben. Dass er den Geburtsnamen seiner Mutter annimmt, um dem deutschen Ohr besser zu gefallen, kann ich sehr gut nachvollziehen. Aber ich kann nicht verstehen, wieso Ken so hartnäckig bei dem Thema Geo-Engineering wegschaut. Er geht auch auf keinen Kommentar ein. Und das stinkt bis zum Himmel. Ich hoffe Ken, dass Du Dich in diesen Tagen zu diesem Thema noch äußerst, denn für den überwiegenden Rest Deiner Arbeit bewundere ich Dich!

ACHTUNG, FERTIG, NACHTRAG! … geschrieben am 01.11.2017:
Keine drei Monate nach der Veröffentlichung dieses Buches hier hat Ken Jebsen in seinem Beitrag „Me, Myself and Media 38 - Kapital-Diktatur" das Unsagbare gesagt! Und zwar leicht verständlich für alle und mit seiner so eigenen und typischen Ironie, dass ich einfach nur „Danke Ken !!" sagen konnte.

Dank Ken wird nun dieses Thema von noch mehr Menschen beachtet, und zwar von all denen, die sich zwar alternative Medien anschauen, aber eben keine „spinnerten" Verschwörungstheorien.

Und mir war es sehr wichtig, den Nachtrag so schnell wie möglich nicht nur aufzuschreiben, sondern auch in den Handel zu bringen, bevor Nikolaus und Knecht Ruprecht die Plätzchen backen und die Päckchen packen. Es ist ja bald wieder so weit!

Und falls noch einer der hier Erwähnten auch als wonniger Strahlemann zwischen den Rauschgoldengelchen frohlocken und schwelgen will, das geht ganz einfach: selbst denken, Mut haben zu sagen, was man selbst gedacht hat. Und sobald ich es erfahren habe, setze ich gerne einen neuen Nachtrag hier ins Buch.

Ende Erster Nachtrag.

*

Seit geraumer Zeit gibt es im Facebook „Jung&Naiv". Tilo Jung sitzt mit Kamera und Mikrofon in fast jeder Presseerklärung der Bundesregierung. Und Tilo Jung punktet immer wieder, wenn er den Regierungssprecher Steffen Seibert beim Ausweichen und Verhaspeln ertappt und filmt.

Und da können einem der Steffen Seibert und seine Konsorten richtig leid tun. Aber nur für einen Moment, denn schließlich hat Steffen es sich selbst ausgesucht auf dem Stuhl des Regierungssprechers zu sitzen. Er hätte sich ja auch einen ehrlichen Job suchen können, aber darum geht es jetzt nicht.

Wer zum ersten Mal eine Sendung von Jung&Naiv sieht, kommt schnell zum selben Entschluss wie ich: der Herr Seibert ist ein stocksteifer Lügner. Und ja, auch ich bin sauer auf ihn, denn auch er hält es nicht für nötig auf meinen Brief zu antworten. Doch leider ist er in dieser Show nicht das einzige Problem.

Während der Herr Seibert sich die ganze Zeit nur verhaspeln muss und vermutlich deswegen schon gesundheitliche Konsequenzen zu tragen hat, macht Tilo Jung den frischen, cleveren Angreifer mit dem wir uns gerne alle identifizieren möchten.

Und so überraschte es mich nicht, dass ausgerechnet dieser nette Tilo in einer Selbsterklärung das ganze Chemtrail-Thema zu Humbug&Quatsch abgestempelt hatte. Na klar, er ist die facebook Version der Knuddel-Lusche.

Wieviele aufgeweckte Leute identifizieren sich mit jenem Tilo Jung?

Jede Menge, und alle meinen, sie seien flink im Kopf, und klar im Herzen. Heute sage ich, der Tilo Jung ist nichts anderes als ein Rayk Anders, Version 2.0. Die ganz Dummen lassen sich von Rayk die Welt erklären, und wer meint, es gibt mehr zu entdecken, der läßt es sich dann von Tilo erklären.

Aber in beiden Fällen grüßt uns die gecastete, eierlose Knuddel-Lusche. Sorry Tilo! Informiere dich mal aktiv, und überdenke mal, was Du da gesagt hast, und ich nehme meine Anschuldigung gerne zurück.

Angeblich finanzieren sich Naiv&Jung und auch Ken Jebsen über paypal. So zeigen sie es. So tun sie. Auch das kann ich mir nicht vorstellen. Rechne ich meine Zuschauer und Einnahmen auf deren Zuschauer und Einnahmen um, dann reicht es bei Tilo vielleicht gerade mal für die monatliche Stromrechnung, und bei Ken reicht es sogar noch für den feschen Haarschnitt dazu, aber die Miete zahlen mit ihrem alternativen Medienzirkus kann keiner.

Es sei denn, man hat einen mächtigen Sponsor gefunden, den es braucht, um mit Team und Technik auf Sendung zu gehen. Und da bleibt dann immer die Frage: wer war denn der Sponsor? Und will der Sponsor etwas dafür?

Alternative Medien will heutzutage noch keiner von uns bezahlen. Ich auch nicht. Daher können wir - alternative Medienmacher - einfach nur froh sein, wenn wir Aufmerksamkeit bekommen. Aber auf paypal bekommen wir nichts.

Das kannste knicken. Und das wissen Tilo&Ken auch.

⁂

Wen gibt es noch? Nun, jede Menge, und täglich mehr. Ich werde nur noch ein paar wenige nennen. Wer weiß, ob diese Liste in einer neueren Fassung länger wird.

Da gibt es dann noch das Alpenparlament von Michael Vogt. Der Michael war Journalist und Filmemacher und hat am eigenen Leibe erfahren, wie korrupt es bei uns in Deutschland zugeht. Er hat den Zaun gesehen. Oder die Mauer. Und das ist für einen Journalisten und Filmemacher der berufliche Tod. Man muss sich nur bewusst werden, dass da ein Zaun steht, das reicht schon und schon steht man auf der schwarzen Liste. Und raus ist man.

Das Perfide ist, oder andersrum gesagt: damals in der DDR wussten alle, dass sie einer Ideologie zu dienen hatten. Heute wissen wir das nicht mehr, man gaukelt uns vor, frei denken und reden zu dürfen. Wer aber dann ein paar ungewünschte Gedanken brütet und sich dann noch traut sie zu formulieren, ja der wird SOFORT aussortiert. Könnte ja sein, dass er die Herde infiziert.

Michael ist ein Aussortierter, der sich dann auf eigene Beine gestellt hat und mit dem Alpenparlament und dem Querdenken.tv interessante Treffpunkts für „out-of-the-box"-Denker gegründet hat. Natürlich ist sich Michael bewusst darüber, wie weit alles, also auch unser Klima manipuliert wird, und ich danke ihm dafür, dass er Zeit und Energie in dieses vitale Thema steckt.

⁂

Und jetzt zum Abschluss werde ich noch ein paar ganz fette Kühe schlachten, und zwar in einem Abwasch:

Assange, Wikileaks und auch Snowden. Hier gilt wieder die Goldene Faustregel: was im TV gezeigt wird, sollte man weder glauben noch essen.

Ich warte immer noch darauf, was Snowden und Assange zu 9/11 sagen. Oder zum Beispiel zum geplanten Bargeldverbot. War es nicht Assange selbst, der sagte, dass die 9/11 Truther (Wahrheitssucher) ihn mit ihrer albernen Verschwörungstheorie nerven würden?

Früher guckte man die Pro7 News, dann merkte man, dass das so nicht geht. Heute holt man seine Nachrichten bei Wikileaks. Am Ende ist Wikileaks auch nur ein Sender, so wie ZDF oder RTL, aber anders strukturiert, anders verpackt. Von hier erwarten wir uns, „wahrheitsgemäß" informiert zu werden.

Wikileaks sagt nichts über den absichtlich produzierten Klimawandel, sagt nichts zu den Chemtrails, sagt nichts zu der EMF Technologie, die bei uns im Vorgarten aufgebaut wird. Immerhin sagt Wikileaks was zu den pädophilen Verzwickungen der Podesta Brüder, die sich sehr nahe mit den Clintons stehen. Diese ganze Geschichte ist bekannt als Pizzagate.

Uns allen schien, dass Pizzagate auf Wikileaks die Wahlen in Amerika beeinflusst haben. Trump nutzte die Gunst der Stunde und versprach uns der Sache auf den Grund zu gehen. Emotionen und Erwartungen kletterten weit nach oben. Es war nur ein weiterer Trick uns das Gefühl zu geben, wir könnten Einfluss nehmen.

Nichts hat sich geändert. Donald macht das, was sonst Hillary gemacht hätte. Und Pizzagate ist zu einem weiteren youtube Selbstläufer geworden, wo sich die Wissenden dran leer eifern, und die Unwissenden - die große Mehrheit - überhaupt keinen Schimmer haben, was da läuft, denn ihr Präsident redet ja nicht mehr davon.

⁜

Nun, es gibt noch eine Quelle im Internet, die davon redet, und zwar schon seit den 80ern, und die muss jetzt erwähnt werden, auch wenn sie keine eigene Webpage hat, aber sie hat ein Buch geschrieben. Die Rede ist von „TRANCEformation of America“ von Cathy O'Brien. Das Schlimmste, was ich je gelesen habe.

Das erste was wir lesen ist, wie Cathy im Säuglingsalter, wenn sie Hunger hatte, und nach Nahrung schrie, den Penis ihres Vaters in den Mund geschoben bekam. Und da ihr Vater sowieso behördlich erfasst war, war er auch bereit gegen ein gutes Geld seine Tochter der CIA zu überlassen, wo sie dann weiter erforscht bzw. ausgebildet wurde.

Die Rede ist von MK Ultra. Trauma-based mind control. Und da Cathys Seele von klein an einen großen Sprung hatte, war sie gutes Menschenmaterial für kranke Spiele. Cathy wurde zur Präsidenten-Sklavin erzogen. Als sie in der dritten Klasse war, hatte sie der werdende Präsident Gerald Ford gefickt. Als junge Frau war sie dann die Sklavin von Ronald Reagan gewesen.

Es ist einfach nur völlig abstoßend, was Cathy zu erzählen hat. Und man kann nur hoffen, dass Cathy und ihre Geschichte nur eine Erfindung der chinesischen Propaganda sind. Aber es gibt in ihrem Buch ein paar heute relevante Anhaltspunkte, nur sie hatte das schon damals gesagt, Anfang der 80er.

Aus Cathys Berichten geht deutlich hervor, dass im Weißen Haus, hinter verschlossener Türe, sobald man unter sich war, Ronald Reagan nichts zu sagen hatte. Der hat einfach nur mitgespielt. Aber die treibende Kraft war George Bush

Sr. und sein komischer Freund Dick Cheney. Die hatten das Sagen. Und die waren die ganze Zeit auf Heroin. Übrigens, mit Heroin kann man sehr alt werden, wenn man Zugang zu reinem, sauberen Stoff hat. Und den haben nur die wenigsten.

Cheney veranstaltete auch gerne das „allergefährlichste Spiel", dort lud er die Elite ein, in einem Privatwald jagt auf nackte Kinder zu machen. Natürlich kennt Cathy auch Bohemian Grove, dort war sie als „Unterhalterin", und Cathy kennt noch so manch andere Sauereien. Wer sich den Tag verderben will, kann das alles in ihrem Buch nachlesen.

Diese kranke Welt der Mächtigen, die Cathy beschreibt, die gibt es tatsächlich. Auch das weiß ich aus erster Hand. Ich kenne eine zersprungene Seele, die das überlebt hat. Auch sie wurde zunächst von ihrem Vater und dann von all seinen Freunden, allesamt wichtige, mächtige Männer, über mindestens zehn Jahre hinweg in Ritualen vergewaltigt.

Das geschah in irgendeinem Schloss, danach wurde sie mit dem Helikopter in ein Krankenhaus geflogen, wo der Chef-Arzt Teil jener Gruppe war. Dort flickte man sie wieder zusammen, dort konnte sie sich endlich wieder sicher fühlen. Von ihr hatte ich bereits geschrieben in meinem Text TABULA RASA (finden Sie übrigens in meiner digitalen Online-Sammlung). Und von ihr kann ich auch nur sagen: es ist die Tiefe ihres Seelensprungs, die mir verrät, dass sie mich nicht belogen hatte, als sie mir damals ihr „kleines Geheimnis" anvertraut hatte.

Und jetzt das Krasseste an Cathys Memoiren: sie erwähnt die Clintons. Und die Clintons kannte man damals noch gar nicht. Die waren noch zu jung und zu unbekannt, zumindest für die breite Masse. Doch Cathy nimmt sich in ihrem Buch viel Zeit für die Clintons. Sie sagt, der Bush Sr. hat sie aufgebaut, weil er wusste, dass die Wähler irgendwann wieder einen Demokraten als Präsidenten sehen wollen. So wird es uns verkauft.

Tatsächlich sind Clintons und Bushs Sportsfreunde, sie misshandeln kleine Kinder für den selben Verein. Und es war besonders Hillary vor der Cathy Angst hatte. Die Clintons haben wohl keine Sauerei ausgelassen, um dabei sein zu können, in jenem engen Kreis der absoluten Macht. Das sagte Cathy dreißig Jahre vor Pizzagate.

Wer starke Nerven hat, kann an der Stelle noch ein bisschen buddeln. Auf jeden Fall sind solche scheußlichen Geschichten kongruent mit dem mutwilligen Zerstören unserer Lebensgrundlage. Ob man einem Kind durch Trauma die Seele fragmentiert oder unseren Gencode mit Nanotechnologie hacken und überschreiben will, da ist ein und derselbe lebensverachtende Wille am werkeln.

❊

Und jemand der sich ständig darum bemüht, dass wir das AUCH erkennen, mit dem Schwerpunkt auf all die Technologien, die es bereits gibt, um uns zu unterwerfen und auszulöschen, der uns mit knackig montierten Mini-Videos davor warnt, was man uns bereits alles antut, ist Ron Johnson von STRANGER THAN FICTION News.

Wer ist Ron? Ich finde es nicht raus, er sagt es mir nicht, obwohl er mir antwortet, denn er mag meine Videos, und ich mag seine Videos. Und damit ist zwischen uns schon alles gesagt.

❊

Und nun komme ich zum letzten und vielleicht wichtigstem Sprachrohr im Internet. Wichtig weil er die Chronik, also die Geschichte, zu jenen Verflechtungen erzählt hat, die James B. Glattfelder mathematisch bewiesen hat.

Andrew Carrington Hitchcock läßt in seinem Buch THE SYNAGOGE OF SATAN alle Fäden zusammen laufen. Auf der einen Seite empfinde ich aus meiner beschränkten Perspektive stimmig, was er sagt. Auf der anderen Seite wundere ich mich, wo er solch einen Wust an Informationen her hat.

Zu Deutsch heißt das Buch „Die Rothschilds - Eine Familienaffäre“. Leider ist die Übersetzung nicht so gut geworden, vielleicht nur von einem Fan gemacht, aber sie reicht aus, um sich eine Vorstellung zu machen.

Ich kann auf jeden Fall empfehlen das englische Original zu lesen, und zwar langsam. Und man sieht das Netz der Spinne, und man sieht, wo die Spinne her kommt. Und zwar aus dem Reich der Khazaren, das waren Satanisten, die sich unter dem jüdischen Glauben verstecken mussten. Seitdem ist das Judentum unterwandert. Seitdem gibt es den Talmud, der predigt, dass alle Gentils (also alle Nichtjuden) unterworfen oder ausgelöscht werden müssen. Die Juden die von jenen Khazaren abstammen, nennt man Ashkanazi Juden, und das sind die, die von da an bis heute die Geschicke unserer Welt lenken wollen.

Als Deutscher darf man so etwas weder sagen noch denken, dennoch fühle ich mich frei und berechtigt selbstständig zu denken, und das habe ich meinen Großeltern zu verdanken. Ich weiß, dass auf mir keine Schuld lastet, denn meine Großeltern haben sich nicht schuldig gemacht.

Nicht alle waren damals Systemlinge und Mitläufer, und noch viel weniger waren KZ-Wärter oder Gestapo-Spitzel. Natürlich hat es damals solche Charakterkröten gegeben. Und es gibt sie heute auch noch, sonst würde ich hier nicht alles aufschreiben müssen. Aber in meiner Familie, bei meinen Großeltern gab es keine Kröten und auch keine Knuddel-Luschen. Und vielleicht bin ich darum heute hier, um den Wein der Wahrheit auszuschenken.

Andrew legt sehr viel Wert darauf uns die ADL, die Anti-Defamation League zu erklären. Im Schatten des Holocaustes wurde sie gegründet, um all jene abzustrafen, die das jüdische Opfer in Frage stellen. Aber das ist nicht alles. Die ADL ist jene Zentrale, die uns sagt, was geht, und was nicht geht. Wer Opfer ist, und wer Täter ist. Die ADL hat mittlerweile die Deutungshoheit an sich gerissen und wurde von den Rothschilds gegründet und finanziert.

Andrew redet auch vom Mossad, und wie deren Motto „führe Krieg durch täuschen" ist. Und Andrew sagt, dass der Mossad den CIA kontrolliert, der CIA beim Mossad aber nicht in die Bücher schauen darf. Schon komisch, dass der amerikanische Präsident auf seiner Limousine Israels Flagge hat, jenes Hexagramm, Symbol der schwarzen Magie, und ursprünglich war es rot, denn es ist das Rothschild Familienwappen. Aber deren Medien erklären uns, es sei der Davidstern.

Andrew sagt, dass die Rothschilds den Holocaust gezündet haben, um die Juden nach Israel zu treiben. Und dass um so mehr das jüdische Volk leiden musste, um so besser es für die Familie Rothschild sei, denn die schlachten dieses Leid geschickt aus, um hinter dem Schutz des sogenannten und von ihnen eingeführten „Antisemitismus" skrupellos ihren Weg des Ausbeutens gehen können.

Und die ADL sorgt dafür, was die offizielle Version in den Geschichtsbüchern ist, nicht nur damals beim Holocaust, auch bei 9/11 oder heute beim Klima und was am Himmel passiert. Die Hand, die uns unsere Geschichte schreibt, ist höchstwahrscheinlich die selbe. Und diese Hand rammt uns solange ihre Version in den Hals, bis wir sie alle geschluckt haben. Wer anders denkt, wird aussortiert, weggeschrieen oder klein geprügelt. Mich würde es nicht mehr überraschen, wenn wir irgendwann erfahren, dass die SOKO Aluhut ein kleiner Neffe der ADL war. Verwandte Methodik haben sie und gewiss auch verwandte Sponsoren.

Auf Andrews Seite sieht man dann auch interessante Beiträge über Chemtrails und HAARP. Ich bin geneigt zu sagen, bei Andrew finden wir des Pudels Kern. Aber auch hier sage ich wie immer: ich berichte nur, was ich von meinem Wachturm aus sehe.

Und das erste waren meine eigenen Fotos, und meine eigenen Zeitrafferfilme vom Himmel. Und seitdem suche ich denjenigen oder diejenigen, die groß genug sind, solch ein großes, globales Verbrechen stämmen zu können. Dafür braucht man ohne Ende Macht, und man muss an einer sehr zentralen Stelle stehen, am besten man versteckt sich so weit oben an der Spitze, dass es den

Leuten sofort schwindelig wird, sobald sie versuchen nach oben auf die Spitze zu schauen.

Für mein Empfinden, und das baut sich auf all meine Forrest Gump Momente und die über 23.000 Fotos vom Himmel auf, ist es schlüssig, was Andrew uns in seinem Buch über die nette Familie R. ursprünglich aus F. am Main erzählt.

Und dass dieses Buch verboten bzw. tabuisiert wird, dass man deswegen auf jener ranzigen Nazi-Liste landet, nur weil man darüber spricht, macht es nur noch viel schlüssiger.

⁂

Na gut. Das waren meine bescheidenen 5 Cents. Meine kleine Programmübersicht hört hiermit auf. Zumindest eins sollte uns jetzt schon allen klar werden: die Zeit, sich von Nachrichten passiv berieseln zu lassen, ist ein für alle Mal vorbei.

Wer immer noch glaubt, dass Reuters echte Nachrichten liefert, glaubt auch dem Troll, der uns sagt, youtube Videos sind keine Quellen. Der hat dann den Stacheldrahtzaun, der ihm durch seinen Verstand gezogen wurde, noch immer nicht bemerkt. Denn so einen Stacheldrahtzaun merkt man nicht, wenn man sich kaum bewegt.

Wenn Sie echt was wissen wollen, dann müssen Sie sich die Informationen aktiv selbst suchen gehen. Heutzutage muss man ja nicht mehr den Stau bis zur Stadtbücherei über sich ergehen lassen, und dann ein teures Parkhaus bezahlen, nur weil man in alten Büchern etwas nachschlagen will.

Heute kann man alles online machen - aber bei allem, was Sie lesen und hören, lassen Sie es erstmal sinken, bevor Sie es vergöttern oder verteufeln. Ein Tröpfchen Zeit hilft immer die Dinge besser zu verdauen. Erst Recht, wenn unsere Emotionen so hoch geschaukelt werden, wie es passiert, wenn man all das zum ersten Mal erfährt.

Bevor Sie dann die Heugabel rausholen, um jemanden zu lynchen, schlafen Sie besser nochmal eine Nacht darüber, und morgen erkennen Sie dann, dass es reicht, wenn wir es alle wissen. Gewalt kann man nicht mit Gewalt beenden. Verschenken Sie lieber mein Buch weiter und zwar gleich mehrere Kopien an mehrere Freunde. Und wenn Sie keine Freunde haben, dann schenken Sie mein Buch dem örtlichen Polizeipräsidenten. Der freut sich gewiss mal über ein anderes Geschenk, als die üblichen Krawatten, Zigarren und Socken.

⁂

Kapitel 27

Das Deutsche Erbe

Dank meiner Großeltern hat der Krieg uns nicht all zu sehr traumatisiert. Und mein Vater war in jenen Jahren nur ein kleines Kind. In meiner Blutlinie geschah nichts, wofür man sich hätte schämen müssen. Es gab bei uns keine Nazis, keine Mitläufer, keine Mörder. Und dafür bin ich dankbar.

Denn als während meines Heranwachsens, Jahr ein Jahr aus, immer wieder auf der kollektiven Schuld rumgedrückt wurde, da stand ich immer ein bißchen daneben. Dieser Druck hatte mich nie so ganz erreichen können. Ganz im Gegenteil, meine Großväter erfüllen mich mit Stolz, und ganz besonders viel Affinität spüre ich zu Otto Dabringhaus, der Senatspräsident war, vor Hitler, mit Hitler, nach Hitler. Nicht käuflich, gerecht und beharrlich. Er war eine Art Gandhi. Manchmal bilde ich mir ein, ich bin es ihm schuldig, nun dies hier zu tun.

Aber auch in meiner Familie stellte man sich laut die Frage: Wie war so etwas überhaupt möglich?

Darüber wunderten wir uns alle, aber immer erst im Nachhinein. Mit dieser Frage bin ich in Deutschland aufgewachsen, sie lag wie ein Kreuz auf mir und auf all denen, die im Schatten des Krieges ihre Kindheit hatten. Und so schauten wir alle ständig zurück und fragten uns immer wieder: wie war das denn überhaupt möglich? Wie konnte so etwas geschehen?

Diese Frage war so allgegenwärtig und so laut, und wurde so am Leben gehalten, dass man damit zwei ganz simple Wegweiser in den Kompass unserer geistigen Nachkriegsverwirrtheit gemeißelt hatte:

Der erste: wir sind schuldig, ja sind wir, und wir haben es nie vergessen.

Und das führte dazu, dass die Deutschen zu den ganz wenigen Völkern gehören, die ihre Schuld analysiert, eingestanden und verarbeitet haben. Und das ist der gute Aspekt.

Die Deutschen haben aus ihren Fehlern gelernt. Das merkt man gerade dann, wenn man in einem Land lebt, was selbst noch sehr nationalistische Tagträume hat, wie zum Beispiel die Basken. Könnte es sein, dass Nationalismus die Kinderkrankheit eines Volkes ist? Wer die Masern hatte, kriegt sie so schnell nicht nochmal. Vorher kriegen es die anderen.

Dass wir dazu gelernt haben, weiß mittlerweile die ganze internationale Gemeinschaft. Obwohl da ja ständig immer noch ein bißchen Schuld auf uns drückt … und zwar immer dann, wenn einer mal wieder kostenlos deutsche Atom U-Boote geschenkt haben will.

Da ist das dann mit der Schuld so wie mit der zerbrochenen Nase von meinen Kindheitsnachbar Peter. Man musste ihm nur ganz leicht auf die Nase tippen und schon hatte man ihn auf die Knie gezwungen. Uns muss man auch nur ein bisschen auf die Schuldbeule drücken und schon spucken wir U-Boote, Panzer und Milliardenbeträge aus.

Leider wurde diese Frage um die Schuld so ins Absurde und Extreme gezerrt, als Knebel, als psychologischer Maulkorb missbraucht, und so peu a peu gelang es, das ganze Volk im Schwitzkasten zu halten, weit runter gebeugt und mit nacktem Arsch nach oben. Ready to get fucked.

Und wer versucht, sich aus diesem Schwitzkasten zu befreien, wird direkt Nazischwein genannt. Leider gibt es ja genügend Deutsche, besonders in der Politik, die es sich in dieser gebeugten Position außerordentlich gemütlich eingerichtet haben.

Denn in diesem Schwitzkasten gibt es ganz klare und einfache Regeln: wir wissen ganz genau, wo das Böse ist, und wo es nicht ist. Und damit wir das nie vergessen, werden wir von unseren - *freien* - Medien im Schnitt hundertsiebenunddreißig Mal am Tag daran erinnert.

Diese Zahl ist keine Erfindung sondern täglicher Fund, wie zum Beispiel eines Tages in der Wochenzeitung DIE ZEIT. Dort gab es mal auf der Titelseite eine Pornodarstellerin zu sehen und die klaffende Überschrift: VON AUßEN PORNO UND INNEN PRÜDE.

Das Spezialthema jener Ausgabe war die moderne Sexualität in Deutschland. Schon lange gebe ich kein Geld mehr für unsere Schundpresse aus. Aber ich wartete auf einen Anschlussflug und DIE ZEIT wurde mir von der Lufthansa geschenkt. Und der geile Struller in mir stürzte sich direkt auf das ganze Wortgewichse.

Was meinen Sie wie oft ich zwischen Lecken und Blasen an die SA, ihre Schergen oder die Gestapo erinnert wurde? Circa dreimal pro gedruckte Seite. Das hatte mich echt völlig verwundert, dass da selbst im pornographischen Zusammenhang Hitler immer noch ohne Ende punktete. Das wirkte teilweise so aufgepfropft, dass ich vor meinem inneren Auge die Redaktionssitzung sehen konnte: „Meyer, was Sie da über die Klitoris schreiben, das ist ja schön und gut. Aber können Sie nicht eine Brücke zu Goebbels oder Himmler bauen? Beim Sex fühlen sich doch so viele schuldig, da müssen mir nachlegen. Sie wissen schon."

Hab ich zu viel Fantasie? Wer weiß.

Was wichtig ist bei dieser ganzen Schuldzuweiserei, dass man das Rollenspiel erkennt. Es gibt den Zurechtgewiesenen und es gibt den Zurechtweisenden (siehe ADL). Der Zurechtgewiesene, der an seinen Fehlern lernt, wächst in eine gute Richtung. Beim Zurechtweisendem kann man nicht unbedingt vom gesunden Wachstum reden. Bei dem wächst nur der Hunger, noch mehr Menschen zurechtzuweisen.

Und das geht dann so lange, bis der Zurechtweisende an sich selbst platzt und dann selbst zurechtgewiesen werden muss.

Alles wiederholt sich. Doch mit jeder Runde wird der Schrecken und das, was man daraus lernt, größer. Das ist die heilige Geometrie des Universums. So ist das Schneckenhaus aufgebaut. So ist unser Leben aufgebaut.

Der zweite Wegweiser, den man uns ins Bewusstsein schnitzte, ist, dass nun genau definiert ist, wo und wann das Böse war. Wir lernten es in Raum und Zeit zuzuordnen. Und heute wissen wir, es war damals in Deutschland. Und niemals im Jetzt, und niemals bei den Leuten, die uns geholfen haben, wieder auf die Beine zu kommen, und die uns so liebevoll wieder gedeihen ließen.

Jetzt haben wir ja endlich Freiheit. Und zwar XXL. Und der Chor jauchzt YES WE CAN. We are the world, we are the children. Fähnchenschwänken macht endlich wieder Spass. Gesponsert von unseren netten, multinationalen Getränkeherstellern und Sport-Event-Veranstaltern.

Ich kann keinen weiteren Holocaust-Film mehr ertragen. Schindler's Liste hätte der Schlusspunkt sein sollen. Aber nein, regelmäßig wird ein neues

Holocaust Drama inszeniert, und es wird sogar in manchen Fällen Richtig Geld damit gemacht. Dass man mit guten Filmen Geld macht, ist normal. Nicht normal ist, dass - wenn man bis auf ganz wenige Ausnahmen Hollywood glaubt - Deutschland angeblich nach wie vor den Weltmeister-Pokal für den größten Krieg, das allergrößte Genozid und die größte Sauerei aller Zeiten im Schrank stehen hat.

Geht es darum, eine schreckliche Diktatur zu zeigen, oder einen Bösewicht, unterstützt von einem treudoofen, verblendeten Volk, dann ist Deutschland nach wie vor die Nummer 1. Zumindest auf der amerikanischen Kinoleinwand.

Sowohl Josef Stalin als auch Mao Tse-Tung haben kurz um jenen Pokal gewetteifert, aber nein, sie konnten den Pokal den Deutschen nicht abluchsen. Es gelang ihnen nicht. Und das obwohl sie quantitativ - um ein paar Milliönchen Opfer - unseren Adolf übertroffen hatten. Aber nein, es reichte ihnen nicht für den ersten Platz unter den Superschurken mit ihren bösen Schergen. Sie blieben unbeachtet, ihre Massaker wurden relativ schnell vergessen, sie hatten eben nicht die nötige Rückendeckung der ADL.

Es wird immer deutlicher, wer uns die Geschichte erzählte. Und es ist gut, dass wir die Opfer nie vergessen, aber dazu gehören die anderen Opfer auch. Aber die sind für die ADL wohl nicht interessant.

Und mit dem Film DENIAL mit Rachel Weisz ist das Zwiebelchen des Nichtvergessens in die nächste Schale gerutscht. Nicht nur, dass man uns an den Holocaust nochmal erinnert, sondern nun per Hollywood auch denen direkt eins auswischt, die heute die offizielle Version zu all den schrecklichen Geschehnissen von damals in Frage stellen.

Zum Schluss noch eine kleine Anekdote aus allererster Reihe, und vielleicht einer meiner spektakulärsten Forrest Gump Momente überhaupt:

am ersten Dezember 1994 traf ich zu einem Interview Richard von Weizsäcker, er hatte just sein Amt als Bundespräsident verlassen. Ich hatte für eine dänische Produzentin all die Personen interviewt, die Axel von dem Bussche kannten. Es gab über vierzig gescheiterte Attentate gegen Hitler. Nur zwei davon waren sogenannte Kamikaze-Attentate. Und eins davon wollte Axel machen, doch er kam nicht dazu, denn er verlor an der Ostfront ein Bein. Axel überlebte den Krieg, von ihm kam der Ausspruch „von der Schuld überlebt zu haben", und Axel war lebenslänglich der intimste und beste Freund von Richard.

Wie oft wurde unser Ex-Präsident zu seiner Amtszeit von unserer ADL gesteuerten Gutmenschen-Presse wegen seines Vaters angegriffen? Man warf ihm vor, dass er damals als junger Jura-Student seinen eigenen Vater während der Nürnberger Prozesse verteidigt hatte. Schließlich war er der Sekretär von dem Nazi-Außenminister Joachim von Ribbentrop. Wie oft musste Richard sich für seinen Vater rechtfertigen und entschuldigen?

In den ersten Sekunden unserer Begegnung spürte ich seine Angst, ich könnte ein weiterer sein, der neuforsch mit lästigen Fragen zu seinem Vater auftrumpft. Ja, der Herr von Weizsäcker hatte Angst vor mir, und wenn auch nur für den Bruchteil einer Sekunde.

Als er erkannte, es ging nur um seinen Freund Axel, taute er sichtlich auf. Er mochte es sogar, dass ich mich in die Schuhe seines besten Freundes gestellt hatte, um von dort über Dinge zu reden, die ich von Axel nicht mehr hören konnte, denn der war wenige Monate vor dem Interview und Drehbeginn verstorben. Herr von Weizsäcker und ich hatten dann ein herzliches, intensives Gespräch.

Und damals wusste ich noch nichts davon, dass unter Anderem der leibhaftige Prescott Bush die Konzentrationslager der Nazis finanziert hatte. Seine Söhne und Enkel wurden noch nie öffentlich darauf angesprochen. Und George Walker und George Junior kennen auch nicht diese Angst, die Richard sein Leben lang kannte, wenn man auf seine Familienvergangenheit angesprochen wird.

Tja, Geschichtsbücher wurden immer schon von den Siegermächten geschrieben. Und wer verliert, trägt nun mal eben die ganze Schuld.

Wenn auch Prescott Bush die Konzentrationslager vorfinanziert hat, so waren es deutsche Hände und deutscher Eifer, die diese Einrichtungen betrieben haben. Und das ist traurig genug. Aber jetzt mal echt, können Sie es immer noch nicht sehen, wie man uns langsam aber sicher geknebelt hat?

Dass Deutschland heute so unter dem Joch eines degenerierten, eierlosen Selbsthassers steht, dass liegt nicht an der Schuld den Krieg gestartet zu haben, sondern vielmehr an der Tatsache den Krieg verloren zu haben und der daraus entstandenen Schuldzensur der ADL.

Von Anfang an wußte man, wie die Kuh zu melken ist. Und wer was dagegen hatte oder sagte, wurde direkt zum Antisemit und kam auch auf die Melkliste. (Lesen Sie bitte unbedingt das Buch von Andrew Carrington Hitchcock. Bei ihm steht genug, damit der erste Weltfrieden ausbrechen kann, aber das will man nicht, und wieso nicht, erklärt er auch).

Ich sage es nochmal ganz deutlich, für all die Gutmenschen, die mich nun zu gerne als Nazi abstempeln wollen: ich bin kein Holocaust Leugner. Das damals schreckliche Dinge in Deutschland und von Deutschland aus passiert sind, läßt sich nicht leugnen.

Aber Holocaust ist eine Industrie geworden. Sehr detailreich und aufschlussreich ist das Werk von Gerard Menuhin „Wahrheit sagen, Teufel jagen". Hier erzählt uns ein Jude, wie die ganze Holocaust-Industrie aufgebaut wurde, und was man damit erreichen konnte. Und selbst er sagt, dass ein Opfer von 6 Millionen unmöglich gewesen wäre, und dass diese symbolische Zahl von 6 Millionen Juden in einem Holocaust geopfert, bereits lange vor dem dritten Reich in anderen Zusammenhängen genannt wurde.

Seit 1915 spricht man in den Medien (hauptsächlich New York Times) permanent von 6.000.000 geopferten Juden; und das Wort Holocaust taucht auch schon auf. Das ist keine Satire, das ist komplett vergessene Geschichte.

Die eine Sache ist, was ein Autor wie z.B. Andrew Carrington Hitchcock so von sich gibt. Kritiker können sagen, was der Mann schreibt, sind wirre Fantasien eines Möchtegernhistorikers. Alles nur Behauptungen. „So was kann doch jeder sagen!"

Die andere Sache ist, was in den Archiven alter Zeitungen zu finden ist. Und dass ab 1915 immer wieder von den 6.000.000 gefährdeten / geopferten / leidenden Juden gesprochen wird, ist schon ... HAMMER!

Wenn Sie es nicht glauben, dann schauen Sie sich bitte mal folgenden Beitrag an, er wurde sogar von dem russischen facebook VK gelöscht, und auf youtube fast überall blockiert, doch nur noch nicht in Spanien! So nutzte ich den Moment, um den Film herunterzuladen, und dann auf meine mega Sammlung hochzuladen. Das mache ich, damit Sie den auch in Deutschland sehen können. Also bitte zugreifen:

SIX MILLION JEWS 1915-1938. Suchen Sie im Ordner: Last Puzzle Pieces. Unterordner: Forbidden Knowledge. Der Film ist dort nur gelagert, zum Ansehen muss man ihn vorher herunter laden.

Woran liegt es nur, dass ich das Gefühl habe, dass die selben Leute, die uns erklären, wie der zweite Weltkrieg und sein Holocaust verlaufen sind, die selben Leute sind, die uns erklären, was am 11. September 2001 passiert ist, und es sind die selben Leute, die uns heutzutage erklären, dass der Klimawandel die größte Bedrohung überhaupt ist und wir endlich handeln müssen.

Aber dank meiner enormen Fotosammlung weiß ich, dass die letztere Geschichte, also die mit dem Wetter, bis zum Himmel stinkt und erlogen ist.

Also wie kann ich davon ausgehen, dass die anderen Geschichten, nicht auch stinken und erlogen sind? Oder zumindest schwer verzerrt wurden.

❊

KAPITEL 28

SO ETWAS TUT DOCH KEINER!

Naiara hatte mir Frühstück gebracht. Ich schlief auf einer Pritsche. Eigentlich schlief ich gut. Denn das Schreiben hier hilft mir meine Gedanken zu sortieren, und ist man erstmal sortiert und aufgeräumt, dann steht man fester im Leben.

Wie sortiere ich mich sonst noch? Schlafen ist immer wichtig, eigentlich das A und O. Schlecht geschlafen und meine Chance, in dieser Welt zu überleben, rutscht rapide in den Keller. Was auch hilft ist eine Stunde joggen. Oder schwimmen. Oder ein guter Fick. Oder einfach in den Wald gehen und die Natur wirken lassen. Manchmal hilft auch ein großer Schluck Killepitsch. Aber für mich bedeutet Sortieren ein RITSCH-RATSCH zu machen, d.h. sich lösen von allen störenden Gedanken, von allen Fremdeinflüssen. In seiner inneren Essenz wieder zu sich finden. Und da wartet unsere Kraft, und von da kann man einen neuen Tag mit Energie und Humor beginnen.

Selbst hier bei der Ertzaintza auf der Wache. Naiara brachte mir Toast mit Marmelade und einen Cafe con leche. Dadurch wurde ich wach.

Heute trägt sie ihr Haar offen. Mit Absicht? Ich finde es nicht so toll, zu dieser blauroten Uniform passt besser ein streng gebundener Knoten.

Naiara durchblättert meine Aufzeichnungen, ist beeindruckt, wieviel es bereits ist, zeigt sich aber nicht erfreut, dass ich alles auf Deutsch geschrieben habe. Dann verläßt sie wieder die Zelle. Grußlos.

Sie scheint mir sehr beschäftigt. Gewiss hat sie es noch mit anderen Kandidaten zu tun. Die anders drauf sind als ich. Den anderen bringt sie gewiss nicht das Frühstück. Und diese Vorstellung muntert mich auf.

Nun merke ich wieder, wie klein die Zelle ist. Und der Tisch so eng, dass ich das beschriebene Papier auf dem Boden ablegen muss, sonst wische ich es beim Schreiben mit dem Ellbogen vom Tisch.

Wenn ich schreibe, werde ich sehr intensiv und leidenschaftlich, auch in meinen Bewegungen. Denn ich lebe was ich fühle, ich fühle was ich denke, ich denke was ich schreibe. Ich schreibe was ich lebe.

⁜

Die Zuschauer auf meinem Repugnant Pilot klettern und klettern, mit jedem Unwetter kommt ein weiterer Bus voll neuer LIKES. Ich bin dabei, wenn Leute es entdecken, wenn sie zum allerersten Mal merken, was da los ist. Ich stehe dann neben ihnen, halte ihnen das Händchen und sage: du bist nicht alleine! So wie damals Olaf bei Jörg. Zwei Jugendfreunde. Jörg hatte seinen ersten Beischlaf mit einer Frau, Olaf war dabei und hielt ihm das Händchen. In Wuppertal war man nie alleine.

Genau wie beim ersten Beischlaf gibt es auch bei dem Unsagbaren ein Vorher und Nachher. Wenn man es erlebt hat, kann man nicht mehr zurück. Man kann dann nicht mehr sagen: „Ich kenne das nicht. Ich weiß nicht, was Sie da meinen."

Eines Morgens fand ich im facebook ein weinendes Mädchen, sie hatte es erkannt, sie wischte sich die Tränen weg und fragte mich dann: „Aber ich versteh das trotzdem alles nicht. Wieso besprühen die sich denn selbst? Oder sind die dagegen immun?"

„Ja genau!" mischte sich eine Alice ein, „diese Gifte werden schon seit ich denken kann über uns versprüht. Das sind auch Menschen, die das tun, sie atmen die selbe Luft. Aber wieso tun die das? … und wieso sollten sie nicht erkranken? Massenmord kann man auch einfacher haben, wieso dieser Aufwand?"

Das sind gute und wichtige Fragen, und mit ein Grund weswegen man es einfach nicht glauben will, dass es überhaupt passiert. Dass man so etwas überhaupt tut, kann man sich als normaler Mensch gar nicht vorstellen.

Doch nun, nach ein paar Jahren Erfahrung als Frontbeobachter, konnte ich den beiden Mädels meine vom Herzen gefühlte Antwort schreiben:

Das ganze Thema ist wie ein Zwiebelchen, es ist mehrschichtig. Ganz am Ende steht der slow death (schleichender Tod), eine geplante Entvölkerung. Es wird sogar angekündigt. Auch wenn es nicht von den Medien laut ausgesprochen wird, wurde es trotzdem angekündigt.

Und es wird angekündigt, denn nur so bekommen die Täter unsere Zustimmung. In den okkulten Logen weiß man, dass die Energie sich nur bewegen kann, wenn sie eingeladen wird.

Wenn man etwas ganz Schlimmes ankündigt, und keiner reagiert darauf, oder sagt etwas dagegen, dann ist das wie eine Zustimmung. Ja man könnte sagen, das ist wie eine Einladung. Erst holt man sich unser Einverständnis und dann kann das Schlimme eintreten und stattfinden. So wurden wir zu ahnungslosen Komplizen in deren düsterem Spiel.

Aber das will keiner wissen, genau so wie niemand die Ankündigungen sehen will. Nun, wer hatte sich schon die Mühe gemacht Hitlers MEIN KAMPF zu lesen?

Niemand. Und da wir ja sowieso kaum noch lesen, und wenn, dann nur ganz kurze Phrasen oder Sprüche wie im facebook, in Chinesischen Glückskeksen oder an der Klowand, und da man unser minimales Leseverhalten nicht nur kennt, sondern auch geprägt hat, hat man diesmal die Ankündigung viel knapper und kürzer gestaltet. Alles mit wenigen Worten auf den Punkt gebracht.

Diesmal ist es so kurz geworden, dass man alles auf einen Stein meisseln konnte. So wie bei einem Grabstein. Ja genau, von den Georgia Guidestones ist die Rede. Kennen Sie die nicht? Na dann mal bitte direkt googlen.

Wer googlet, findet. Riesengroße Steine stehen in Georgia auf einer Wiese und tragen eingemeisselt in zwölf verschiedenen Sprachen die neuen zehn Gebote für das AGE OF REASON. Zeitalter der Vernunft. Der wichtigste Punkt ist, dass um eine gute Balance mit der Natur zu halten, die komplette Erdbevölkerung nicht über 500 Millionen sein soll.

Im Namen des Naturschutzes müssen 7,5 Milliarden Menschen weg. Was macht man, wenn der Köter so ganz ganz viele Läuse hat? Man versucht es mit allen Mitteln.

Diese Steine stehen seit 1980 auf einem öffentlichen Grundstück im Elbert County, Georgia, etwa 90 Meilen östlich von Atlanta; und keiner sprengt sie in die Luft, keiner pinkelt drauf, und keiner spricht darüber. Bis auf die bösen Verschwörungstheoretiker.

Versuchen Sie doch mal solch einen großen Stein auf einem öffentlichen

Grundstück zu errichten, und dann gucken Sie mal, wie lange der stehen bleibt!

Erkennt man einmal das Ziel der Reise oder den Kern der Zwiebel, dann versteht man besser, was auf dem Weg dahin alles passieren kann oder soll: Insider können daran noch gut verdienen, an Katastrophen oder an neuen Krankheiten. Man nennt das auch ganz elegant „Biotec" oder „Biotech". Das H ist Geschmacksache, nicht jedoch der Inhalt.

Fragen Sie doch mal den Ehemann von unsrer Verteidigungsministerin Ursula von der Leyen. Der wird Ihnen sagen, dass BioTec eine ganz ausgezeichnete Investment-Möglichkeit ist. Man kann Aktien kaufen. Greifen Sie schnell zu, solange Sie noch leben!

Kleiner Einwurf: Mit dem Wort „Bio" hat man uns so richtig fett in die Hirse geschissen. Wenn Bio drauf steht, ist es automatisch gut für uns. Merken Sie so langsam, wie unsere Wahrnehmung manipuliert wurde?

Aber zurück zum Zwiebelchen, es geht weiter: nicht nur werden BioTec Aktien an der Börse für Reibach sorgen, sondern das ist auch der vorgeschobene Vorwand, um sich die Komplizenschaft der Gierigen zu sichern. Es geht noch weiter: es geht ums Beherrschen, Kontrollieren, Manipulieren, Unterwerfen.

Die Befehlsempfänger sind mal wieder nicht voll im Bilde, oder man sagt ihnen einfach, sie müssen das für die „nationale Sicherheit" tun und schon hüpft das Erbsenhirn los. Wie immer in der Geschichte sind militärische Befehlsempfänger meist nur dressierte Affen.

Und die, die ganz oben sitzen und es aushecken, haben gewiss ein Gegengift bzw. verfügen über eine Technologie, von der wir null Ahnung haben.

Aber bei dem Willen, den unsere Elite hat, wird diese Technologie zum Unterdrücken und Vernichten eingesetzt, und leider nicht zum Reinigen, Heilen und Schöpfen. Leider nicht zum allgemeinen Wohl. Es ist keine Frage der Technologie mehr. Es ist alles nur eine Frage der Absicht.

Aber zur Zeit herrscht noch die Absicht, dass Nanobots in uns eindringen, um unsere Genetik zu zerschneiden und anschließend umzubauen. Wir sollen biologisch Unterworfen werden, zwecks Kontrolle, aber alles geschieht nur zum Schutze der Natur, wie man uns sagen wird. Tatsächlich aber will man uns noch auf die Knie zwingen, bevor wir endlich abnippeln dürfen.

Früher gab es die Peitsche, heute die Nanotechnologie. Und damit unser

Verstand das Verarbeiten kann, dafür gibt es „MK Ultra". Achtung! Jetzt wird das Zwiebelchen für einen Moment transparent. Denn nun wissen Sie, dass Sie wissen.

Gutgläubigkeit, woher kommst Du? Wie oft wurde unsere Gutgläubigkeit missbraucht?

So etwas tut doch keiner! … kann man heute nicht mehr sagen. Man sollte besser fragen: Würde man es nicht tun, obwohl es die Möglichkeit dazu gibt? Wurden die Waffen erfunden, damit sie im Schrank liegen bleiben?

Wie der Mensch jetzt noch tickt, hat er immer alles, von der Steinschleuder bis zur EMF Technologie, nicht nur erfunden und entwickelt, sondern auch benutzt.

Und trotzdem erzählt man uns: So etwas tut doch keiner!

Nun, die Keinen, die es nicht tun, haben alle einen Namen. Es gibt Institute (WMO, IPCC, IASS etc), es gibt Personen (Al Gore, Bill Gates, David Keith, Ken Caldeira etc), die es uns schmackhaft machen, immer nach dem Motto: das ist zwar eine schlechte Idee, aber wir haben leider keine andere Wahl. Wir müssen Euch retten!

Es gibt ein Drehbuch. Die Geschichte läuft von oben nach unten. Zuerst wird unsere Wahrnehmung zurecht gebogen, die Medien stecken den öffentlichen Diskurs ab, und wer da nicht rein passt, wird aussortiert.

Und währenddessen wird die Himmelsbühne mit einem unsäglichen Schmierentheater überzogen, damit das nächste große Unwetter uns in Angst und Schrecken versetzt.

Der Mensch wollte immer schon Gott spielen. Das Ego bläht sich zum ersten Mal so sehr auf, dass daran alles zu zerplatzen droht.

Wir laufen unweigerlich auf einen großen Knall zu. Die Frage ist, kommt der von Außen und haut uns um. Oder kommt der von Innen und befreit uns?

⁜

Kapitel 29

Wie wird es gemacht?

Besprüht werden wir hauptsächlich in den NATO Ländern, regelmäßig vielleicht schon seit zwanzig Jahren. Wann das genau anfing, weiß keiner von uns. Es setzte so schleichend ein, dass es keiner kommen sah. Die ersten, uns bekannten Feldversuche gab es schon während des zweiten Weltkrieges und im Vietnamkrieg wurde dann diese Klimawaffe zum ersten Mal eingesetzt und hatte direkt durchschlagenden Erfolg.

Man schaffte es, den Monsunregen um fast fünfzig Tage zu verlängern, so dass der Ho-Chi-Minh Pfad, das war der Versorgungsweg der Vietnamesen, in Schlamm und Matsche versank. Die Auswirkungen waren so verheerend, dass die United Nations im Anschluss Klimawaffen für kriegerische Auseinandersetzungen verboten hatten.

Die Klimawaffe ist nicht neu, neu wäre, wenn Sie es dann endlich auch erkennen würden, dass es solch eine Waffe gibt.

Und neu wäre, wenn Sie sich nun mal diese Frage stellen: leben wir in einer Welt, wo „verboten“ mit „passiert nicht“ oder „gibt es nicht“ gleichzusetzen wäre?

Die Klimawaffe hat mehrere Komponenten, von denen ich gerade mal nur zwei kenne. Eine Komponente ist das Besprühen der Troposphäre oder Stratosphäre mit Nano-Partikeln. Und die andere Komponente sind die EMF Wellen, womit man dann die Nano-Partikel lenken oder aktivieren kann und, bei Bedarf sogar direkt die ganze Ionosphäre erhitzen kann.

Dafür brauch es dann größere Anlagen wie z.B. HAARP, - für all die, die HAARP (High Frequency Active Auroral Research Program) noch nicht kennen - es ist eine riesengroße Mikrowelle. Die bekannteste befindet sich in Alaska, und wieviele weitere es davon, auf dem Globus verteilt, gibt, weiß nur das Allsehende Auge auf der Spitze der Pyramide. Zu dem Thema der EMF Technologie komme ich noch später zurück.

Doch zunächst zur Sprühtechnologie, mein Fachwissen dazu ist sehr oberflächlich, denn ich bin kein Facharbeiter, Frau Merkel; aber das, was ich zusammentragen konnte, teile ich gerne:

Beim fliegenden Militär findet man nicht nur Bomber und Transporter, sondern auch Stratotanker. Das sind die fliegenden Tankstellen für Düsenjäger.

Ein häufig benutztes Modell ist die von Boeing gebaute KC-135. Zwischen 1955 und 1965 wurden 803 Stück davon für die USAirforce gebaut. Die meisten von denen sind immer noch im Einsatz. Vielleicht aber nicht mehr als Stratotanker. Denn interessiert man sich für diesen Blechvogel, lernt man schnell, dass the KC-135 has taken up various jobs over the years. Das heißt, die KC-135 ist eine Allzweckmaschine, die nach Belieben umgebaut und angepasst werden kann.

Mein Facebook Freund Wayne Casteen war im Mai 2017 auf einer Flug-Show in North Carolina und kam sehr nah an solch einen Flieger ran. Nun haben wir Fotos, wie an den Tragflächen, direkt oberhalb der Turbine, kleine Metallrohre, und wie es aussieht: nachträglich (!), eingesetzt wurden. Und just oberhalb der Turbine, dann brauchen die versprühten Substanzen nicht durch die Turbinen geleitet werden, und es sähe von unten trotzdem so aus, als wenn der „Kondensstreifen“ von den Triebwerken kommt.

Waynes Fotos habe ich natürlich direkt in meine Sammlung aufgenommen, sie sind ein gutes Beispiel, wie die kollektive Detektivarbeit funktioniert. Solange die Polizei wegschaut, müssen halt wir die Spurensicherung vornehmen. Hauptsache einer hält es fest.

Es gibt auch jede Menge Fotos vom Inneren diverser Flugzeuge, wo die Tanks mit den zu versprühenden Substanzen montiert sind. Neben der KC-135 wird auch die größere KC-10 „Expander“ gerne benutzt. Diese Burschen sind gewiss für die ganz fetten „Kondensstreifen“ zuständig.

Aber nicht nur das Militär sprüht, leider tun es auch die Linienflieger. Bei denen sind dann die Gifttanks bedeutend kleiner, und all die vorbereitenden

Maßnahmen, so wie das Betanken mit den Nano-Partikeln, bedeutend geheimnisvoller. Also, wer von der Airport-Crew betankt die geheimen Chem-Depots der zivilen Flugzeuge?

Könnte es sein, dass das Klopersonal, also die, die von Außen die Kacke abzapfen und frisches Spülwasser nachfüllen, auch die sind, die den kleinen Chem-Tank füllen?

So erzählt es Cara StLouis in ihrem „fiktiven“ Buch DIE SONNENDIEBE. (Merken Sie sich Cara, die taucht gleich nochmal auf.)

Und dieses Chem-Depot wird, wie ich vermute, über GPS aktiviert oder abgeschaltet. Der Pilot muss das nicht merken, der muss nur gucken, dass die Maschine gut landet, und dass die Crew auf Zack ist. Und manchmal muss eine Stewardess (oder - je nach Neigung - ein Steward) getröstet werden. Und das ist alles, was man von einem Linien-Piloten erwarten kann.

Ich sehe von meiner Wohnung aus die Pyrenäenausläufer. Und manchmal sieht man, wie alle Flieger am selben Breitengrad anfangen zu sprühen. Ich habe es sogar gefilmt. Und das hat nichts mit Druckunterschied zu tun, wie die Trolls uns erzählen. Aber es hat mit Druck zu tun, und zwar mit Knopfdruck. Jemand, und wenn es nur der GPS war, drückte auf ON und das Gesprühe ging plötzlich los. Und manchmal sieht man, wie zu Beginn die Chemdüse furzelt, erstmal kleine Wölkchen vereinzelt ausspuckt, bis dann - *wusch!* - der volle Strahl einsetzt.

Dank ZOOM Aufnahmen und der App „flightradar24“ wurde erwiesen und festgehalten, welche Fluggesellschaften an der Operation SLOW DEATH teilnehmen. Man hatte mal vermutet, dass an allererster Stelle die Billigflieger ihre Finger im Spiel haben. Es wurde gemauschelt, dass die sich damit sogar finanzieren.

Kein Wunder, dass man dann Flugplätze für nur 1 € verkaufen kann. Aber ich habe den Überblick verloren, ob Ryanair mehr sprüht oder die Lufthansa. Mir scheint, dass heute alle sprühen, weil einfach insgesamt mehr gesprüht wird. ALLE Flugzeuge wurden eingezogen. Marsch, Marsch! Alle an die Front. Auch alte Flugzeuge und die ganz, ganz kleinen auch. VOLKSSTURM 2.0, diesmal anders rum. Wer es nicht glaubt, braucht nur meine „best of“ Fotosammlung anzuschauen.

„Ist das denn überhaupt zu bezahlen?“, ist auch eine Lieblingsfrage, für all die klugen Zweifler. Ich sage dann immer gerne: wer die Geldpresse kontrolliert, kann alles bezahlen. Und die bezahlen nicht, was sie könnten, sondern nur das, was sie wollen. Der Kleine Mann kriegt davon nichts mit, auch nicht, wenn die Geldmenge aufgebläht wurde, um hinterhältige, feige Geheimoperationen zu finanzieren.

Aber selbst dann, wenn unsere eigene Vergiftung mit unseren hart erarbeiteten Steuerabgaben bezahlt wird, dann ärgern Sie sich nicht. Denn so teuer ist das alles gar nicht. Ray Kurzweil erklärt uns, dass Nano-Partikel in der Herstellung nicht teurer als Kartoffeln sind.

Und manche von diesen Nano-Partikeln oder Nanobots können sich angeblich selbst reproduzieren. Je mehr man liest, um so schlechter wird einem. Aber alle sind sich einig, dass eine Ladung Nano-Partikel nicht mehr Platz in Anspruch nehmen muss, wie ein Kilo frisch gemahlener Kaffee. Denn schon die winzigste Menge Nano-Partikel reicht aus, um einen großen „Fleck" im Himmel zu hinterlassen.

Mittlerweile ist noch eine weitere Variante des Besprühens amtlich geworden: die Nano-Partikel werden direkt dem Kerosin beigefügt, das Aluminium potenziert die Schubkraft der Turbine. Und das ist dann die Ausrede weswegen man es tut. In dem Fall würde dann die Spritwahl darüber entscheiden, ob heute gesprüht wird, oder nicht. Wer Kerosingate googlet, der findet es.

Und man findet auch im Internet die Lieferanten, die die Substanzen zum Versprühen herstellen, und da gibt es wirklich fast jede Zusammensetzung, die man bestellen kann. Nano-Partikel, Bakterien, Pilze, getrocknete Blutkörperchen, radioaktive Substanzen und noch weitere Sauereien, kann man sich alles nach Wunsch gemischt anfertigen lassen. Bei solchen Firmen ist man als Kunde noch König.

Aber selbst solch eine komplexe Geschichte wird irgendwann mal zur Routine.

Wie jedes Trickfilmstudio mindestens einen Mitarbeiter hat, der darauf achtet, dass bei Tom & Jerry Chemtrails auftauchen, gibt es gewiss in jedem Wartungs-Hangar ein paar geschulte Techniker, die wissen, wie man so eine Sprühanlage nachträglich in jeden beliebigen Flieger einbauen kann. Und wenn die Anlage einmal eingebaut ist, dann wird die von da an auch mit gewartet. Und gut ist.

Alle großen Firmen beschäftigen ihre Angestellten nach dem Need-to-know Prinzip. Der Mitarbeiter weiß nur das, was er wissen muss, um seine Arbeit zu machen. Den Rest nicht.

Wenn zum Beispiel eine Bank die Zinsen senkt, muss der Zweigstellenleiter das nicht verstehen, er muss es nur anwenden. Ob es nun das Kloteam war, die die Nano-Partikel im vollsten Bewusstsein nachtanken, oder im Glauben, das wäre Trockenseife, dass weiß ich nicht, und vielleicht war es ja am Ende doch der Gärtner, aber Spielarten, wie so etwas organisiert sein könnte, kann ich mir so einige vorstellen.

Und nur die Nr. 1 oben in der Spitze der Pyramide hat den Überblick. Je weiter man runter kommt, um so mehr Röhrenblick und Fachidioten gibt es.

Angenommen, es ist wirklich das Kloteam, die den Linienflieger betanken, wieviel Leute bräuchte man weltweit, um diese Nummer durchzuziehen? Und wieviel Flugzeug-Techniker müssen wir dazurechnen, um die Maschinen umzubauen? Und wieviel Lieferanten, die uns die Substanz zum Flughafen bringen? Und wieviel geheime Lagerräume für den frisch gemahlenen Kaffee?

Das ist alles recht überschaubar. Oder? Wieviel Tausende haben unter Tarnname Manhattan-Projekt an der ersten Atombombe mitgearbeitet? Und wir haben nichts davon gehört. Hundertfünfzigtausend haben unter strengster Geheimhaltung direkt oder indirekt mitgewirkt. Und erst als die Bombe hochging, haben wir es gemerkt. Aber vorher nicht. Wie war das möglich?

Ich sagte ja schon, dass Edward Teller, der Vater der Wasserstoffbombe, auch der Erfinder des Solar Radiation Managements ist. Doch Edward glaubte es selbst nicht, dass dies eine gute Idee sei, um uns vor der Sonne zu schützen. Also muss seine Idee noch für etwas anderes gut sein, nicht? Zum Vergiften reicht sie alle Male.

Noam Chomsky meinte vielleicht das, als er sagte: Die Leute wissen nicht, was man ihnen antut. Und sie wissen nicht, dass sie es nicht wissen.

Und es gibt noch weitere Sprühmethoden …

Nach 4 Jahren Himmelgucken und Facebookliken, kam ich noch an verschiedene Bilder und auch Filme, wo ein Flugzeug nicht zu erkennen ist, und trotzdem sprüht es wie Hulle. Ich habe extra einen Ordner angelegt THE UNKNOWN SPRAYER, denn es taucht immer mehr Material auf, wo man das Flugzeug nicht sieht, oder es flackert nur kurz auf, wie eine Projektion, und dann sieht man nur ein Licht, dass einen fetten Chemtrail ausspuckt.

Hologrammtechnik soll das sein, wird immer wieder kommentiert. Meine Reaktion ist dann immer: weiß ich nicht, mag sein, zeig es mir.

An einem Sonntag nachmittag im Dezember 2013 machte ich mit einer

Freundin einen Spaziergang in La Zurriola, das ist der Surferstrand von San Sebastián. Mir fielen vier parallele und äußerst tief liegende Chemtrails auf, die allesamt an der selben Stelle über der Stadt anfingen und allesamt über dem Meer abrupt endeten. Und die allesamt auf keiner üblichen Flugstrecke lagen. Ich schätze mal diese Trails waren nicht höher als zwei- maximal dreitausend Meter und sie lagen nebeneinander, wie mit einem Lineal gezogen. Und just dann sahen wir, wie ein fünfter Trail gezogen wurde. Ein rhombusförmiges, silbrig leuchtendes Objekt zog einen fett qualmenden Trail, bis zu jenem Punkt über dem Meer, und das Qualmen hörte auf. Und dann wurde der silbrige Rhombus unsichtbar. Richtig gelesen: unsichtbar. Plötzlich war er weg. In solchen Momenten tut es gut einen Zeugen dabei zu haben.

War das jene im Facebook beschwörte Hologrammtechnik? Oder sogar Cloaking, also die Technik etwas unsichtbar scheinen zu lassen? Oder war es doch nur eine Barium Release Rocket (Rakete zur Freigabe von Barium), die am Ende verglühte? Und wenn es das war, what the fuck macht eine Barium Release Rocket über San Sebastián? Womit haben wir das verdient?

Gibt es jetzt noch Fragen, zu dem „wie wird es gemacht"? Dann bitte googeln. Patente dazu gibt es ohne Ende. Eins sollte uns nun bitte klar werden:

Wir leben nicht mehr in einer Atmosphäre, wir leben nun im Plasma. Willkommen in der Zukunft! Mittlerweile ist unsere ganze Luft weltweit mit Nano-Partikeln gespickt. Die Sättigung ist an manchen Orten gewiss größer als an anderen, aber meinem Empfinden nach, nicht vergessen, dass ich nur ein empfindender Beobachter bin, ist der ganze Globus mit diesen künstlich erzeugten, mit Absicht versprühten Nano-Partikeln in Kontakt gekommen.

Und neulich habe ich gelesen, dass diese Nano-Partikel die Blut-Hirn Schranke problemlos überschreiten können. Und dann wurde an einer beliebigen pathologischen Hirnprobe festgestellt, dass wir die Nano-Partikel bereits in unserer Denkzentrale haben.

Nun gut, Nano-Partikel alleine, was können die schon machen? ... wundert sich jetzt der aufmerksame Leser. Bevor sie unsere Mikroäderchen verstopfen und für Alzheimer sorgen, kann man noch spannende Experimente machen, indem man die Nano-Partikel mit Elektromagnetischen Frequenzen (EMF) bestrahlt. Ich sag nur Mikrowelle. Wie zum Beispiel all die 4G Sendemäste. In jedem Stadtblock gibt es fünf, wobei einer alleine reichen würde, um 32 Kilometer Radius abzudecken.

HAARP, Nexrad usw. sind dann die militärische Version für die big boys. Plasma plus Mikrowelle funktioniert wie ein zwei-Komponentenkleber. So lassen sich dann Wolken im Himmelsplasma formen, und der Gemütszustand im Hirnplasma.

Was machen wir gegen solch eine komplette Invasion? Haben wir Antikörperchen wie bei den Viren?

Ich glaube wir haben Schutz, wenn wir in unser tiefstes Inneres gehen. Dort, wo der Lebensfunke herkommt, dort, wo Gott uns seine Hand reicht. Das ist stärker als die ganzen Manipulationen der 3D Welt, die langsam verkrustet.

Wie kommen wir an jenen tiefen, inneren Punkt, wo Gott uns die Hand reicht?

Ehrlich sein, zuerst zu uns selbst, dann werden wir automatisch ehrlich mit den Anderen. Dann erst finden wir Gott, jene Substanz, die uns das Leben schenkt.

Wir haben nun keine Wahl mehr, wir müssen jetzt lernen, dass Mind over Matter steht, dass der Verstand die Materie bewegt. Dass unsere Absicht alles ist. Und nur in liebender Absicht sind wir geschützt. Wenn sich diese Erkenntnis wie ein Feuer in unseren Seelen verbreitet, dann können wir loslassen, von der Last, die man uns aufzwingen will.

Und dann werden wir auch jene Technologie, die heute noch fürs Beherrschen und Unterdrücken verwendet wird, zum Heilen und Reinigen benutzten.

Und so wird es sein.

⁕

Kapitel 30

Social Engineering

Ein Kind, das sich nicht selbst den Hintern abputzen kann, wird sein Leben lang von einer Autorität abhängig sein. Oder auch: ein Pflegefall kann sich nicht wehren, und ist immer für jede Almose dankbar.

Die Rede ist von Social-Engineering. Bewusst gesteuerte Infantilisierung der Gesellschaft. Auch wenn man uns erzählt, es würde Spass machen, werden wir schrittchenweise unfähig, träge und unmündig gemacht. Unter dem Vorwand bequemer zu leben nimmt man uns alles ab, an dem wir hätten wachsen können.

Die Herausforderungen, die den Mann zum Mann und eine Frau zur Frau machten, wurden sukzessive aussortiert. Und vermischt. Denn nun dürfen Männer auch Frauen sein, das nennt man dann Trans-Gender, und - ganz neu - dürfen alte Männer auch kleine Mädchen sein. Das ist dann eine Mischung aus Trans-Gender und Trans-Age.

Ich finde das schön, dass jeder die Möglichkeit hat, so zu sein, wie er sich wohl fühlt. Aber muss ich es mir die ganze Zeit angucken? Interessant ist auch hier wieder zu beobachten, wie solche Themen, die vielleicht 0,2% der Bevölkerung leben, uns allen rund um die Uhr aufs Butterbrot geschmiert wird.

Mann ist Frau.
Hass ist Liebe.
Krieg ist Frieden

Und nun: Sommer ist Winter.

Während man uns die Worte und Werte verdreht und verbiegt, macht man uns wenigstens das Leben in der dritten Dimension leichter. Technologie beschenkt uns so viele Bequemlichkeiten. Aber Vorsicht, wenn man sich davon abhängig macht!

Rolltreppen verhindern, dass wir kräftige Bein- und Po-Muskulatur entwickeln. Es ist bedauernswert, wenn hübsche junge Mädchen sich ihr Gesäß von McDonald's designen lassen. Die XXL Trainingshose in Pink gibt es dann gratis.

Demnächst kommt die Drone, die uns die Einkaufstasche nach Hause fliegt. Wenn wir kein Smartfon in den Fingern halten, dann aber eine Fernbedienung. Wir sind ständig am Suchen und Wählen. Schnell & Sofort ist für uns wichtiger geworden als Ruhe & Tiefgang. Unser Leben ist zu einem einzigen Klicken und Zappen geworden. Der Daumen und seine neurologische Verbindung mit dem Hirn wird gerade neu definiert.

Aber bitte nur mit Sahne.
Nur für Ihr Glück.
Aber bitte nur mit Airbag.
Nur zu Ihrem Schutz.

Wer weiß heute noch, wie man einen Schaltwagen fährt? Mit der neuen Generation Autos weiß in fünf Jahren keiner mehr, wie man manuell in eine enge Parklücke kommt. Wir wissen auch nicht mehr, wie man einen Satz mit mehr als vier Worten schreibt. Unseren Gefühlszustand, von Lust, Langeweile bis Ärger oder Sorge kommunizieren wir mit den Emoticons. Diesen kleinen Smiley Gesichtern, die in meiner Jugend urplötzlich als Klebebilder auftauchten. Wurden wir auf die Reduzierung des Vokabulars genau so langsam darauf vorbereitet, wie auf die Streifen am Himmel?

Mit einem netten Smiley fing alles an und nun ist größtmögliche Vorsicht geboten: unsere Gedanken verleihen uns Macht. Aber was für Gedanken haben wir, wenn wir die Sprache nicht mehr beherrschen? Wenn unsere Kommunikation lediglich aus Daumen hoch, Grins oder Kotz besteht? Hat man dann noch Gedanken konstruiert aus klar strukturierten Sätzen? Oder sind wir dann wieder beim Jauchzen und Knurren angekommen?

Schaffen Sie es, diesen Zusammenhang zu sehen? Ich vermute schon. Wenn Sie es geschafft haben, mir bis hierhin zu folgen, dann gibt es noch Hoffnung.

Wenn man es einmal erfasst hat, wie wir geformt und geführt werden, dann wittert man sogar in einem vorfabrizierten Käse-Sandwich den geheimen Komplott uns wirklich jeder Fähigkeit zu berauben.

Vorfabrizierte Lasagne kaufe ich ja auch, denn Lasagne vorzubereiten ist recht aufwendig und im wahrsten Sinne des Wortes VIELSCHICHTIG. Aber ein Brot aufschneiden und Aufstrich dazwischen pappen, selbst das wissen heutzutage viele Super Marios und Marias nicht mehr, wie so etwas geht.

Und dazu hilft uns die letzte Sommermode so dabei auszusehen, wie unsere Idole aus der virtuellen Welt. Wenn dieser Trend weitergeht, dann ist zu befürchten, dass die große Maschine Mutter uns wieder an den Schnuller gewöhnt und Windeln obligatorisch werden. Und wer darüber lacht, wird an die Wand gestellt und erschossen, weil er nicht tolerant genug war, und das Anti-Diskriminierungsabkommen der NWO (New World Order) verletzt hat.

Aber darüber wird sich dann keiner mehr beschweren, denn Spass und Unterhaltung ohne Grenzen halten uns gefangen und beschäftigt. Der Mangel hatte uns damals im Osten auf die Straße getrieben. Und das ist ja Gott sei dank nun vorbei. Endlich haben ja alle Jeans und Kaugummi, und reichlich davon. Und wer was wird, der kann dann auch die ganz großen Kaugummis kauen. Aber niemand kann sagen: das hat es nicht gegeben. Nein, bei uns gibt es alles. Für jeden etwas. Und zwar im Überfluss.

Der Spasskonsument will nicht sehen, wie er langsam aber sicher zu einer fetten Biomasse umgezüchtet wird, die dann bei Belieben zum Platzen gebracht werden kann. Wenn es dann so weit kommt, falls es nicht schon längst so weit ist, hängen wir vollständig von der Gnade unseres nun totalen Systems ab.

Unsere immer wabbeliger werdende Biomasse, gespickt mit eingeatmeter oder geschluckter Nanotechnologie, und gesteuert durch die Mikrowellen der Sendemasten, die zu hunderten wie Pilze aus dem Boden geschossen sind, läßt mich nur eins befürchten: das wird kein schöner Anblick, wenn da einer auf den roten Knopf drückt und die Power kurz auf FULL hochschiebt. Überall platzende Fettflecken, … und ich bin einer davon.

Aber bis dieser Tag kommt bleibt uns noch kognitives Zucken, so wie ein Kaninchen, das bei gewissen Schlüsselreizen zuckt. Das ist dann egal, ob das ein Terroranschlag war, oder ein Sonderangebot im Lidl. Wenn es uns erregt, dann zucken wir, und rennen hin oder rennen fort.

Aber wir zucken nicht mehr, wenn uns Schranken den Zugang zum Bahnsteig verbauen. Das nehmen wir dann hin und kaufen artig den Fahrschein. Nur was passiert, wenn eine Mutter ihre zwei kleinen Söhne zum Zug begleiten will?

Das geht jetzt nicht mehr. Die beiden Jungs mussten den schweren Koffer alleine in den Zug hieven, die Mutter hatte keine Befugnis mehr auf den Bahnsteig zu gehen. Eine extra Genehmigung konnte man der Mutter auf die

Schnelle nicht erteilen, denn der Bahnhofsvorsteher war in Mittagspause. Kafka meets The Third Reich. Heute in Spanien. Ich war life dabei.

Und ganz neu - und was auch alle schlucken - Bareinzahlungen auf ein Konto sind bei manchen spanischen Banken nur noch bis 10.30h möglich. Und: Überweisungen von Girokonto zu Girokonto kosten in Spanien heute zwischen drei bis fünf Euro, will man einen Verwendungszweck angeben, kostet es acht Euro mehr, es sei denn, das Empfänger-Konto ist bei der selben Bank.

Also beschäftigt man sich in Spanien damit, das Geld von seinem Konto abzuheben, es dann in die andere Bank zu bringen, um es dort einzuzahlen. Denn fünf Euro Gebühr sind beleidigend, wenn man nur kleine Beträge überweist. Und dann kann passieren, dass man zu spät kommt, und das Geld nicht mehr einzahlen kann!

Der letzte Banker, bei dem ich was einzahlen musste, war cool. Ich kam zwanzig Minuten zu spät, ich erzählte ihm dann, dass ich in den Achtzigern bei der Sparkasse gearbeitet hatte und damals den Eindruck hatte, dass Girokonten dazu dienten, den täglichen Zahlungsverkehr leichter zu machen. Den Leuten zu helfen.

Und heute ist es genau umgegehrt. Die Bank macht was sie will, und der Kunde ist nicht mehr König, so wie wir es damals in der Sparkasse lernten. Heute schluckt der Kunde, egal was die Bank ihm vorsetzt. Und es ist ganz klar, dass der Umgang mit Bargeld immer komplizierter werden wird, und gewiss bald sogar illegal sein wird, denn wir steuern direkt darauf zu. Und daraus folgert, dass der Umgang mit digitalem Geld immer teurer werden wird. Denn wir werden immer mehr vom digitalen Geld abhängig werden, und sind damit jeder Willkür ausgeliefert. Und ganz teuer sind die Mahngebühren, wenn man keine Deckung hat. Aber das wissen nur die Leute, die in diesem Nintendo-Punkte System in der untersten Liga spielen. Auch das weiß ich aus allererster Hand.

Der coole Banker sah das auch so, zuckte mit den Schultern, dann erzählte er mir, dass er damals in den Achtzigern gegen die Sparkasse Saarbrücken Tennis gespielt hatte. Das waren noch Zeiten! Er sah dann ein, dass die technische Möglichkeit, Bargeld entgegen zu nehmen, auch jetzt, zwanzig Minuten später, immer noch vorhanden war, und ließ mich meine Einzahlung machen. Mann, was war ich froh, dass ich nicht morgen früh nochmal losziehen muss, um meine zwanzig Euro einzuzahlen. Wenn sich heute der Kunde als König fühlen darf, dann überkommt ihm direkt der Drang, vor Dankbarkeit auf die Knie zu fallen.

Noch nie war ein Imperium so perfide und absolut wie heute. Unser System, das es immer so gut mit uns meint, hat uns mittlerweile vollständig in Geiselhaft genommen.

Willkommen in der Matrix!

Aber noch ist das Spiel nicht vorbei. Noch sind wir nicht vollständig unterjocht. Noch können wir gewinnen. Noch kann ich das hier schreiben. Noch können Sie das hier lesen.

Und das ist ein Anfang. Zumindest im Kopf.

⁂

Kapitel 31

MK Durchblick

Die Eingriffe in unser Leben werden immer größer und immer weniger interessiert es uns. Das ist doch Paradox. Wie kann das möglich sein? Es sei denn, es gibt MK.

MK steht für Mind Control. Das K in MK kommt von Kontrolle, denn einer der Väter dieser schönen Disziplin war Deutscher. Es war Dr. Joseph Mengele.

Nicht alle Nazis waren schlecht, aber die wirklich schlimmen sind von den USA unter Operation Paperclip direkt wieder angeworben worden. Da waren schnell die Head-Hunter am Werk, die ließen sich solch große Talente nicht entkommen.

Aber ob es Mengele persönlich war oder nur einer seiner vielen Jünger, das weiß ich nicht. Doch erkennt man erst den Berg der Lügen, mit dem wir aufgewachsen sind, dann kann ich mir schon vorstellen, dass Mengele in den USA eine neue Betätigung fand als Dr. Green (Mr. White von Bond läßt grüßen), und ich kann mir sogar vorstellen, dass Hitler in Argentinien auf Aussteiger gemacht hat. Im Internet kursieren so einige „Fakten". Ich weiß es nicht, aber in Anbetracht der globalen Lage und des verschmierten Himmels würde mich auch das nicht mehr überraschen.

Die Nazis hatten zwei große Talente: Raketenbau und Mind Control. Und Mind Control gibt es nun überall, von sanft und soft bis MK-Ultra und tödlich. Von einem einfachen Werbeplakat an einer Litfasssäule, bis hin zu einem eingeatmeten Nanobot, den man per Mikrowelle aktivieren kann.

Und dazwischen gibt es noch weitere Varianten. Wir kennen alle die Hypnose, aber nur wenige von uns haben von der Trauma-basierten Programmierung gehört. Unter großem Schock oder Schmerz fragmentiert sich unser Inneres in multiple Persönlichkeiten, in die wir uns hinein flüchten, hinter denen wir uns verstecken, um den Schock überleben zu können.

Und dort in dem zersprungenen und zersplitterten Selbst sind wir orientierungslos, und beschreibbar wie eine Festplatte.

Kindesmissbrauch findet man immer wieder in diesem Zusammenhang. Zum Glück ist das nicht für alle von uns so schlimm gelaufen. Aber alle von uns sind Opfer der subliminalen (also unterschwelligen) Programmierung geworden, spätestens durch jene Millisekunde, die im TV aufflackert, aber die reicht, um in uns Lust oder Angst zu wecken.

Wir alle haben Zeitschriften gelesen und Filme gesehen, wo Chemtrails normalisiert werden, und mittlerweile leben wir alle in Nachbarschaft mit mindestens einem Mikrowellen-Sender, der direkt auf uns gerichtet ist. Und wir finden das alle toll und schön. Hauptsache wir sind rund um die Uhr online. Das ist gelebter Fortschritt. So zeigt man es uns, und mehr sehen wir nicht.

Mind Control findet man dort, wo die göttliche Ordnung verbogen wird, zwecks Kontrolle und Unterwerfen. Ein Traumatisierter läßt sich besser kontrollieren. Ein traumatisiertes Kind wird dafür sorgen, dass dann später seine Kinder auch traumatisiert werden. Das Trauma was man uns von oben angetan hat, wird nach unten weiter gereicht. Man muss nur am Anfang (oder oben) den Anstoß geben, durch ein traumatisierendes Ereignis, und hin und wieder etwas machen, was die Erinnerung auffrischt.

Und schon laufen alle in der gleichen Kerbe, aus der es so sehr schwer ist, wieder raus zu kommen. So entsteht ein selbstgenerierendes System von sich selbst kontrollierenden Sklaven. Und wir sind alle Teil davon.

Ein Leben ohne Mind Control gibt es absolut gar nicht mehr. Werbung, Propaganda, Mode, Musik, Filme, Bücher, Bildung, Nahrung, Pharmazie, alles, wirklich alles formt unseren Mind. Und was man formt, kann man kontrollieren.

Mind Control sagt uns, wo oben und wo unten ist. Mind Control lullt uns in die Akzeptanz unserer eigenen Ausrottung ein, Mind Control macht aus Polizisten und Soldaten empatielose Handlanger. Es gibt nur sehr wenige Soldaten oder Polizisten, die bei der Ausbildung, bei dem brutalen, lebensverachtenden, traumatisierenden Drill, den sie durchlaufen müssen, nicht ein großes Stück von sich Selbst verloren haben.

Natürlich haben auch die ihre innere Lebensflamme noch, aber harte Lederstiefel haben sich dazwischen geschoben. Sie wurden wie Affen zum Befolgen von Befehlen dressiert. Da spielt es keine Rolle, wie der Befehl lautet.

Der Staatsdiener von heute ist wieder soweit getrimmt, dass er im Glauben Gutes zu tun, gnadenlos jedem Befehl gehorcht. Heinrich Himmler sagte ja mal über die SS voller Inbrunst „bei all den schlimmen Dingen, die wir tun mussten, sind wir stolz darauf, trotz allem immer anständig geblieben zu sein."

Darum ist der Pilot eines Sprühfliegers auch ein anständiger Mann. Der braucht keine Mikrochips in seinem Hirn, um als ferngesteuerter Robotor so eine Schweinerei zu machen. Soweit muss es doch gar nicht kommen!

So ein Pilot fliegt schon los, sobald man ihm das Gefühl gibt, er gehöre zu einem erwählten Kreis, wo ganz wichtige Dinge, die letztendlich gut sind, behandelt werden. Das und ein Klopfen auf unsere Schulter reicht, und wir alle fliegen lächelnd los in unser eigenes Verderben.

Sie können doch wirklich nicht erwarten, dass so ein Pilot bewusst merkt, was er da macht, wenn Sie bis heute nichtmals gesehen haben, dass der Pilot da überhaupt was macht …

Ich hoffe, Sie merken, wir sitzen alle zusammen in der Falle von Mind-Control.

Sehr lohnenswert ist der Vortrag von Heiner Gehring auf youtube und nun auch in meinem Ordner LAST PUZZLE PIECES. Heiner ist leider nicht der einzige, der sich mit diesem Thema beschäftigte und dann viel zu jung verstorben ist. Auch das gibt zu denken, nicht?

Die Crux an der ganzen Geschichte ist, dass Mind Control nur funktioniert, wenn man nicht weiß, dass es gegen einen angewendet wird.

Zieht man einmal die Möglichkeit in Erwägung, dass da tatsächliche äußere Einflüsse - ganz egal ob Hypnose, Scalar-Wellen oder Smart-Dust (ein anderes Wort für Nanobots) - uns überschreiben wollen, dann ist der Bann schon so gut wie gebrochen, zumindest sehr geschwächt.

Nichts aber auch wirklich gar nichts kann unser Inneres, dieses eigene Lebensfeuer, überschreiben.

Man kann es nicht überschreiben, man kann es nicht löschen. Man kann zwar unseren Körper zerstören, aber niemals unsere innere Flamme. Selbst der

Tod wird diese Flamme nicht löschen, dann hat sich nur der Körper gelöst, aber die Flamme bleibt, und sie brennt weiter im Bauch Gottes.

Gottes Wille kann man nicht überschreiben, und daran scheitert dann auch dieser letzte, verzweifelte Versuch jener kranken, größenwahnsinnigen Egi, die sich so gerne einbilden, sie seien der große Macker hier.

An dem Furz, den sie geschluckt haben, werden sie allesamt platzen.

Und ich hoffe, Sie nicht auch!

Daher müssen Sie endlich aus Ihrem Dornröschenschlaf aufwachen!

Wenn Sie erkennen, dass es gewünscht, bestellt und programmiert war, dass Sie sich zu so einem selbstgefälligen, selbstgerechten Gutmenschen aufblähen, dann fällt es Ihnen vielleicht leichter, Ihre Pose zu überdenken und abzulegen. Und dann fällt es Ihnen auch leichter, ihre Energie für die wirklich lebenswichtigen Dinge zu bündeln.

Aber damit das nicht eintrifft, dafür gibt es MK de Luxe. Für Sie immer nur vom Feinsten! Denn Sie haben es sich wirklich verdient. Sie haben hart gearbeitet. Und die anderen sind alle faul, dumm, neidisch und böse.

Teile und herrsche hieß es früher. Heute kann man auch sagen: teile und vergifte trotzdem alle. Und solange wir geteilt bleiben, können wir uns nicht wehren.

Dagegen hilft nur MK Durchblick.

❊

KAPITEL 32

DER GANZ GROSSE HIRNSCHISS

Jetzt wo wir kollektiv so kurz vor der Entdeckung der Wahrheit stehen, wird nochmal so richtig alles unternommen, uns den Kompass zu verbiegen, uns ins Hirn zu scheißen, unser Herz zu brechen, oder einfach nur uns abzulenken, alles wird zur Waffe in diesem finalen Kampf. Selbst die Wahrheit wird zersetzt und so zur Waffe.

Vorhin redete ich noch von den Namen, von all den neuen Sprachrohren, die es dank Internet gibt, nun werde ich ein paar Themen anschneiden, die immer wieder auftauchen, sobald man in den Keller der „Verschwörungstheorien" herabsteigt.

Fangen wir doch mit einem einfachen Beispiel an: der Mond. Ich kann mich erinnern, wie ich mit nur drei Jahren 1969 bei meiner Großmutter die Mondlandung life mitverfolgt habe. Wir haben uns alle damals nicht gefragt, wer die Kamera hingestellt hat, damit man life bei Armstrongs ersten Schritt dabei war.

In den Neunzigern hörte ich zum ersten Mal, dass die Mondlandung gefälscht war, und vermutlich Stanley Kubrick das gefilmt hatte. Das würde vielleicht erklären, wieso er kaum noch sein Grundstück verlassen hatte. Er wusste zu viel, und wusste, dass wenn er sich freiwillig einsperrt, dass er dann von denen, die wissen, dass er zu viel weiß, in Ruhe gelassen wurde.

Dass Kubrick gewissen Einblick in jene Kreise hatte, erzählte er uns in seinem letzten Film EYES WIDE SHUT. Und verdächtig ist auch, dass er für seinen BARRY LYNDON ein extrem kostbares Kamera-Objektiv von der NASA geliehen bekam. Offenbar konnte man ihm vertrauen.

Für mich war dann klar, dass die Mondlandung im Studio stattgefunden hatte, was aber nicht bedeutet, dass es die Mondlandung gar nicht gegeben hat. Ich kann mir vorstellen, da es um die Macht der Bilder geht, und da man keine Erfahrung hatte, ob man Bilder life und ruckzuck vom Mond auf die Erde gesendet bekommt, dass man vorgesorgt hatte, um die Milliarden Zuschauer weltweit nicht zu enttäuschen.

Und so hat es die Mondlandung gegeben, doch die Bilder kamen von der Konserve, vorher unter größter Geheimhaltung gedreht. Schließlich ging es nur darum, die USA weltweit auf den Thron zu setzen. Wo sie heute noch sind bzw. sich glauben.

Dann hörte ich, dass es unmöglich ist, unseren Planeten zu verlassen. Denn niemand schafft es den Van Allen Radiation Belt zu durchbrechen, ohne zu verglühen. Da kommt keiner lebendig durch. Der Mond ist unerreichbar für uns.

Dann hörte ich, dass wir bereits geheime Siedlungen auf dem Mars haben, und dass das Secret Space Programm uns bereits an die äußere Galaxie brachte.

Und dann hörte ich, dass der Mond hohl ist, und ein militärischer Stützpunkt für Aliens.

Dass es Aliens oder Wesen aus einer anderen Dimension gibt, dass stimmt mit meinem Weltbild überein. Zu glauben wir sind alleine, ist völlig vermessen und arrogant. Ich erinnere mich genau, wie ich am 06. Februar 2011 am helllichten Tag über San Sebastián ein Ufo sah. Ich habe eine Zeugin. Und auch wenn ich heute bei neuerem Wissenstand einwenden muss, dass ich nicht weiß, ob dieses Ufo Alien oder nur Secret Technology war, so bin ich der Überzeugung, dass wir nicht alleine sind. Und ich fühle mich keineswegs bedroht, denn wenn wir das wären, dann hätte man uns mit jener überlegen Technologie schon längst wie eine Tüte Chips vernascht.

Hier sollte ich erwähnen, dass angeblich auch eine falsche Alien-Invasion geplant ist und zur Durchführung bereit steht. Der ganze Plasmahimmel kann als riesige LCD Leinwand genutzt werden, dort kann man hinein projektieren, was man will. Wer Project Blue Beam googlet, kann das vertiefen.

Wenn dann die großen UFOs kommen, dann ist das vermutlich nur die letzte Karte, die gezogen wird, um alle Völker in Anbetracht einer globalen Bedrohung zusammen unter eine Knute zu bringen.

Neben den chaotischen Finanzmärkten und dem Wetter sind die Aliens ein weiterer willkommener Buhmann, um uns alle weltweit in den gleichen Sack zu stecken. Natürlich nur zu unserem Schutz. Wer was anderes behauptet, kann nur ein Aluhut-tragender Verschwörungstheoretiker mit Geltungsdrang sein.

Gewiss gibt es auch aggressive Aliens, aber gefährlicher scheinen mir unsere Herrscher. Wenn die Aliens kommen, dann glaube ich, um uns zu helfen.

Es gibt sogar viele Berichte, dass die Ufos kommen, um uns zu schützen. Mit der Erfindung der Atombombe haben angeblich Besuche von Aliens zugenommen, und wie man hört, haben Ufos in verschiedenen Fällen die atomaren Sprengköpfe sabotiert.

Auch die Kreise im Kornfeld sind ein deutlicher Indiz, dass eine höhere Intelligenz mit uns den Kontakt sucht. Und wenn man die Symbolik dieser Kornfelder entschlüsselt, findet man oft, dass da uns jemand den Torus erklären will. Immer wieder der Torus. Wieso wohl?

Aber was auf dem Mond los ist, weiß ich jetzt wirklich nicht. Bei all den Dingen, die ich über den Mond höre oder lese, wem kann ich da noch vertrauen?

Der NASA etwa? Auch dann noch, wenn ich mittlerweile gehört habe, dass die NASA von deutschen Exilwissenschaftlern gegründet wurde? Ja, Frau Merkel, damals waren die Immigranten tatsächlich noch echte Facharbeiter. Bzw. aus unserer deutschen Perspektive waren es ja die Emigranten. Die einen gehen, die anderen kommen.

Doch ich weiß immer noch nicht, was auf dem Mond los ist. Wer erklärt es mir? Kann ich der BILD Zeitung trauen? Auch dann noch, wenn ich mittlerweile gehört habe, dass die BILD vom CIA gegründet wurde?

Wirklich wissen kann ich nur, was direkt vor meiner eigenen Nase stattfindet. Was ich sehe, was ich spüre, was ich rieche, was ich fühle.

Das einzige was ich zum Mond weiß, ist, dass er mich arg beeinflusst. Beim nahenden Vollmond drehe ich am Rad, mal links rum, mal rechts rum, und meistens endet das in einem Erguss, kreativ oder sexuell.

Der Mond ist wie ein Magnet, er nimmt die Seelen mit, all die, die nur noch am dünnen Faden hängen. In meiner kurzen Zeit als Bestatter fiel mir auf, dass mit jedem Vollmond, die Leichen sich gestapelt haben.

Auch wenn ich nicht weiß, was auf dem Mond los ist, kann ich ihn fühlen. Und so ist das auch mit Mutter Erde. Ich kann sie fühlen. Und wir sollten alle unsere Erde fühlen, dann würden wir spüren, dass wir nun helfen müssen. Wir müssen jetzt unsere Mutter annehmen und schützen, sonst verlieren wir nicht nur sie, sondern alles.

Doch statt zu Spüren, was die Erde will, diskutieren wir, mal wieder seit Neustem, ob die Erde rund, flach oder sogar hohl ist. Jetzt wo die Wahrheit sich zeigt, zerfallen wir wieder in verschiedene Lager: die Aufgeklärten gegen die ganz Aufgeklärten. Statt gemeinsam uns auf Dinge zu konzentrieren, um den anhaltenden und immer deutlicher werdenden Missbrauch an uns endlich zu beenden, fallen wir in die nächste Falle und zanken uns über Dinge, die uns gar nicht bedrohen. Das ist ja der Witz daran! Denn mal ganz ehrlich, ob rund oder flach, deswegen gehe ich nicht auf die Straße.

Wenn ich mir meine Mitmenschen so ansehe, überkommt mich manchmal die Idee, dass wir eine riesige Siedlung auf dem Knösel eines Weltraum-Monsters sind. Zumindest verhalten wir uns so.

Flache Erde oder hohle Erde, klar ist, dass kein Aufwand zu klein ist, unsere ernsthafte und nötige Aufklärungsarbeit zum „Klimawandel" ins Absurde und Lächerliche zu führen. Psy-Ops at its best!

Wenn ich leichtbekleidete Frauen bei mir poste, dann gibt es die eine oder andere verknatschte Feministin, aber die Zuschauerzahl steigt schubartig. Würde ich aber auf meinem Repugnant Pilot Beiträge über die flache Erde teilen, dann würde ich einen Großteil meines Publikums verlieren. Und genau deswegen gibt es diese Diskussion. Genau deswegen wird sie reanimiert. Genau deswegen gibt es ein Budget für zig flat-earth Filme, die uns mit schönen, animierten Bildern den Verstand zermürben sollen.

An all meine Flat-Earth Freunde: seid jetzt nicht beleidigt. Und falls es sich irgendwann doch noch rausstellen läßt, dass Ihr Recht habt, und die Welt ist flach wie ein Brett, dann wäre es mir egal. Einfach nur scheißegal.

Doch bis dahin bitte ich Euch nur um eins: erkennt, was uns bedroht, und lasst Euch nicht entzweien, jetzt wo wir kollektiv vor dem Sprung stehen. Wir befinden uns auf dem Endspurt zur Wahrheit, jetzt bitte keinen unnötigen Stress verursachen. Es reicht schon der Stress, den man uns täglich antut, wie zum Beispiel die nie endende Attentatswelle.

Richtig, die Attentatswelle gehört hier auch in das Kapitel „Der ganz große Hirnschiss". Und zwar weil es den ganzen Tag alle fünfzehn Minuten wiederholt wird, weil dann - wenn wieder was Schlimmes passiert ist - jede Tageszeitung in großen, bunten Bildern das Leiden pornographisch ausschlachtet. Weil, wenn ein Mann in München die Pistole zückt, über ganz Deutschland Flugverbot herrscht.

Die Reaktionen auf solch ein Schrecken sind dann nur noch emotional. Die einen schreien nach mehr Sicherheit, die anderen schreien „alles Lüge" und übersehen dabei oft den Schmerz der tatsächlichen Opfer und ihrer Angehörigen.

Um das besser zu verstehen, möchte ich die Attentate in drei Kategorien einteilen:

Kategorie 1 ist ein Attentat, dass echt so verlaufen ist, so wie es die Mainstream Medien uns erzählen. Ein böser, fanatischer Araber hat mit dem Messer ein Flugzeug entführt, um dann die Maschine in einen Wolkenkratzer zu steuern, der später wegen einem Kerosinfeuerchen sich in Feinstaub verwandelte.

Kategorie 2 wäre, wo der böse Araber eigentlich von einem unserer eigenen Geheimdienste gesteuert wurde oder benutzt wurde, um etwas Scheussliches zu machen. Und damit das Scheußliche noch scheußlicher wird, hat man genügend Sprengsätze in dem Haus vorher angebracht. Kategorie 2 steht für False Flag, oder man kann auch Inside Job sagen. Im Klartext: nicht der Feind tötet uns, nein, unsere eigenen Leute töten uns, nur um eine beabsichtigte Stimmung zu erzeugen.

Und dank Facebook kennen wir alle nun auch die Kategorie 3: alles ist nur ein Film, nichts ist so geschehen, wie es uns die Mainstream Medien mehrmals pro Stunde eintrichtern. In welchen Fällen das so war, kann ich nur vermuten. Fakt ist, dass es auch die Version mit Kunstblut gibt. Es gibt zu viele Indizien, die dafür sprechen.

Wer kennt von Ihnen noch den Film WAG THE DOG? Kaum einer noch, denn der Film ist einfach in Vergessenheit geraten. Und das ist ganz klar wieso: Robert de Niro ist geheimer Abgesandter der amerikanischen Regierung, er sucht einen großen Hollywoodproduzenten (Dustin Hoffman) auf und gibt ihm einen Krieg in Auftrag, damit der amtierende Präsident die Wahl wieder gewinnt. So erfährt dann die amerikanische Bevölkerung von einem schlimmen Despoten in einem fernen Land. Man sieht dort die leidende Bevölkerung und später sieht man den heroischen Einsatz der US Army, und schon hat der Präsident alle Sympathien als Retter und Befreier.

Der Despot so wie der rettende Einsatz der Army waren nur eine im Studio produzierte virtuelle Geschichte. Und damit kann man auch eine beabsichtige Stimmung erzeugen. So erzählt es WAG THE DOG.

Schaut man aber genau in die Welt von heute, erfährt man, dass es tatsächlich crisis actors (Krisenschauspieler) gibt, dort werden dann die Täter, Opfer, Zeugen und Überlebenden rekrutiert (crisiscast.com). Die alte Seite crisisactors.org ist verschwunden, vielleicht, weil es sich zu sehr rumgesprochen hatte.

Und es gibt da eine Schauspielerin, die mittlerweile berühmt wurde, weil sie an so vielen Tatorten immer wieder als Heulsuse aufgefallen war, wie zuletzt auch in Manchester. Schon seltsam.

Auch wenn man sagen kann, dass es gut ist, dass es in dem einen oder anderen Fall keine echten Toten gab, aber umso schlimmer wird es, wenn man sieht, dass die Leute sich dadurch steuern lassen.

Moment mal: läßt sich da jemand noch steuern? Oder stumpfen wir immer mehr ab? Wir erleben soviel gefälschten Tod, dass wenn der echte kommt, wir ihn nicht mehr erkennen können?

Ob mit oder ohne echten Opfern, achtet mal darauf, wie oft am Tag wir den Horror aufs Brot geschmiert bekommen. Und fragen Sie sich mal wieso.

Wo man hinguckt, findet man Hirnschiss. Zumindest ich.

Noch ein Beispiel, diesmal ein ganz anderes: schauen Sie sich mal den Kunstmarkt an. Hat sich schon mal jemand die Frage gestellt, wieso für ein Bild, das nur blau ist - einfach nur blau - mehrere Millionen ausgegeben wurden?

Wer für sein Geld arbeiten muss, würde niemals so ein Vermögen für eine blaue Wand ausgeben. Soviel gibt man nur aus, wenn man ohne Mühe im Geld schwimmen kann oder wenn man als Mittelsmann auftritt, für die, die jeden Morgen beim Frühstück sich jede Summe, die sie wünschen, drucken können.

Und wenn solche Leute ganz da oben am Geldhahn einen Anstreicher zum Künstler erheben, weil solch ein Kauf durch die ganze Presse geht, dann ist deren Schelm und Witz nicht anders, als der eines Kindes, das vor einem Hamstergehege sitzt, und nur einem Hamster eine selbst gehäkelte Mütze aufsetzt.

Was machen dann die anderen Hamster? Sie staunen. Und sie wundern sich, wieso sie keine Mütze bekommen haben.

Aber sie würden niemals fragen, wo die Mütze herkommt. Vorher fragen sie sich, ob die Erde flach oder doch hohl ist. Und wenn dann der Druck im Gehege zunimmt, würde man sich deswegen wieder gegenseitig tot beissen.

Und was bleibt? Ein lachender Schelm.

KAPITEL 33

TIEFS & HOCHS

Nach fast vier REPUGNANTEN Jahren, hier eine kleine Zwischenbilanz. Endlich komme ich dazu, Ihnen ein paar gesammelte Tief- bzw. Höhepunkte, von dem was ich so erspähen konnte, zu erzählen. Ob das dann ein Tief oder Hoch war, das hängt ganz von der Perspektive ab.

Der Reihe nach, chronologisch sortiert. Vorsicht, dies wird das längste Kapitel. In den vier Jahren ist zu viel passiert, darum gehört es erzählt:

Am 22. September 2013 ging auf facebook meine Seite „The Repugnant Pilot" an den Start. Jetzt, wo ich angefangen hatte zu sehen, konnte ich nicht mehr aufhören hinzugucken. Am 09. Oktober lud ich dann meine ersten Bilder hoch.

2014

Am 05. Februar sah ich eine perfekt, kreisrunde Punchhole-Wolke. Der Himmel war von einer gerasterten, weißen Matte überzogen, die an einer Seite glatt abgeschnitten war. Erst später lernte ich, dass dies Elektromagnetische Frequenzen sind, die dieses gleichförmige, gerillte Muster zustande bringen. In dieser weißen Decke war eine kreisförmige Öffnung. Das Punchhole (Schlagloch). Das Foto ist nach wie vor eins meiner zehn krassesten Bilder überhaupt. Hier sehen Sie es:

Damals glaubte ich tatsächlich noch, dass es reicht neun Monate Fotos zu sammeln. Daraus bastelte ich dann den Kurzfilm: DER STILLE KRIEG IM PARADIES. Ich wiederholte das ganze Spiel auf English und Josefina machte mir die spanische Übersetzung. Diese neun Monate sah ich symbolisch als Schwangerschaft des Erkennens. Nun, heute befürchte ich, dass neunzig Monate Schwangerschaft auch keine Erkenntnis bringen, denn wem nützen seine Augen, wenn sein Verstand schläft. WIE BEI DEN MEISTEN ... wie ich mittlerweile erfahren musste. Jetzt, wo ich zum ersten Mal gutes, überzeugendes Material zum Zeigen hatte, merkte ich, dass es keiner sehen will, oder wenn einer es sah, dann einfach nur so müde „tja mhm" sagte. Und das war's.

Dank des gefundenen iphones war meine Fotosammlung damals schon auf ein beeindruckendes Maß angewachsen. Mir wurde rasch klar, das, was da am Himmel passiert, sind keine Zufälle und keine Einzelfälle, sondern das geschieht mutwillig, mit Plan und mit Absicht, und gewiss keiner guten, sonst würde man doch frei darüber reden können, und sich nicht so feige winden und leugnen müssen.

Es ist halt das Unsagbare. Doch meine beharrliche Kontinuität wird unser kollektives Schweigen noch durchbrechen.

⁂

Am siebten Oktober 2014 wurde ich endlich im Rathaus vorgelassen und hatte einen Termin mit Asier J., der damalige zuständige Mann für Umweltschutz. Ganze sieben Monate ließ man mich auf diesen Termin warten. Im März reichte ich eine Petition ein, sieben Monate später bekam ich einen Anruf und mir wurde der Termin diktiert.

Das Rathaus war mittlerweile in der Hand der bildu, jener berüchtigten pro-baskischen Partei, und man könnte auch sagen, der politische Flügel der ETA, die aber nun schon seit Jahren nicht mehr aktiv war (dazu komme ich noch!).

Josefina zickte mich für meinen Alleingang an, sie sagte mir, dass sie mit solchen Leuten nicht reden werde, ich sagte ihr, dass es mir egal ist, wer da im Rathaus sitzt, denn es geht uns alle an. Und das ist auch bis heute meine Haltung.

Das Problem, mit dem wir es hier zu tun haben, ist größer als all die ideologischen oder religiösen Unterschiede, in die man uns so gerne reinpresst.

Josefina betonte, dass mich nun ihre Platform bannen würde und ich erwiderte: The Repugnant Pilot gehört zu keiner Platform, zu keiner Gruppe, zu keiner Partei. Ich bin völlig unabhängig und frei. So war es damals, und so ist es heute.

Darum werde ich meine Seite auch niemals mit einem Admin teilen, jemand, der Zugang auf meinen Daten hat. The Repugnant Pilot ist nur ein kleiner Funke am Firmament, aber ein authentischer. Hier spricht nur einer, und zwar ich.

Gewappnet mit 4 GB Material auf einer DVD gebrannt, betrat ich selbstbewusst das Rathaus von San Sebastián, es liegt direkt an der Concha, an der schönen Muschelbucht.

Schließlich wurde ich in die heiligen Gemächer vorgelassen. Das Rathaus ist sehr schön, ursprünglich wurde es als Kasino gebaut. Ich erzähle den deutschen Touristen immer gerne, dass San Sebastián das Baden-Baden Spaniens ist. Ein Königsbad. Und alles fing mit Isabel II. an, sie hatte ein Hautleiden und ihr Arzt empfahl ihr den Aufenthalt am frischen, feuchten Atlantik. Das war 1862.

Mein Gespräch mit Asier und einer Dame, er kam nicht alleine, empfand ich als eigentlich gut. Beide hörten mir verblüfft und aufmerksam zu. Beide sagten, dass dies nicht in ihrer Kompetenz liegt, beide sagten, dass sie mein Material an die baskische Regierung in Vitoria weiterleiten würden. Beide wünschten mir noch einen schönen Tag und viel Glück.

Mittlerweile hat die Regierung gewechselt. Nach drei Jahren kommt mir eine Frage: ist meine Weiterleitung noch am weiterleiten oder muss ich wieder zurück auf Los, erstmal eine Nummer ziehen und warten bis ich wieder dran komme? Ist doch klar, dass mir nun der Kragen geplatzt ist.

Zumindest nutze ich jetzt die Zeit in U-Haft alles mal genau aufzuschreiben, ich nutze jede Gelegenheit, DAMIT SIE ES KAPIEREN, denn Aufgeben ist nicht meine Art.

Wie lange sitze ich jetzt hier schon in meiner Zelle bei der Ertzaintza? Ist doch egal, viel länger sitze ich schon im Knast des Wissens. War das Leben nicht leichter, als man das alles noch nicht gewusst hatte?

⁂

2015

The Repugnant Pilot hatte vielleicht gerade mal 300 Likes. Und mit Josefina ging es weiter wie vorher: ich half ihr Briefe und Filme zu übersetzen, sie half mir Briefe und Filme zu übersetzen. Die Aufregung um meinen Besuch im Rathaus war umsonst, und zwar in jeder Hinsicht.

Ich war mal wieder in Deutschland, auf dem Flug Frankfurt Bilbao beobachtete und fotografierte ich zum ersten Mal ein Flugzeug, dass einen schwarzen, langen, fetten Trail ausspuckte. Und das war nicht der Schatten, denn das Flugzeug war unter uns, und über uns nur die Sonne.

Schwarze Chemtrails haben schon andere Aktivisten fotografiert. Was die bewirken, weiß ich nicht, ich stelle nur fest, dass es sie gibt.

Ein freier Journalist aus Leipzig, Hagen G., inspirierte mich einen Videobeitrag zu machen und so begann ich mich beim Joggen am Strand zu filmen. Joggen wirkt auf mich immer sehr inspirierend. Ich redete acht Minuten auf die Kamera ein und lud das alles hoch auf mein Vimeo mit dem schönen Titel: ICH WÜRDE LIEBER ÜBER TITTEN REDEN, was ich tatsächlich lieber getan hätte.

In kürzester Zeit hatte dieses Video vierhundert Zuschauer. So viel auf einmal hatte ich noch nie gehabt. Aber von meinen eigenen Freunden antwortete mir niemand auf diesen Film. Ich hatte meine persönlichen real-life Kontakte alle noch per email auf meinen Tittenfilm hingewiesen, aber die Resonanz war bei NULL. Niemand nahm Stellung zu diesem Film. Weder mein Vater, noch mein Bruder, noch meine Cousinen, noch meine Freunde oder Kollegen. Absolut niemand gab mir ein Feedback.

Umso mehr freute ich mich, dass ich plötzlich eine PN (private Nachricht) von einem Dani Graf aus Bayern bekam: „Tim, danke dass du den Mut hast, das auszusprechen! Ich stehe hinter dir!“ Sein spontaner und ehrlicher Gruss ging mir runter wie Honig. Und da wusste ich, ich mache weiter, und wenn auch nur der Dani zuschaut.

Übrigens: Dani ist auch Leistungssportler. Ein Aktion-Mann. Schon wieder ein Sportler und eben kein sogenannter Intellektueller. Was ist los mit den ganzen Denkarbeitern? Zeigt das Aluminium schon seine Wirkung?

⁕

Nun komme ich zum 15.5.15. Den Tag muss ich extra hervorheben. Die Online-Schlacht, die es an jenem Tag gab, wird noch in die Geschichte eingehen.

Zunächst muss ich erklären, dass mir für den 15.5 gleich drei Jobangebote als Fremdenführer entglitten sind. So etwas ist mir noch nie passiert. Es passiert, dass man gebucht wird und kurz darauf wird alles wieder abgesagt. Aber dreimal hintereinander ist komisch. Also, was machte ich?

Ich setzte mich an einen öffentlichen Computer und schaute, was auf facebook los war. Nach wie vor hatte ich nur das gefundene iphone, mein eigener Computer war nicht mehr internetfähig, die neuen Browser konnte das alte Betriebssystem nicht verarbeiten.

Zum Glück wusste ich, wo ein Computer stand, den ich, soweit er frei war, nach belieben nutzen konnte. Und an jenem Tag las ich, dass die Bundesregierung auf ihrer facebook-Seite verkündet hatte, dass man eine (was auch immer für eine) 2% Grenze einhalten muss, um den Klimawandel zu bremsen.

Na gut. Ohne lang zu überlegen, mischte ich mich in den Diskussions-Thread ein. Und ich war nicht alleine. Ich erinnere mich an die Rückendeckung, die mir Matthias A. gab. Und Jürgen Frankenberger ebnete uns den Weg mit seinen guten Recherchen, die er zu platzieren wusste. Ich postete dann bei der Bundesregierung meine „best of“ Fotos. Und dazu schrieb ich einen sehr freundlichen, eloquenten Brief. Ich kam mit Rosen, wurde aber nicht beachtet.

Die Antwort kam dann durch die mir bereits bekannten Trolls. Allen eilig vorausstürmend der kecke Schnörch. Den habe ich dann im Anblick meiner vorgelegten eigenen Fotos mundtot gekriegt. Es fühlte sich an, wie ein Schachmatt. Schnörch war am Ende mit seinem Troll-Latein.

Doch dann geschah etwas Interessantes: Plötzlich, innerhalb von nur zwei Minuten, erschienen vier neue Kommentare unter meinem. Alle waren so geschrieben, dass ich wie der nichtswissende, paranoide Trottel aussehen sollte. Man verspottete und beschimpfte mich, vom Aluhutträger, bis zum Nazi, alles war dabei. Vier Kommentare in nur zwei Minuten! Das war ganz deutlich orchestriert. Und an jenem Tag war es für mich dann das dritte Mal, wo ich so einen geplanten Angriff erleben musste, und natürlich alles nur weil ich meine Fotos vorzeigte.

Die ganze Troll-Nummer war so verzweifelt und offensichtlich, dass ich diesen traurigen Club beim Namen nannte und entlarvte: „Ihr seid durchschaut! Nun habe ich die SOKO ALUHUT auf frischer Tat erwischt! Ganz klar, meine kleine Sammlung macht Euch extrem nervös, und jetzt müsst Ihr schnell das Feuerchen löschen kommen!“

So ähnlich schrieb ich es, dann habe ich die Return-Taste gedrückt und diesen Kommentar in den Thread gepostet. Dann war ich kurz auf der Toilette, und als ich zurück kam, war der ganze Thread komplett verschwunden. Nicht mehr da.

Am selben Abend hörte eine Freundin im deutschen Radio, dass eine Cyber-Attacke im facebook auf der Seite der Bundesregierung stattgefunden habe. Und daher so Einiges verschwunden sei.

So, so, eine Cyber-Attacke. Wie schade, dass ich ganz alleine war, dachte ich noch an jenem Abend, und es kaum einer merkte, was da wirklich passierte.

Am nächsten Tag öffnete ich mein facebook auf dem iphone und sah bei Freundschaftsanfragen eine Ziffer, die war dreistellig. 101. Wie kann ich das vergessen? 101 neue Freunde pro Tag kennt man vielleicht als Pop- oder Pornostar. Aber für mich war das ein Indiz, dass da draußen, noch viel mehr Leute, als ich dachte, die Kontroverse verfolgen. Das sind alles Leute, die keine Spuren hinterlassen, die nicht liken, nicht kommentieren, nicht teilen, aber die kriegen mit, was da läuft.

Und an jenem Tag haben so einige mir ihren Dank per PN zukommen lassen. Wenige Tage später hatte The Repugnant Pilot die 1.000 Like Hürde gebrochen, und ich habe dann den Tittenfilm nochmal ins Facebook geladen und erreichte in kürzester Zeit zwanzig satte tausend Zuschauer.

In dem Nachbeben des 15.05 versuchte ich noch einige Male eine Antwort von der Bundesregierung zu bekommen. Diese Aktion war vergeblich. Obwohl ich mich ausgewählt ausgedrückt habe. Ich verstehe es ja, dass die Regierung auf Worte wie „korrupte Arschlöcher, Wichser, Päderasten, Parasiten“ nicht regieren wird. Auf solche Worte reagiert niemand, und erst recht nicht die, die es sind. Und ich ärgere mich über Co-Aktivisten, Mitstreiter und Wegbegleiter, die auf solch ein Niveau abrutschen.

Das sind verbale Pflastersteine, und wo die geworfen werden, bekommt die Polizei den Einsatz zum Prügeln wegen SELBSTVERTEIDIGUNG. Dann geben wir denen den Grund uns zu sperren, blockieren und löschen. Ich predige immer: „Sag es mit Blumen." oder „Skipper, immer nett lächeln und winken." Aber selbst so ein charmanter Eintänzer wie ich, wird glatt übergangen.

⁜

Im Sommer 2015 sponserte mir einer meiner allerbesten real-life Freunde ein für mich neues, gebrauchtes MacBook Pro. Die Zeit, wo ich meine fb-Seite inkl. Briefe an die Bundesregierung nur von einem iphone aus bearbeitete oder schrieb, war damit vorbei.

Im Kampf David gegen Goliath gab es bisher nur einen weißen Stein, nun bekam ich eine supergute Steinschleuder. Fantastisch war die Hilfe von einem fantastischen Freund, und fantastisch, was man mit einem MacBook so alles machen kann.

Von da an erweiterte ich mein Sammelsorium um selbstgemachte Zeitrafferfilme. War der Himmel verdächtig, schraubte ich meine Kamera auf ein Stativ, filmte zwei Stunden und bastelte daraus einen zweiminütigen Zeitraffer-Clip. Und das öffnete eine ganz neue Dimension des Grauens. Gewisse Dinge erkennt man erst, wenn man die Perspektive oder Zeit ändert.

Erst im Zeitraffer sehen wir, dass wir alle wie Frösche im Kochtopf sitzen und langsam die Temperatur erhöht wird, so langsam, dass wir nicht reagieren, sondern nur müde und träge werden.

Und erst in der ganz großen Distanz sieht unser Planet wie ein kirre gewordener Ameisenhaufen aus, und die Tragödie wird zur Komödie.

Heute, zwei Jahre später, habe ich nicht nur 23.000 Fotos gemacht, und davon 3.100 die mehr als bedenklich sind, sondern ich habe auch über 110 Zeitrafferfilme gemacht, die deutlich zeigen, wie der Himmel mit Absicht zugeschmiert wird. Und neben den eigenen, selbst gemachten Horrorfilmen, erreichten mich auf meiner facebook-Seite immer mehr Aufnahmen von überall in der Welt, die nur das bestätigen, was ich auch sehe.

Es kam dann der Moment, wo ich nichts anderes mehr sah. Wenn es nicht meine eigenen Aufnahmen waren, sah ich welche aus Colorado oder Italien, überall wurde non-stop gesprüht. Und wie ich langsam merkte, hauptsächlich in den NATO Ländern! Klar, wenn Putin uns besprühen würde, dann wüssten wir es längst. Aber dass es unsere eigenen „Jungs" tun, will man sich gar nicht vorstellen. Und dass die Alzheimer-Rate ausgerechnet in den NATO Ländern am höchsten ist, will keiner wissen.

Ich musste mir erklären, wieso das alles passiert. Ich musste was schreiben gegen die Angst, die immer dabei war, seitdem ich weiß, was man uns da antut. Ich musste einen Weg raus finden aus diesem Labyrinth. Und der Auslöser war Canan, eine junge Türkin, die in Deutschland lebt. Sie bekam mit, dass ich mich mit meiner facebook-Freundin Meritxell Castells getroffen hatte.

Meritxell kam mich im Juli besuchen, sie wohnt in Santander, und sie sagte, dass sie weiß, wie man mit den Chemtrailgiften zurecht kommen kann. Und das, was sie sagte, überdeckte sich mit meinem tiefen Wissen, dass hier auf Erden nichts passieren kann, was nicht von Gott abgesegnet wäre, egal wie schlimm das uns aus unserer kleinen Perspektive erscheinen mag.

Und da ich davon überzeugt bin, dass alles einen Bauplan hat und dass alles seine Lösung hat, begab ich mich in Klausur und tippte „TABULA RASA und die drei Schritte des Erwachens“ in mein neues MacBook.

Der Text kam so gut an, dass ich facebook-Freundinnen fand, die ihn mir auf English und Spanish übersetzt haben. Danke Conny! Danke Leonor!

Im August 2015 als ich jenen Text schrieb, hatte ich in meinem „best of“ Ordner 572 Fotos und ich fragte, wann Sie es merken werden. Ich fragte: Muss ich tatsächlich 5720 Fotos sammeln?

Mehr als die Hälfte habe ich mittlerweile zusammen. Wenn ich so rasch weiter sammele, werde ich dann die 5720 in anderthalb Jahren haben, also Ende 2018. Wenn uns bis dahin nicht der Himmel auf den Kopf gefallen ist.

*

Zu jener Zeit meldete sich dann über facebook ein junger, eleganter Mann bei mir (ich nenne ihn Sven), er wollte unbedingt mit mir telefonieren. An seiner Stimme wirkte er nochmal jünger als auf seinen Fotos. Und auf seinen Fotos erkannte man, dass dieser Knabe ein Leben mit Niveau und Geld führt.

Wir plauderten angeregt für vielleicht zwei Stunden. Sven erzählte mir, dass sein Vater zu einer wichtigen Loge gehört und dass er Bücher gesehen habe, wo die Zukunft der Menschheit geplant wird.

Wir redeten von den neuen Technologien, von der Kontrolle, von der gesteuerten Depopulation. Er meinte, dass schreckliche Dinge auf uns zu kommen. Offenbar tat es ihm gut, sich mir anzuvertrauen. Ich spürte, dass er helfen wollte.

Monate später machte ich einen Spendenaufruf, weil der Wind meine Kamera samt Stativ umgeworfen hatte, und die Reparatur kostspielig war. Sven hatte sich dann bei mir erneut gemeldet und meinte, er würde mich unterstützen, doch vorher müssen wir reden, er käme mich besuchen.

Und seitdem habe ich von ihm nichts mehr gehört. Ab und zu klopfe ich bei ihm an, er liest meine Messages, aber antworten tut er nicht mehr. Was ist da los? Ich glaube nicht, dass er ein Psychotroll ist. Ich vermute eher, dass er Angst hat, in meiner Gesellschaft gesehen zu werden. Wir sind auch keine facebook Freunde mehr. Er hat die Spuren verwischt. Vielleicht verliert er ja seinen Platz im unterirdischen Luxusbunker, wenn er sich mit mir sehen läßt?

Erzählen musste ich das, weil er von jenen Büchern sprach, wo unser Schicksal drin besiegelt wurde, und weil ich, wir, die ganze Bewegung unbedingt die Hilfe von solchen Leuten brauchen!

Es gibt da draußen sehr vermögende Leute. Wenn die sich jetzt mit uns zusammen tun, kann man eine Lawine der Aufklärung lostreten. Reich sein bedeutet doch nicht, sich an solch einem Verbrechen beteiligen zu wollen.

Reich sein, ist eine Verantwortung, die, wenn man sie richtig einsetzt, Großes bewirken kann. Ich fordere jetzt mal alle Reichen auf darüber nachzudenken, ob es Ihnen noch nützt, reich zu sein, egal digital oder Diamanten, wenn wir alle, also auch Sie, im Plasma leben und Nanotechnologie unsere Biologie überschreiben soll?

Wer von Ihnen wird der Erste sein, der das erkennt und die Zivil-Courage hat zu handeln?

⁂

Weiter:

In diesem Jahr gibt es noch ein Datum, an das ich mich gut erinnere. Der 03. Oktober 2015. Der Tag der deutschen Wiedervereinigung. An jenem Tag gab es hier in San Sebastián wieder Gruselhimmel. Und das zwingt mich jedes Mal zu reagieren. Nur wenn ich dann darauf reagiere, handele, was tue, überwinde ich die Ohnmacht. Aber das sagte ich gewiss schon.

Aktuell war, dass Obama den Papst traf, und gemeinsam warnten sie, dass der Klimawandel die allergrößte Bedrohung für die Menschheit heutzutage ist. Darauf gab ich meinen Senf ab, mit einem Video, dass ruck zuck ein riesen Publikum fand. An jenem Tag lernte ich auch Antony Spatola kennen, der die selbe Idee hatte. Sein Video lief sogar noch besser.

Und dann geschah es: zum ersten Mal wurde ich bedroht. Man schrieb mir, dass so clevere Typen wie ich aufpassen müssen, dass sie nicht plötzlich verschwinden.

So etwas ist eine krasse Ansage und selbst jetzt, wenn ich mich daran erinnere, wird mir wieder ganz mulmig. Und darum erzähle ich es, denn Öffentlichkeit ist der beste Schutz. Aber mir fiel dann auf, dass noch leichter und schneller als dass ich verschwinde, kann meine Sammlung auf facebook verschwinden.

Wenn die weg ist, dann nützt sie nichts mehr. Auch wenn ich eine Sicherheitskopie auf einer externen Festplatte habe, was nützt die, wenn die keiner sieht?

Ich weiß nicht mehr, wer von meinen facebook-Freunden es war, Thomas, Robert oder Hans, aber schließlich wies mich einer von denen auf die neuseeländische Seite mega.nz hin. Die wird betrieben von dem Mega-großen Mann Kim Schmitz, den ich bis damals für einen Schwätzer gehalten hatte. Und heute habe ich dem Kim zu verdanken, dass meine komplette Sammlung, dank seiner genialen Seite mega.nz, endlich für Jedermann zum Download zur Verfügung steht.

Es dauerte dann nicht mehr lange und einer betitelte meine Sammlung „die Fleißarbeit des Schreckens". Ich nenne sie THE TESTIMONY OF THE REPUGNANT PILOT oder auch: der Sargnagel für unser System. Zu finden alles unter therepugnantpilot.com.

⁂

Und in dem ganzen Trubel klopfte einer ständig bei mir an, dass er reden wollte, er habe etwas, dass ich wissen muss, er wollte meine wachsende Online-Popularität nutzen, damit seine Worte Echo finden.

Ich war aber so etwas von abgefressen und hatte keine Lust mit ihm zu reden. Neben der Drohung gab es noch andere trollige Übergriffe und Beleidigungen.

Jetzt noch ein Troll am Telefon, das wird zu viel. Aber irgendwie blieb der Typ so hartnäckig und schließlich telefonierte ich mit ihm. Und seitdem immer wieder. Er will nicht genannt werden. Er hat tatsächlich so viel zu sagen, dass ich ihm im Anschluss ein eigenes Kapitel widme. Das nenne ich: Mr W und der Zaun.

Und damit war das Jahr noch nicht zu Ende. Im November war ich mit dem Auto in Deutschland, die Rückfahrt nach Spanien machten wir durch das Burgunderland, eins der schönsten Fleckchen Erde, die ich bis heute gesehen habe.

Weite Ebenen, grüne Hügel, Grachten, Schlösser. Und Wein. Was an jenem Tag gesprüht wurde, war krass. Aber das Traurigste war, dass die Weinreben alle mit jenen komischen Polymerfasern versifft und verklebt waren. Ich habe noch nie so viele von diesen spinnnetzartigen Fasern auf einmal gesehen. Bekannt waren sie mir, Josefina zeigte sie in ihrem TV Interview, Evelyn Köstenberger hatte sich darauf spezialisiert und hier bei mir vor der Haustüre am Laternenfahl hatte ich auch mal so eine Faser gefunden.

Aber was hier in der verträumten Burgundy stattfand, war ohne gleichen. Und keiner der sonst Anwesenden hatte es gemerkt. Hauptsache der neue Wein schmeckt noch.

Diese klebrigen, zähen Fäden. Was das auch immer ist. Klar ist, dass man es im Zusammenhang mit dem Besprühen sieht, denn es fällt aus dem Himmel. Nicht klar ist, was es soll. Nur irgendwas sagt mir, ein Grund zur Freude ist das nicht.

⁂

2016

Im Laufe des Jahres machte ich jede Menge neue Zeitrafferfilme vom Himmel. Und die besten davon, also, die, die in meine Mega-Sammlung aufgenommen werden, sind mittlerweile auch schon mehr als hundertzehn. Alle zu finden in dem Ordner REAL REPUGNANT FILMS.

Meine Kamera war endlich wieder repariert, bezahlt habe ich das selbst, mit Geld, das ich im Frühling mit einer Reportage verdient habe.

Mein Spendenaufruf - ich hatte extra ein neues Konto eröffnet - hatte mir einmal 30€ (danke Karsten) und einmal 15€ (danke Diego) gebracht. Auf patreon bekomme ich von all meinen Sponsoren monatlich zusammen ganze 2$.

Und just dann lernte ich jemanden kennen, der bei Greenpeace auf der Rainbow-Warrior als Matrose arbeitet. Er verdient 4.000€ monatlich, die er aber gar nicht ausgeben kann, weil er auf dem Schiff ist.

Mit Vorliebe ist die Rainbow Warrior im Pazifik unterwegs. An den schönsten

Stränden bei bester Verkostung. Auch wenn gerade gewisse Fischsorten nicht geangelt werden dürfen, die Greenpeace Warrior dürfen das. Das Bisschen, was sie verbrauchen, zu einem guten Festessen, damit kommt die Natur zurecht.

Es wird auch viel getaucht, und immer mit dabei sind hübsche, junge Biologie-Studentinnen aus gutem Elternhause, die nun sich wohlfühlen dürfen, nicht wegen den Palmen-Stränden, sondern weil sie sich ja einer so guten und wichtigen Sache angeschlossen haben.

Was heute bei Greenpiss passiert, hatten visionäre Werbeclip-Regisseure in den 80ern bereits in der Baccardi Rum Werbung gezeigt. Hübsche junge Menschen, ein Boot, ein Strand, Musik, gute Laune und natürlich ein guter Schluck Baccardi Rum.

Diese Partys versäumt Werner Altnickel schon seit Langem. Aber das macht er richtig. Man muss nämlich ziemlich verblendet und unwissend sein, wenn man sich einbildet, als Rainbow-Warrior heute noch etwas Wichtiges zu leisten. Und man muss ziemlich verblendet und unwissend sein, wenn man sich einbildet, dass man einen guten Beitrag leistet, weil man Greenpiss monatlich unterstützt. Dabei brauchen die ja gar nicht mehr Ihre Hilfe! Die werden doch schon längst von der Rockefeller Foundation gesponsert.

Greenpeace macht ja auch subliminale Werbung für einen mit Chemie verschmierten Himmel. Und auch Greenpeace nimmt sich nicht die Mühe, sich diesem Thema in irgend einer Form zu nähern. Die größte Umweltkatastrophe, mit der wir es gerade - neben Fukushima - zu tun haben, gibt es für Greenpeace überhaupt nicht. Sie haben auf ihrer Weltkarte keinen Platz dafür, sie haben in ihrem Sprachschatz kein Wort dafür. Sie haben in ihrem Team keinen Forscher dafür.

Ich habe mich dann bei Greenpeace angeboten, jenen leeren Platz zu besetzen, um ihre Wissenslücken zu füllen. Gibt es hier nur einen Leser, der glaubt, Greenpeace habe mir geantwortet?

❊

Fast täglich mache ich neue „komische Fotos“ oder finde neue Indizien im Internet. Mittlerweile hat es sich ja rumgesprochen, dass es mich gibt, und mein REPUGNANT PILOT ist zum Anlaufpunkt und zur Sammelstelle für all die anderen „komischen Fotos“ geworden. Bei mir trudelt alles rein, Fotos aus Pforzheim, aus Montreal, der Mongolei oder Oslo. Ich sehe nun täglich was global am Himmel geschieht, und finde regelmäßig Dinge, von denen die meisten von Ihnen gar nicht wissen, dass es das überhaupt gibt.

Am 5.5.2016 änderte ich meinen Seiten-Namen im facebook auf THE REPUGNANT PILOT 2.0. Ursprünglich war das Motto meiner Seite: ich vermute, dass das Klima manipuliert wird, ich versuche nun ein Muster zu finden durch tägliches Beobachten.

Jetzt - zweieinhalb Jahre später - war das Muster gefunden. Was ich damals noch nicht wusste, kann ich heute nicht mehr ignorieren. Nun WEISS ich, dass das Klima täglich manipuliert wird. Allein schon dank meiner leider täglich wachsenden Fotosammlung.

Die gesammelten Normalisierungsversuche und die erlebten Trollangriffe sind für mich nur das Zünglein an der Waage. Oder das Zitronenbällchen auf dem Kosakenzipfel.

Der Klimawandel ist ein hinterhältig eingefädelter Beschiss. Das Klima wurde zum Feind hochstilisiert. Und das habe ich nun empirisch belegen können. Und das soll ein Vorher und ein Nachher markieren. Daher THE REPUGNANT PILOT 2.0, denn nun kommt der schwierigere Teil meiner Aufgabe: meine Erkenntnisse Ihnen da draußen so zu vermitteln, dass auch Sie endlich erkennen, wie der Hase läuft; und dass Sie nicht vor Schreck sofort die Augen zukneifen.

⁕

Am 8.8.2016 durchbrach ich die 10.000 Like Hürde, und als der Repugnant Pilot im Oktober drei Jahre alt wurde, hatte er bereits mehr als elftausend Likes. Und kaum noch Zuschauer. Das habe ich ja bereits erwähnt. Je mehr Leute mir folgen, um so kleiner ist meine totale Reichweite.

In diesem Jahr sprach mich auch André Löhr an, ob ich nicht bei seiner BLAUEN HAND dabei sein will. DIE BLAUE HAND ist mir schon mehrmals als interessante Informationsquelle aufgefallen. André hat die Vision, viele frei-denkende und frei-arbeitende Autoren und Journalisten zusammen zu bringen, denn gemeinsam sind wir stärker. Das ist ein kluges Konzept. Gerne bin ich dabei. Von da an erarbeite ich einmal die Woche, jeden Donnerstag, für DIE BLAUE HAND einen neuen Beitrag, oder lege einen alten nochmal frisch auf. Denn solange die alten Beiträge nicht gelöst sind, bleiben sie aktuell.

Dokumente, Fotos, Filme, MEMES, Briefe habe ich mittlerweile so viele, mehr als Figuren auf dem Schachbrett. Und sie liegen alle schön übersichtlich sortiert in meiner Online-Schachtel und warten darauf gezogen zu werden.

Wer den Klimalügenstuss verbreitet, dem setze ich nur eins meiner „Figürchen“ gegenüber, für jede Spielsituation habe ich das passende, und die brauche ich dann nur noch platzieren. Emotional reiben mich diese „Diskussionen“ schon lange nicht mehr auf. Ich platziere meine Figürchen, den Springer, den Turm und manchmal auch eine Dame, und gut ist.

⁕

Kurz vor Jahresende gab es nochmal richtig Zoff. Der Kindersender KIKA hat mein facebook sperren lassen. Weil ich immer wieder den selben winzigen Ausschnitt von nur wenigen Sekunden in diversen meiner Videos verwurstet habe. Man sagte, ich habe gegen das Urheberrecht verstossen, man hat mich aufgefordert jeden Beitrag, der diese Szene beinhaltet, sofort zu löschen. Und noch bevor ich handeln konnte, war mein facebook für drei Tage gesperrt.

Natürlich habe ich dann die besagten Beiträge entfernt, und neue selbst-zensierte Versionen wieder hochgeladen. Selbstverständlich habe ich in den selbst-zensierten Versionen das urheberrechtlich geschützte Material nicht mehr gezeigt, aber daran erinnert, was KIKA uns an jener Stelle zeigte. Gegen das Vergessen! Schließlich komme ich aus dem Land „Gegen das Vergessen!“ Also habe ich jeden Adventssonntag einen weiteren überarbeiteten, selbst-zensierten Film neu hoch geladen. Immer nach dem Motto: Advent, Advent, KIKA brennt.

Wichtig ist doch nur, dass wir festhalten und auflisten, wer geholfen hat, dieses unsagbare Verbrechen zu vertuschen. Und KIKA kommt von dieser Anklagebank nicht mehr runter, schließlich haben sie sich da selber hingesetzt. Wer es nicht glauben will, kann es selbst in der KIKA Mediathek nachschauen:

http://www.kika.de/baumhaus/videos/video34644.html

In der Baumhaus Sendung vom 17. September 2016 erklärt ein netter junger Herr, dass die Wolken allesamt Namen haben, und das es auch die sogenannte Streifenwolke gibt, und dann zeichnet er mit Kreide auf eine Tafel zwei lange Streifen.

Nun, wer jetzt noch nichts erkennt, dem rate ich das Buch hier nochmal von vorne anzufangen, aber bitte ersparen Sie mir jetzt die Diskussion, das dies nichts zu bedeuten habe. Natürlich hat es was zu bedeuten! Es ist Kindesmissbrauch, und zwar der subliminal-bestialischen Form!

⁕

2016 tauchte in der Politik ein neuer Mann auf. Der CDU-Abgeordnete Martin Bäumer nahm die Sache mit den Chemtrails ernst und fing an, Fragen zu stellen und nachzuforschen. Doch alle seine Anfragen bei den zuständigen Behörden wurden abgeschmettert, selbst im dritten Anlauf gab man ihm keine befriedigende Antwort, dafür umso mehr Spott von Seiten der Presse.

Seitdem stehen wir mit Martin ständig in Kontakt und beraten ihn, wo wir nur können. Wir, das sind die Klimakids, eine kleine Gruppe, die auf granitharten

Fakten sitzt, und wer das Buch aufmerksam liest, kann sich vorstellen, wer dazu gehört.

Gemeinsam versuchen wir das Tabu zum Thema zu machen. Doch mir scheint gerade, dass wir überhaupt nicht weiterkommen. Martin sieht es zwar, aber all seine Politiker-Kollegen sind nich in der Lage, meine mühevoll zusammengetragene Sammlung zu interpretieren.

Wieso schaffen sie es nicht meine selbst gemachten dreitausend plus best-of-Fotos und hundert plus best-of-Filme zu deuten? Was ist da los? Was ist mit uns passiert? Meine Fotos sprechen so laut, wie das Messer im Bauch der Leiche, und trotzdem will keiner wissen, was die Todesursache war (oder in unserem Fall sein wird).

⁂

2017

Im Januar ging es gleich weiter. Ausgerechnet ein Grüner, der Parlamentarier Volker Bajus greift unseren Martin Bäumer übel an und sagte:

„Bei den Menschen, die ihren Zuspruch öffentlich machen, vermischt sich übelste Verschwörungstheorie mit rechtsextremen Gedankengut. Martin Bäumer gibt solchen Leuten eine parlamentarische Legitimation. Ich halte das für höchst bedenklich."

Ich finde es mehr als höchst bedenklich, dass Herr Volker Bajus sich nicht die Zeit nahm, meine vorgetragenen Sorgen zu studieren. Und ich finde es albern, dass er die Nazikeule rausholt, wo überhaupt keine Nazis sind. Mehr noch: ich habe den Beweis, dass er blöd wie ein Toastbrot ist, oder extreme Sehprobleme hat. Er hatte tatsächlich meinen Film WHERE EVERYBODY SEES NOTHING angeklickt und auf meine Frage, was es dort zu sehen gibt, antwortete er mir:

„Wolken."

Schauen Sie sich am Besten jetzt den Film sofort an, den finden Sie im Ordner REAL REPUGNANT FILMS (oder auch hier https://youtu.be/hfxDRJYXbtg) und Sie können dann selbst entscheiden, ob das natürliche Wolken sind, oder nicht.

Auf jeden Fall hat er sich danach nie wieder gemeldet. Vermutlich hat er gemerkt, dass er sich nun in eine Falle begeben hatte. Zum Glück habe ich noch den Screenshot (das ist ein Foto vom Bildschirm). Auch zu finden in meiner Mega-Sammlung. Und ich sammele all das, denn ich komme aus dem Land gegen das Vergessen.

Herr Bajus hat auch die Kommentare von Ria, Antony und Jürgen überhört bzw. gelöscht. Es ist immer wieder das gleiche zermürbende Spiel: bricht irgendwo die Diskussion los, kommen die KLIMAKIDS mit Blumen und Informationen. Und nie gibt es darauf eine sachliche Antwort. Wenn man Glück hat, bleibt der eigene Kommentar stehen, auch wenn er nie beantwortet wird, doch meistens werden unsere Kommentare gelöscht, besonders dann, wenn die zu leicht und deutlich erklären, was da am Himmel passiert.

⁂

Wenn wir einmal bei unfähigen Politikluschen sind, weiter geht es mit Bodo Ramelow. Aufgefallen ist er mir durch den Spott, den er immer wieder für uns „Chemmies“ übrig hat. Wir erinnern uns alle gerne an das Bild von der bekannten Schokolade RITTER-SPORT, aber diesmal mit „Chemtrail-Geschmack“, das er gepostet hatte.

Ich habe zunächst gar nicht gewusst, wer dieser Bodo ist. Hier bei den Basken ist man über Dinge in Deutschland so gut informiert, als lebe man hinter den Bergen bei den sieben Zwergen. Ich mußte erstmal googlen um herauszufinden, dass er Ministerpräsident von Thüringen ist und eben kein RTL Komiker.

Und nun - im Februar - zelebrierte er die Widerstandskämpferin Sophie Scholl auf seiner facebook Wand. Und das hat mich auf den Plan gerufen. So etwas verführte mich natürlich sofort, mitzumachen. Solche Dinge kommen auf mich zu, wie der Ball im Tennis. Als Spieler weiß ich, dass ich reagieren muss, wenn ich im Spiel bleiben will, und dann dauert es eine Millisekunde und ich weiß genau wie ich reagieren werde. Und schon spurte ich dem Ball entgegen und schrieb ihm:

„Sophie Scholl ist auch mein Idol! Im Jahre 1994 hatte ich das Glück zwei Überlebende der Stauffenberg Gruppe kennen zu lernen. Das war im Rahmen einer Arbeit für eine dänische TV Doku zum 50-jährigem Kriegsende. Beide - ich traf jeden einzeln - sagten das Selbe, was mich bis heute verfolgt:

„Herr Dabringhaus, heute sind wir die Ehre und das gute Gewissen für Deutschland, aber was keiner mehr weiß und was keiner mehr erzählt, ist, dass man uns damals verfolgt, verspottet und verklagt hatte. Wir waren die Verräter, die Idioten, die Verrückten, die Terroristen!“

Tja lieber Herr Ramelow, leider wurden unsere Versuche, Sie auf das heimlich stattfindende Geo-Engineering aufmerksam zu machen, auch nur mit Spott beantwortet. Da stimmt doch was nicht, oder? Ich bitte Sie, vier Minuten Zeit zu finden ...“

... dann legte ich ihm den Link zu einem Kurzfilm bei, der schnell und einfach erklärt, was im Himmel los ist. Mit der Zeit wurden meine Filme immer besser. Mittlerweile erzähle ich in schaurig hypnotischen vier Minuten, an gleich mehreren Beispielen, wie gesprüht wird, wie die Wolken durch HAARP geformt und bewegt werden, wie von Wimbledon, Deutsche Bahn, Mercedes Benz bis Playmobil und LEGO alle fleißig uns den verstreiften Himmel als normal unter die Nase reiben. Und dann zeige ich noch ein Hochwasser oder einen Tornado. Von den tausenden Zuschauern, die meine Filme haben, verstehen die meisten die Botschaft. Aber Trolls, Medienmeyer und Politiker komischerweise nicht.

Auch dieser Post wurde sofort wieder entfernt, und ich gesperrt. Zum Glück fand ich einen facebook-Freund, der meinen Text bei Bodo, unter seinem Namen mit Gruss von Tim, erneut gepostet hatte. Danke Clemens! Doch das wurde dann auch gelöscht.

Genau wie am 15.5.15 war alles weg. Aber diesmal habe ich vorgebeugt. Denn der emsige, im Wahn lebende, Aktivist lernt ständig dazu: diesmal habe ich lückenlose Screenshots. Und hier möchte ich mich nochmal bei Bodo bedanken, dass er sich die Mühe gemacht hat, mir zweimal zu antworten. So erkennt man wenigstens, dass er (oder ein Sekretär) meine Nachrichten gelesen hat. Das heißt, mein Text wurde nicht nur einfach entfernt, er wurde wahrgenommen und dann im vollsten Bewusstsein unterdrückt. Und ich sage Ihnen, auch diesmal kam ich mit Blumen.

Dass Bodo sich gerne erhitzen läßt und immer wieder auf den „Chemmies" rumhacken muss, liegt wahrscheinlich an seiner eigenen Familie. Wer sich einmal mit dem Bodo beschäftigt, wird sehr schnell fündig.

Seine Schwägerin, Cara StLouis, hat das Buch DIE SONNENDIEBE geschrieben, ein Roman, eine erfundene Geschichte, in der aber erklärt wird, wie so eine Operation, den ganzen Globus zu besprühen, organisatorisch funktionieren könnte.

Und sein Bruder, der Joska Ramelow, das ist ein ganz Wilder! Man findet ihn auf youtube. Ich finde den Joska hochinteressant, er ist Naturheiler, ich kann nur jedem raten, sich diesen Joska mal anzuhören. In dem was er sagt, erinnert er mich schwer an meinen baskischen Heilerfreund Xabi. Joska weiß von der Kraft der Gedanken, der freien Energie, und er erkennt den Parasiten, der unsere Welt in Geiselhaft hält.

Luke, ich bin dein Bruder! Ich kann mir gut vorstellen, wie es damals im Hause Ramelow an einem Sonntagmorgen zuging.

Manchmal frage ich mich, ob ich mich zu weit aus dem Fenster lehne, wenn ich öffentlich bekannt mache, was ich mit Bodo Ramelow erlebte. Nun, ich habe ja nichts dazu gereimt, ich halte es nur für die Nachwelt fest. Ich stelle es einfach nur in einem Rahmen aus, deutlich sichtbar für alle. Aber den unsagbaren Inhalt hat der Herr Noch-Ministerpräsident selbst gewählt. Auch diese Screenshots finden Sie in meiner Sammlung. Wird Zeit, dass jeder für das, was er tut und sagt, erkannt wird.

Herr Ramelow, halten Sie mal Ihre Hand ans Ohr und lauschen Sie mal aufmerksam. Dann können Sie Sophie Scholl in ihrem Grab weinen hören.

⁜

Da ich so wenig Rückendeckung bei meinem Ramelow-Einsatz gefunden hatte, habe ich verärgert die von mir gegründete Chatgruppe verlassen. Damals gründete ich das Wachküssende Rudel, mit dem Ziel, dass wir uns gegenseitig Feuerschutz geben, oder posten, wo die Presse wieder einen „romantischen Sonnenuntergang“ huldigt.

Zunächst klappte das gut, aber die Gruppe änderte dann den Namen in „Skywatch“, immer mehr Leute kamen dazu, und immer lauter wurde geklagt und immer weniger wurde gemacht. Mich erreichten täglich hundert ungelesene Nachrichten und die waren alle so: „Oh verdammt, was die heute wieder sprühen“ „Die Schweine, in der Hölle sollen sie braten.“ „Es ist nicht zu fassen!“ „Und keiner sagt was!“ „Und keiner merkt was!“ „Doch wir merken es!“ „Alle anderen sind Schlafschafe!“ „Und wir sind erwacht!“ … und so weiter …

Der Funke zu einer aktiven, homogenen Gruppe, die wie ein Rudel zusammenhält, hat leider nicht gezündet. Schade eigentlich. Denn, wenn nicht Ihr, wer dann?

Echt Leute, für so ein Blabla lese ich keinen Chat mehr. Ich weiß, dass es schwer ist, damit seelisch zurecht zukommen. Aber aktiv werden ist aktiv werden, und Seelsorge ist Seelsorge. Wenn man das vermischt, dreht man sich im Kreis.

Von nun an folge ich nur noch einer Chat-Gruppe, den KLIMAKIDS, dort geht es professioneller zu, und ich fühle mich geehrt, dass ich jenen heißen Draht teilen darf.

⁜

Und sonst suchte ich auch jetzt wie immer nach einer Lösung, den Ignoranten den definitiven Beweis unter die Nase zu reiben. Blutproben, Regenwasserproben, die ganzen Patente, die ganzen komischen Fotos, all das reicht ja offenbar nicht aus, zu beweisen, dass wir vergiftet werden. Und das große Bienensterben betrachtet leider auch keiner in dem Zusammenhang. Und genau so wenig interessiert es uns, dass wir - die Menschen - ohne Bienen nicht überleben werden.

Es war Patrick Roddie der einen Auszug aus THE ITALIAN JOB (mit Michael Caine von 1969) zeigte, in dem ein Chemtrail just im spannendsten Moment der spannendsten Szene auftauchte.

Die erfolgreichen Gangster flüchten mit den erbeuteten Goldbarren in einem Bus, kommen ins Schleudern. Der Bus rutscht zu Hälfte über eine Klippe. Dort bleibt er hängen und pendelt wie eine Waage. Das Gold im Heck reißt runter in den Abgrund, die Männer müssen ganz vorne im Bus bleiben, sonst kippen sie in die Schlucht. Ein schönes Bild um eine Gangster-Komödie enden zu lassen.

Just wenn die Kamera von unten auf die frei pendelnde Bushälfte schaut, sieht man links im Bild einen fetten Chemtrail. Patrick Roddie schrie auf: „was für eine billige Fälschung!“

Wenn Chemtrails in modernen Filmen, also ab 2000 plus, auftauchen, dann lag das sehr wahrscheinlich am Drehtag. Aber nicht, wenn Chemtrails in animierten Filmen auftauchen. Die wurden vorsätzlich in den Film gemalt. Dass das so ist, zeigt meine kleine, eigene Sammlung. Auch wenn die Justiz sich immer noch nicht dafür interessiert, die Beweise bleiben erdrückend.

Es wird auch gemunkelt, dass Chemtrails im Nachhinein in ältere Filme einmontiert wurden, damit wir das Gefühl haben, der Himmel war ja schon immer so gewesen. Auch damals schon.

Millionenbeträge werden angeblich ausgegeben, um alte Filme zu überarbeiten. Und weitere Millionen werden bezahlt, damit die Ausführenden schweigen. Doch manche von denen, können nicht anders und müssen sich ihrem Psychiater anvertrauen. Und manche von den Psychiatern plauderten. Und hier schreibe ich es auf. Hab ich nur gehört, könnte aber stimmen.

Alle alten Filme, die dann mal als DVD rausgebracht wurden, wurden allesamt „digitally remastered“. Die Farben wurden satter, der Ton besser. Kann es sein, dass der Himmel auch streifiger wurde? Und zwar immer nur für Bruchteile von Sekunden, das reicht für eine subliminale Programmierung völlig aus. So wie jetzt beim ITALIAN JOB!

Jetzt habe ich Euch! … dachte ich, als ich auf ebay dann sogar noch eine alte VHS aus dem Jahre 1992 gefunden habe. Die kostete nur drei Dollar, der Versand dreißig. Ich zückte meine VISA und sagte, diese Freiheit gönn’ ich mir.

Ich hatte alles bestens organisiert. Kaum war der Film da, war ich bei dem Techniker, der NTSC VHS Kassetten abspielen kann. Und damit mir niemand unterstellt, ich habe die VHS manipuliert, habe ich die ganze Aktion gefilmt: die Hände, die den Briefumschlag aufreissen, dann THE ITALIAN JOB als gebrauchte alte VHS hervorholen, und die Kassette direkt in den Schlitz des

Rekorders stecken. Dann haben wir den Film auf Schnellvorlauf gestellt und endlich kamen wir an den Schluss, den wir nun mit normaler Geschwindigkeit sahen, die ganze Zeit hielt ich alles mit der Kamera fest.

Der Bus schoß über die Klippe, der Blick von unten, und auch hier in der Version von 1992 war der fette Chemtrail drin.

Was?! ... ich musste mich erstmal setzen. Das sinken lassen. Witzig ist, dass ich in solchen Momenten immer eine neue Piste finde. Solche Momente sind nie eine Sackgasse. Drei Tage später hörte ich zufällig das Lied THE WINDMILLS OF YOUR MIND. Den Song kenne ich schon länger, und ich wusste, dass er zu dem alten Film THE THOMAS CROWN AFFAIR mit Steve McQueen gehört. Und da ich nichts Besseres an jenem Abend zu tun hatte, schaute ich mir den Film an.

Fay Dunaway und Steve McQueen sehen toll aus, und die Moral der Geschichte ist: reich sein ist geil, und noch reicher ist noch geiler. Ein ziemlich hohler Film ästhetisch schön erzählt. Am Ende flüchtet Thomas Crown, er nimmt einen Linienflug und setzt sich ab. Das Schlussbild ist das Flugzeug in dem er sitzt. Und dieses Flugzeug zieht einen fetten nicht endenden „Kondensstreifen" hinter sich her.

Das war 1968 und ich bin mir sicher, dass hier nichts nachträglich eingesetzt wurde, ich habe sogar nun das Gefühl, dass dieser sonst nichts aussagende Film nur finanziert und gemacht wurde, um jenes Schlussbild zu zeigen, um solche „Linienflüge" bei uns in der Wahrnehmung zu etablieren. Es war vielleicht sogar der Jungfernflug eines Chembombers, getarnt als Passagierflugzeug, in einem subliminalen Propagandawerk, getarnt als Kino-Unterhaltung.

Wenn dem so ist, dann kann es auch sein, dass ein Jahr später jene spannende Szene an der Klippe mit dem Bus aus ITALIAN JOB auch bewusst gedreht und gepflanzt wurde. Wer einmal bei einem Dreh dabei war, weiß, dass nichts dem Zufall überlassen wird. Wäre es wirklich nur ein vereinzeltes Experiment am Himmel gewesen - die gibt es ja schon seit dem zweiten Weltkrieg - dann hätte der Kameramann dem Regisseur geraten, ein bisschen zu warten, bis der Himmel wieder klar ist.

Und auch hier sah ich wieder nur bestätigt, dass der Kaninchenbau tiefer ist, als zunächst vermutet. Oder man kann schon wieder sagen: die Zwiebel hat noch eine weiter Schicht. Sorry, wenn ich immer wieder von der Zwiebel rede, aber es passt so gut. Von lang her schon hat man uns in Lügen gewickelt, man hat uns so schleichend den Verstand verknetet, aber das ist jetzt bekannt. Zumindest allen, die das hier lesen.

Und nach diesen beiden (und wieviel weiteren noch?) alten Filmen legt in diesem Jahr Hollywood fünf Gänge zu und schaltet auf Turbo. Im Oktober kommt ein neuer Katastrophenfilm, GEOSTORM, wo laut Vorankündigung Wetterwaffen gegen die Bevölkerung eingesetzt werden. Jetzt läuft schon der Trailer, und bei jedem Aktivist der Alarm. Wenn Godzilla New York angreift, ist es Unterhaltung, wenn aber ein durch Wetterwaffen ausgelöstes Unwetter die Stadt versenkt, dann ist es prädiktive Programmierung. Oder man kann auch sagen: sie verstecken ihr Verbrechen auf der großen Leinwand direkt vor unseren Augen.

⁂

Inspiriert durch die BLAUE HAND, die schon seit Januar eine eigene Webseite hat, und alarmiert durch die zunehmende Zensur auf facebook, ließ ich mir dazu raten, eine eigene Webseite zu betreiben. Die ging dank Alex, einer der blauen Hände, am 26.04.2017 an den Start.

Unter therepugnantpilot.com findet man nun alles, was ich bisher zusammen getragen habe, alles, was Bestand dieses Buches hier ist und noch so einiges mehr; einfach und übersichtlich sortiert, zum Herunterladen bereit.

Wer bei der Aufklärungsarbeit helfen will, findet hier alles, was er braucht, um sich mit Fakten zu bewaffnen. Meine Sammlung soll bitte als Munitionslager verstanden werden: nehmen Sie sich bitte, was Sie wollen; und zeigen Sie es bitte, wo Sie können.

⁂

Dann geschah noch etwas Großes im April 2017. Etwas, wo wir in der „Chemmie"-Szene schon längst darauf gewartet haben.

Endlich wurde die Katze aus dem Sack gelassen. Nun wurde es amtlich gemacht, dass die Wissenschaftler uns endlich mit ihrem Geo-Engineering helfen wollen. Man werde es ab sofort ausprobieren müssen, um uns vor dem bösen Klimawandel zu schützen. Die Stunde hat endgültig geschlagen, wir kommen nicht mehr darum herum. Nun müssen wir uns trauen, jene, bisher als Verschwörungstheorie abgetane, Technologie mal anzuwenden.

Oder anders: das, was bis gestern eine Verschwörungstheorie war, ist plötzlich eine wissenschaftliche Hoffnung geworden.

Neben den neuen Wolkenarten, die im März schon auftauchten (dazu ein eigenes Kapitel), ist dies der nächste Schritt, dieses Verbrechen schrittchenweise zu legalisieren. An der Stelle möchte ich daran erinnern, dass zur Zeit des Dritten Reiches die Deportation von Juden auch legal war. Legal ist immer das, was die Deutungshoheit als legal etikettiert hat.

In meiner Jugend gab es in Deutschland keine Tornados und erst Recht keine Doppeltornados. Nun sind sie normal geworden. Und keiner sagt was. Wir reden zwar über all die Katastrophen, die uns in Deutschland und im Rest der Welt, in einem noch nie da gewesenen Ausmaß, heimsuchen; aber wir fragen uns nie, wieso das so ist.

Braunsbach war nur der Anfang, wir kleben an jenen erschreckenden Bildern der absoluten Zerstörung, dann klebt uns der Nacken, weil die Sonne so brennt und kurz darauf fällt die Temperatur in den Keller. Mittlerweile ist es normal, dass wir alle vier Jahreszeiten an nur einem einzigen Tag serviert bekommen. Wenn das so weitergeht, werden wir irgendwann noch schockgefrostet oder Blitz gebraten.

Wir merken es, wir reden darüber, die Presse nennt es Jojo-Wetter. Wir lernen damit einen neuen Begriff, und verwechseln das mit einer Erklärung. Wir schlucken neue Wortprägungen und fühlen uns danach informiert und gebildet. Und umso lateinischer das Vokabular, umso gebildeter dürfen wir uns schätzen.

Tatsache ist, mit den neuen Ideen und Worten hat man nur unser mentales Konzept zu diesen uns unbekannten Dingen abgesteckt. Und zwar so, dass wir nicht sehen, was wirklich los ist, aber mal wieder an Hegels Dialektik „Problem - Reaktion - Lösung“ kleben bleiben, und von dort gelenkt und geführt werden.

Schaut man sich unsere Geschichte an, findet man immer wieder ein großes, künstlich erzeugtes Problem, das für eine gewaltige Reaktion beim Volk sorgte. Wer dann den Weg raus aus dem Schlamassel kannte und eine Lösung hatte, der konnte seinen Führungsanspruch ausbauen und festigen.

Wieder erkennen wir ein Problem, wenn auch nicht das wahre, und schreien wieder nach einer Lösung. Und die gibt man uns endlich. Jetzt ist der Patient so weichgeklopft, dass die Täter - also die Verursacher des Jojo-Wetters - aus den Schrank raus kommen, und zwar als Arzt verkleidet.

Man hat es geschafft, uns so weit einzulullen, dass wir den Rest des Giftes nun wissend und freiwillig schlucken (wollen). Und das wird mir jetzt erst deutlich, jetzt wo ich das hier aufschreibe.

Wir haben es uns im Kollektiv gemütlich auf der Schlachtbank eingerichtet. Dort fühlen wir uns wohl, dort wollen wir bleiben. Und die zwei Minuten, die wir noch haben, wollen wir uns nicht mit schlechten Nachrichten versauen.

Ganz klar, dass wir Aktivisten Ermüdungserscheinungen bekommen. Wir schreien, wir trommeln. Wir gehen dafür in U-Haft, wie ich jetzt zum Beispiel. Hauptsache ständig im Einsatz, jedesmal wenn der Himmel komisch ist, halte ich es fest.

Wir sehen es, wir denken daran, wir reden davon. Wir nerven unsere Familien und Freunde damit. Und zwar täglich. Wir werden dafür verspottet und als Spinner abgetan. Wir tun es für Sie und Ihre Kinder, aber Sie merken es nicht, und falls Sie es merken, wollen Sie es nicht sehen.

Auch wenn keiner hinsieht, nun zeigt es sich aber, dass all die Aluhutträger und Spinner Recht hatten. Und auch das interessiert keinen. Was hat sich also geändert?

Nichts, nur das unser Stöhnen über das Jojo-Wetter oder Klimachaos jedesmal ein bisschen lauter wird. Und gerade sieht es ganz so aus, dass dieses Stöhnen noch zu verzweifeltem Geheul wird, wenn die ersten Ernten dann komplett ausgefallen sind, weil unsere Pflanzen diese Klimaattacken nicht mehr meistern können.

⁕

Apropos Ernteausfall. Im Mai 2017 war ich mal wieder in Alava, das liegt direkt neben LaRioja. Eine wunderschöne Region, wo Wein, Hafer und Weizen angebaut werden. Im Radio Vitoria sprach man, dass ein großer Teil der Weinreben durch den zweifachen Frost Ende April zerstört wurden, und da es hier lange nicht geregnet hatte, wird aus dem Weizen und Hafer dies Jahr auch nichts. Man sprach von Verlusten in achtstelliger Höhe. Und man fragte sich, ob die EU in der Lage ist, den geschädigten Landwirten finanziell auszuhelfen. Solange das Geld wieder fließt, kann das alles nicht so schlimm sein.

Aber niemand fragte sich, was passiert, wenn das Produkt im Regal fehlt. Wieviel Haferpflanzen und wieviele Weinreben können krepieren, ohne dass wir den Gürtel enger schnallen müssen?

Und während diese Sondersendung im Radio lief, war der Himmel unter aller Sau - mittlerweile wissen Sie, was ich damit meine - aber niemand erkennt einen Zusammenhang. Wieso erkennt keiner, dass dieser vergiftete Himmel, der Grund ist, weswegen unser Wetter spinnt und unser Essen zerstört wird?

⁕

Und der letzte Schrei im Juni war, dass die deutschen Medien, um konkret zu sein „exakt/FAKT“ vom MDR - allein schon der Name dieser Sendung ist arrogant und anmaßend - ein Foto von fetten Chemtrails postet und darunter schreibt: „Glauben Sie an Chemtrails? Wir nicht.“ Und dann werden wir aufgefordert, endlich Beweise zu liefern.

Das ist der dreifache Hohn, gleich mit beiden Arschbacken und dem stinkenden Sack setzt sich die Presse auf unser Empfinden für Falsch und Richtig.

Zum Einem habe nicht nur ich, sondern so viele Andere regelmäßig Beweise geliefert, und sind JEDESMAL zumindest ignoriert, manchmal sogar gelöscht und gesperrt worden.

Und zum Anderem: welcher Journalist sagt bitte, bring mir die Beweise?

Nur der, der es gewohnt ist, abzuschreiben, was man ihm vorlegt. Wer es nicht mehr schafft, selber zu suchen, schluckt alles, was man ihm auf den Tisch legt oder in den Mund schiebt. Genau wie eine Nutte.

Und der dritte Hohn ist, während wir uns von der Presse plump anmachen lassen müssen, endlich Beweise zu liefern, um unseren paranoiden „Glauben“ zu rechtfertigen, liefern die selben Medien an einem anderen Tag in einer anderen Sendung oder Zeitung einen fetten Beitrag, wie wichtig Solar Radiation Management sein kann, um uns vom Klimawandel zu schützen. Die Katze beißt sich hier in den Schwanz, und das merkt auch kaum einer.

Ria meint langsam, wir haben verloren. An manchen Tagen kann ich das auch meinen. Besonders jetzt in Untersuchungshaft. Dann schreibe ich eben auf, wie wir abschmieren, dann schreibe ich den Untergang auf. Hauptsache ich schreibe, denn so lange ich schreibe, gehe ich noch nicht unter. Das Gefühl diese Geschichte hier zu erzählen, gibt mir Kraft. Und läßt mich auch meine karge Zelle vergessen.

Auch Bücher sind Waffen, und dies hier, was Sie nun hier lesen, ist ein Trojanisches Pferd. Jawohl, ich habe Sie verführt mal die Dinge neu zu betrachten! Und zwar zu Ihrem und unser aller Vorteil!

Eins ist mir klar. Egal was kommt, ohne göttliche Intervention geht gar nichts mehr. Das einzige, was ich noch machen kann, sind kleine Boote mit Botschaften bauen, darauf Segel montieren und die dann aufstellen, doch den Wind, damit die Botschaft die kritische Masse erreicht, den müssen SIE machen.

Und wenn die kritische Masse einmal erreicht ist, dann werden wir sehen, wie alles kippt. Kippen, so nennt man in der Chemie den Wechsel von einem Zustand in den anderen. Und wenn der nicht gelingt, bleibt uns immer noch das Umkippen. So oben wie unten.

Also, denken Sie immer daran: Nur der Wille zählt! Und darum WILL man ihn uns nehmen.

Und wenn Sie jemals zweifeln, ob ein Individuum genug Macht hat, dann vergessen Sie nie, dass ein einziges Schamhaar von Ihnen reicht, um ein ganzes Restaurant schließen zu lassen.

All die Mühe, das hier alles genau zu erzählen, so wie es sich zugetragen hat, mache ich mir nicht nur, weil ich endlich die Zeit dazu gefunden habe, dank U-Haft. Ich mache mir die Mühe, und das schon seit vier Jahren, weil ich tief in mir drin spüre, dass wir es schaffen, dieses Verbrechen zu stoppen! Und um so mehr wir sind, umso leichter und schneller wird es gehen.

❊

Kapitel 34

Neue Wolken

Der Vollmond scheint durch die kleine vergitterte Luke. Wenn ich doch nur endlich schlafen könnte. Draußen heulen die Katzen. Katzen! Ich musste lachen. Das sind all die Katzen, die hier so allmählich aus dem Sack gelassen werden. Jetzt sind sie frei, und völlig kirre dem Mond ausgeliefert. Hören Sie sie das Gejaule?

Endlich will man das Geo-Engineering mal ausprobieren, um uns zu retten!

Ich jaule es nochmal, denn mir scheint, Sie haben das noch nicht so ganz verstanden. Und ich gebe zu, es ist schwer, das zu verstehen.

Man hat uns erst den Verstand geknetet, bevor man sich an der Natur vergriffen hat. Man hat uns erst das Hirn verstümmelt, bevor man die Natur ruiniert. Wir sehen die Streifen am Himmel gar nicht, aber erkennen sofort den Kratzer auf unserem Auto.

Und damit das, was plötzlich über unseren Köpfen neu am Himmel entstanden ist, auch als normal gesehen wird, und nicht hinterfragt wird, reichte es doch tatsächlich, der Sache einfach einen Namen zu geben, und in einer offiziellen Liste einzutragen.

Die WMO (World Meteorological Organization - zu Deutsch: Weltorganisation für Meteorologie) hat neulich, also im März 2017, ihren Wolkenatlas um ganze zwölf neue Wolkentypen verlängert. Da wurde der Atlas einfach ein paar Seiten dicker. Das erinnert mich an Lagnese. Es beginnt eine neue Badesaison. Man steht in der Schlange vor dem Freibad-Kiosk und man studiert die Eistafel.

All die Klassiker sind da, Cornetto, Dolomiti, Flutschfinger und plötzlich sieht man dann zum allerersten mal den Braunen Bär, ... mit Inhalt zum Lutschen. Wer kann sich an den Moment noch erinnern?

Und seitdem war der Braune Bär immer dabei. Und seid neulich sind Undulatus Asperatus, Cumulus Asperatus, Homomutatus, Cirrus Aviaticus, Volutus und Cirrus Fibratus auch immer dabei.

Hat nur ein Wetterfrosch deswegen angefangen zu hüpfen? Natürlich nicht. Komisch nicht? Man müsste doch meinen, dass ein Wetterfrosch neugierig los hüpft beim Anblick neuer Wolken. Hat der Wetterfrosch denn gar keine professionelle Neugierde mehr, so wie ein Bestatter sie bekommt, wenn er einen Notarztwagen hört?

Und wenn das Wetter noch Jojo spielt, dann nennen wir es einfach Jojo-Wetter. Hauptsache, wir haben ein Wort, um es zu erklären, und die Technik, um dagegen was zu tun.

Das mit den Wolken ist wie mit den Titten. Ich gehöre noch zu der Generation, die den Unterschied zwischen falsch und echt erkennen. Und dafür muss man keine Medizin studiert haben, so wie die Trolls uns das einreden wollen. Dafür muss man nur einmal liebevoll zugreifen. Oder genau hingucken. Zeitraffer hilft dabei.

Und was ich immer wieder filmte sind Rippenwolken oder gerippte Wolken. Dass die Wolken sich in Rippen formatieren, okay, dass kann ich noch als natürlich gelten lassen, aber das Wolken selbst aus zig kleinen mit dem Lineal gezogenen Rippchen bestehen, nun das ist EMF Technologie. Und das ist einfach unsagbar.

Sie finden ein extrem gutes Beispiel hier, das Foto ist von mir, eins von den 3.000 best of Bildern:

Und damit man das Unsagbare sagen kann, wurde nicht nur der Wolken-Atlas vergrößert, sondern man erfindet stündlich neue Wortkreationen. Ria hat so einige von denen gesammelt, die ich Ihnen nun hier zeigen werde. Das sind alles Begriffe, die von Meteorologen, Wetterfröschen und den Medien verwendet wurden!

Ich empfehle Ihnen: Jetzt hinsetzen, anschnallen und jede Wortschöpfung einzeln wirken lassen. Also los geht es:

Schleierwolken (uns allen bekannt, nicht?)

Labile Luft.

Regenbogenwolken.

Wolkenwalze.

Straßenwolken.

Ein Höhentief.

Unbedeutende längliche Wolken.

Echte Wolken !!!

Wolkenschiffe.

Oder man sagte uns: „Es kann aus dem Hochnebel heraus regnen."

Oder: „bei bedecktem, klaren Himmel ..."

Hoch- und Tiefnebel.

Wellenwolken.

Nachtleuchtende Wolken.

Diffuser Sonnenschein.

Persistente Kondensstreifen.

Nebelschlangen.

Einmal sagte man uns sogar: Das müssen Militärflugzeuge ausgebracht haben - das hat mit Wetter so nichts zu tun!

Das war der einzige Kommentar solcher Natur. Dieser Wetterfrosch, der das sagte, gibt es den noch? Hat da einer von Ihnen nähere Informationen zu?

Aus Warschau wurden uns die Regalwolken gemeldet.

Dann gibt es noch:

Hochnebelfelder.

Kondenszirren.

Streifenwolken (vorsicht das © an diesem Wort hat KIKA).

Längliche, feine Wolken.

Dekorative Wolken.

Übersättigte Luft.

Kondensstreifenabriss durch nebeneinander liegende unterschiedliche Luftschichten.

Ein/Aus Kondensstreifen.

Kondensstreifen-Verwehungen.

Aufgeraute Wolke.

Wellige Wolke.

Runzelige Wolke.

Hohe Schleierwolken.

Schönwetterblassblau.

Gestreute Wolken.

Federwolken.

Kanalwolke.

Tiefdrucksumpf.

Hochdruck-Wurst … ich lach gleich.

Wärmeberg.

Kaltluftpfropfen.

Wolken, wie mit dem Lineal abgeschnitten … ach was.

Saharastaub (als Aufhänger für versprühte Substanzen)

Blutregen, Blutschnee (durch Saharastaub)

Lange Wolken.

Hartnäckiger Nebel.

Harmlose Wolken !!!

Milchige Wolkenbildungen.

Zerrwolken.

Quallenwolken.

Wolken wie Ozeanwellen.

Sonnenhunde, sun dogs oder Nebensonnen. Die habe ich schon oft fotografiert. Sie kommen manchmal in natürlicher Form vor, besonders in Skandinavien. Aber da sie weltweit, mittlerweile mehrmals pro Woche, zu sehen sind, kann man auch hier nur auf die Auswirkungen der versprühten Metallpartikel schließen. So sagte es mir Ria, so scheint es mir schlüssig.

Blitzsonne.

Gewitterasthma. Keuch, keuch.

Industrie-Schnee. Schmeckt so gut.

Oder:

„Die Sonne scheint heute ungestört." Aber die Katzen heulen immer noch.

Hören Sie es auch?

❊

Kapitel 35

Mr. W und der Zaun

Endlich komme ich zu meinem Whistle-Blower. Er will anonym bleiben, also respektiere ich das. Schließlich hatte er schon genug Probleme bekommen …

Muss ja nicht sein, aber wäre es nicht cool, wenn wir uns nun alle hervortrauen würden, alle endlich aus dem Schrank kommen, um unsere Geschichte zu erzählen? Wäre das nicht heilend? Denn so viele von uns sind gerade dabei, genau darauf zu achten, dass dieses System genau so ist und bleibt, wie es gerade ist und uns ärgert.

Überwachungsanlagen aufbauen, Überwachungspersonal einsetzen, Medikamente herstellen, Medikamente verkaufen. Das gehört jetzt alles zum Bruttosozialprodukt, dank dessen ging die Arbeitslosigkeit wieder zurück.

Am Ende ist der Apotheker von nebenan genauso involviert wie mein Whistle-Blower. Der Letztere hat nur irgendwann gemerkt, dass er es mit seinem Gewissen nicht mehr auf die Reihe kriegt. Und seit seinem Ausstieg wird er eingeschüchtert, die Klappe zu halten.

Er hat Angst, richtig Angst, und wieso, werde ich Ihnen erzählen.

W (wie Whistle) werde ich ihn nennen. Ich weiß noch, wie wir uns kennen lernten im lauten Geschnatter des Facebooks. Im Oktober 2015 als ich bedroht wurde und als Konsequenz meine Sammlung auf mega.nz öffentlich zugänglich gemacht habe, meldete sich auch W bei mir. Er wollte mich unbedingt am Telefon sprechen und ich hatte so einfach gar keinen Bock, denn die Trolls zogen mich runter. Ja, für einen Moment haben sie es geschafft, und ich fürchtete, dass ich nun noch einen Troll am Telefon erleben muss, oder dass ein Troll meine Telefonnummer bekommen könnte.

Nun, dieser W hörte nicht auf zu drängeln, also gab ich nach und rief ihn an. Und zu meiner Überraschung fand ich einen netten, normalen Mann, der irgendwo in Deutschland in der Nähe einer großen Stadt lebt.

Wir hatten ein gutes Gespräch, als einmal erkannt war, dass wir am selben Puzzle arbeiten, dass wir beide versuchen, die selbe Geschichte zu lösen.

W erzählte von seinem Beruf, der auch für ihn eine Berufung war. Es gibt Kinder, die schon im frühsten Alter ein Talent für etwas haben, und dann konsequent auf diesem Weg bleiben.

W hatte schon als Bub an dem alten Transistorradio seines Großvaters geschraubt, und hat damit ganz neue Frequenzen angezapft. Obwohl nur ein Junge mit dem Schraubenzieher an einem alten Radio fummelte, und sonst an jenem ruhigen Sommertag nichts Außergewöhnliches im Städtchen passierte, umso ungewöhnlicher war es, dass es nicht lange dauerte, und die Polizei kam zu dem kleinen W nach Hause und nahm ihm das modifizierte Radio weg!

Die konnten das damals schon „lesen", was ein Junge hinter einer Hauswand am Transistorradio verbockte. Offenbar hatte er Frequenzen angezapft oder gesendet, die für uns nicht bestimmt sind.

Hierzu fällt mir noch eine andere Kindheitsgeschichte von einem anderen Jungen ein, auch er blieb dann mehr oder weniger seiner früh vorbestimmten Karriere treu: er wurde Spielautomaten-Betreiber und Zuhälter.

Als Achtjähriger machte er falsche 5 Mark Stücke. Mit dem Zinn der Zinnsoldaten. Und die waren wohl gut genug, dass er es geschafft hatte, ein paar davon in Umlauf zu bringen. Und sofort stand die lokale Bullerei bei ihm vor der Türe.

Ich bin mir sicher, dass bei keinem anderen Verbrechen, inklusive Mord und Totschlag, die Polizei so blitzschnell reagieren wird, wie wenn es um die Verteidigung der Zahlungs- und Frequenz-Hoheiten geht. Das hat System. Das ist System. Unser System.

W hatte zuletzt Sendemasten für den Mobilfunk aufgebaut, und er hat die Emissionen gemessen. Und wie er immer wieder feststellen musste, sind die weit über den zulässigen Werten. Die Mitarbeiter, die damit ein Problem haben, werden aussortiert.

W fühlte sich irgendwann nicht mehr wohl dabei, dass wegen seines Dazutuns und seiner Arbeit in jedem Stadtblock mindestens drei solcher überpotenzierten Mikrowellenanlagen aufgebaut werden. W meldete seine Sorgen einem Vorgesetzten, und der erwiderte lakonisch: „Ja lieber Herr W, in ihre Arbeit dürfen Sie keine Emotionen reinstecken!"

Aber seine Emotionen unterdrücken, schaffte W nicht, er beschwerte sich nochmal. Als Antwort kam ein „lassen Sie es gut sein", und dann wurde er aussortiert. Frührente. Mit 42.

Und um sicher zu gehen, dass er schweigt, wurde er zweimal demonstrativ eingeschüchtert. Während W sein Auto steuerte, wurde er von heftigsten Krämpfen geschüttelt, er schaffte es so gerade noch seinen Wagen anzuhalten. Da W sich mit Strahlenwaffen auskennt, hatte er eine Ahnung und wusste, auf was zu achten war. Und er fand die Spuren, die seinen Verdacht nur festigten.

W schickte mir Fotos davon: nach jedem der beiden Angriffe fand er einen exakten kreisrunden Kringel-Abdruck im Staub auf dem Lack seines Autos. Ganz eindeutig waren diese Abdrücke frisch und gewiss zu geometrisch, um zufällig entstanden zu sein. W meinte, dies seien die Spuren einer Resonanzwaffe. Damit habe man ihn angepeilt. Das war ein elektromagnetischer Angriff. Im Staub blieb es sichtbar …

Zur gleichen Zeit fand ich dann noch ein Foto von Alessa und ein Foto von Ben und beide zeigen ähnliche Kreise, nur diesmal viel größere. Auf Alessas Foto sind die Kreise über einem Wald zu erkennen, und auf Bens Foto sieht man die Kreise von einem Flugzeug aus. Aber ganz deutlich erkennt man auch hier die Kreise.

Mit den alten Videokameras war es leichter jene für das Auge nicht mehr sichtbaren Frequenzbereiche einzufangen. Da aber mittlerweile in jenen nicht sichtbaren Frequenzbereichen so viel los ist, so viel Geheimes passiert, wurde die Industrie dazu angehalten, bei den neuen Kameras den Frequenzbereich zu drosseln.

Doch hin und wieder fangen auch die neuen Kameras jene Wellen ein, und wenn man ein bisschen an den Einstellungen spielt, den Kontrast verändert, wird auf einmal das Unsagbare sichtbar.

Resonanzwaffen gibt es. Und zwar in allen Größen.

Von HAARP und Nexrad wusste ich ja schon, aber nicht von den Mobilfunktürmen. Und erst recht nicht, dass es wohl schon die selben Waffen gibt, die FANTOMAS bereits in den 60ern GEGEN INTERPOL anwendete.

Hätte mich mein Leben nicht so gut für jenes Telefonat mit Herrn W vorbereitet, dann hätte ich ihm entgegen gebellt, er solle seinen Unsinn seinem Friseur erzählen, und mich bitte damit verschonen.

Doch Mr. W war alles andere als ein Idiot, und er ballerte mich mit Fakten zu, die ich versuche, hier kurz anzureißen. Ich war in Physik und Chemie immer eine völlige Niete, mir geht es jetzt nicht darum, Ihnen EMF-etc Technologie zu erklären, sondern mir reicht es, wenn Sie darüber informiert sind, dass es so etwas gibt.

Es ist erwiesen, dass elektromagnetische Felder Tiere und Pflanzen beeinflussen können. Selbstverständlich können sie dann Menschen auch beeinflussen, nur das will keiner erwiesen haben.

Diese Frage stört. Diese Frage stellen nur bekloppte Verschwörungstheoretiker, so Idioten, die auch an Chemtrails „glauben". Und die, die nicht darüber reden wollen, dass elektromagnetische Wellen einen Einfluss auf uns haben, sind die Selben, die uns vom Elektrosmog oder von der Junk DNA erzählen.

Junk-DNA gibt es nicht. Die ganze DNA ist heilig und hat ihren Sinn. Welcher vermessene Wissenschaftler nennt Gottes Schöpfung Junk (Müll)? Nun wissen wir, das macht man nur, um uns in die Irre zu führen.

Und mit dem Wort Elektrosmog führt man uns auch in die Irre. Wobei das Wort stimmig ist: wo Smog ist, kann man nur schwer erkennen, was es da sonst noch so alles gibt. Vielleicht verbirgt sich im Elektrosmog auch die eine oder andere Überraschung, wie z.B. Skalarwellen, die extra nur für Sie bestimmt sind!

Ja genau, persönliche Grüße lassen sich verschicken. Das geht über Frequenzen. Jede Schneeflocke ist anders und jeder Körper hat seine ganz eigene, individuelle Frequenz, und die liegt bei gesunden Menschen zwischen 62 und 68 Hz. Vor dem Komma trennen uns maximal 7 Hz, hinter dem Komma ist die Schöpfung endlos.

Jeder Mensch hat seinen ganz eigenen Vibrations-Code, der funktioniert wie eine IP Adresse auf einem Computer, damit ist man erkennbar, peilbar, kontrollierbar. So wie ein youtube-Film auf Ihr Smartfon geladen wird, kann man einen Gemütszustand oder eine Krankheit nur auf mich oder nur auf Sie übertragen.

Oder auf eine Rasse, die einen gemeinsamen Nenner im Code teilen. Es ist möglich biogenetisch verwandte Leute anzugreifen.

Die ganze Technologie, die Tesla bereits erkannt hatte, wurde nicht nur vor über hundert Jahren unterdrückt, sondern auch vom Militär im Geheimen weiter entwickelt. Man ist heute in der Lage mit Frequenzen Wolken und Ideen zu verschieben, sowohl das Wetter als auch unsere Gemüter lassen sich erhitzen oder abkühlen. Je nach Bedarf. Denn alles ist zum Plasma geworden, und somit ist die Biomasse endlich steuerbar. Wer erinnert sich nicht an die irakischen Soldaten, die glücklich lächelnd sich ergeben haben?

Synthetische Gefühle. Gelenkte Geschichte. Geschürter Streit. Gesteuertes Schicksal. Laut W werden wir als Bio-Robot gerade mal durchgetestet: ab wann hauen wir uns wieder gegenseitig auf die Fresse?

Unsere Instinkte werden künstlich in die Irre geleitet, erst versuchte man es bei den Vögeln, die schwarmweise abstürzten, dann versuchte man es bei den Walen, die herdenweise gestrandet sind. Nun versucht man es mit uns. Militärisch hat das sogar einen Namen, man redet von „Full Spectrum Dominance“.

Man kann es auch so erklären: die Schwingungen der Natur werden durch künstlich erzeugte Schwingungen überlegt, und wir somit von der Natur abgekapselt. (Das deckt sich auch mit dem, was David Icke sagt: man will uns in einer niedrig vibrierenden Matrix gefangen halten).

Es gibt tatsächlich einen Zaun aus Frequenzen. Und wer mit der Horde im Gehege bleibt, wird diesen Zaun nicht erkennen können. Doch wenn man einmal die Horde verlassen hat, und diesen Zaun erkannt hat - so wie Jürgen und Wolfgang schon damals erkannten, dass eine Mauer hinter der gefallenen Mauer stand - der hat dann Pech gehabt.

Man lacht ihn aus, weil man ihm nicht glaubt. Und je nach dem, wo man arbeitet (zum Beispiel Presse), verliert man seinen Job. Leute, die von diesem Zaun wissen, sind nicht erwünscht. Sie könnten andere mit ihrem Wissen infizieren. Solange man nicht weiß, wo der Zaun ist, weiß man auch nicht, dass es ihn gibt.

Mr W schickte mir so einige interessante Links und pdfs zum Studieren. Von ihm weiß ich, wer Heiner Gehring ist, sein Vortrag „Versklavte Gehirne“ hat ihm vielleicht sein Leben gekostet.

W zeigte mir auch die Seite e-waffen.de, er machte mich auf die GPEC (General Police Equipment Exhibition & Conference) aufmerksam, und auf SAR-Lupe. Dank ihm hörte ich mir die interessanten Vorträge über Skalarwellen von Prof. Dr. Konstantin Meyl an.

Von W weiß ich, dass man Frequenzen messen kann, aber nicht alle. Aaronia ist marktführender Hersteller für Messgeräte aller Frequenzen. Für jeden Frequenzbereich gibt es ein Spezialgerät. Aber kein im Handel erhältliches Gerät ist in der Lage den Bereich 9,5-10 GigaHertz zu messen. Wird da etwas vor uns versteckt?

Laut W sind so Einige zu jung gestorben, die vom Mobilfunk und der verkauften Gesundheit geredet haben. Weil sie über die Geheimnisse jener uns nicht sichtbaren Frequenzen redeten.

Und wenn W nachfasste, und nicht locker ließ, stellte sich immer jemand in seinen Weg. Einmal sagte man ihm sogar: „sehen Sie das mal mit anderen Augen, gewisse Dinge müssen passieren." Und das sagte jemand, der Kontakte zu höheren Kreisen hatte. Und das sagte mir auch Sven, Sohn der höheren Kreise, mit dem ich mal telefoniert hatte: gewisse Dinge sollen passieren, und die sind nicht schön.

W schickte mir auch Links zu zwei Videos von Dipl.Ing. Volkhard Zukale, doch da die lang waren, legte ich es mir in die Wiedervorlage. Als ich die Videos endlich sehen wollte, waren sie weg. Ich schrieb den Herrn Zukale an und er sagte, beide Videos gibt es nicht mehr. Der Produzent bekam von einer „inneren Sicherheit" Besuch, man hat den Rechner mit dem ganzen Filmmaterial beschlagnahmt. Die Filme sind verloren und ich Esel habe mal wieder zu spät reagiert.

Nun ist der Esel ein wenig bekannt, also fragte ich meine Follower, ob einer von ihnen zufälligerweise wüsste, wo die Zukale Filme zu finden sind. Und siehe da, ein Follower hatte sich den einen heruntergeladen und dann mit uns geteilt. Und ein anderer Follower wusste, wo der andere Film zu finden war. Mittlerweile haben sich die beiden Filme so vervielfältigt, dass sie nicht mehr zu löschen sind.

1:0 für die Kollektiven Detektive gegen STASI 2.0.

Die Rede ist von „Mobilfunkfortschritt oder doch der psychotronische Holocaust?" und „Psychotronik, das perfekte Verbrechen vor aller Augen in einer blinden Gesellschaft."

Der Herr Zukale gehört nicht zu jenen medial-talentierten, geschmeidigen Dauergrinsern. Er kommt ein bißchen spröde rüber. Und genau darum halte ich ihn für wahrhaftig, und für einen aufrichtigen Mann. Schließlich machte er sich die Mühe mir zu antworten.

Dass dessen Videos verschwunden waren und vom Produzenten-Computer gelöscht wurden, das hat mal wieder kaum einer mitgekriegt. Und es spielte bis gerade so eben überhaupt keine Rolle. Aber das wird sich ändern, sobald auch

Sie sich dieses Material anschauen.

Und für die, die keine Zeit haben, hier die Quintessenz, Vorsicht Spoiler! Jetzt bitte nicht die Lust am Leben verlieren. Auch das kriegen wir wieder hin! Darum mache ich mir ja die Mühe, dass hier alles aufzuschreiben! Darum die Geiselnahme! Scheiß auf die Geisel, das ist Schnee von gestern. Heute geht es um das, was mir W erzählt hatte. Und das bestätigt Herr Zukale in seinen beiden Videos, wo alles unternommen wurde, die zu unterdrücken.

Volkhard Zukale redet von Psychotronik. Was ist das?

Man kann unsere Gefühle manipulieren. Man kann uns in den Wahnsinn treiben. Man kann uns so lange in die Irre führen, bis wir instinktiv das Falsche machen.

Oder man kann unsere Selbstzerstörung auslösen, durch Krebs oder Selbstbestrafung (Selbstmord). Sobald einer aus der Herde ausbrechen will, kriegt er elektromagnetisch einen übergebraten. Wer ein Schritt näher an die Wahrheit kommt, ist eine Bedrohung und wird elektromagnetisch abgelenkt. Man kann ihn über seine spezifische Frequenz anpeilen, langsam köcheln, bis er innerlich vergast.

Und falls der ganze Mob wach werden sollte und Randale macht, dann kann man einfach den Regler auf volle Pulle schieben. Mittlerweile haben sich klammheimlich genügend Mikrowellen an unsere Häuser geschlichen, wenn es wirklich sein muss, weil die Masse außer Rand und Band läuft, kann man uns per Knopfdruck braten, wie Marshmallows am Lagerfeuer.

Die Atombombe ist obsolet. Heute haben wir die Biowaffe: Elektromagnetische Frequenzen plus Nano-Elemente im Körper. Keiner sagt es, aber so ist es. Denn wo das Geld herkommt, da geht die Forschung hin. Und das selbe Geld bestimmt dann, was man uns davon sagt, und was nicht. Das ist dann wie mit manchen Frequenzen: nicht zu sehen, und trotzdem wirkungsvoll.

Diese ganze Geschichte um W und Mr. Z., die ganzen Emotionen, die ich spürte, weil dank mir, Mr. Z seine Filme wieder auftauchten und nun nicht mehr zu löschen sind, versetzten mich in einen Taumel der sanften Wollust. Ich fühlte mich erregt, dass ich bei so etwas Wichtigem aushelfen konnte. Wichtige Informationen, die unterdrückt wurden sind dank mir nun für alle zugänglich geworden.

Doch dieser Taumel hielt keine drei Tage an, denn da stellte ich wieder erneut fest, dass Zukale & Co niemanden interessiert! W bringt es auf den Punkt, wenn er sagt, dass ihn die Fakten und die Ignoranz der Masse erschlagen. Man hat uns angenehm taub gestellt.

Heute ruft W nur noch an, um einen Freund zu sprechen. Uns hört sonst keiner mehr zu, also trösten wir uns gegenseitig. Ab und zu hat er eine Neuigkeit, wie zum Beispiel, dass seit Jahresbeginn die EM Strahlung, die normal bei 2-400 mG (milliGaus) liegt, nun bei 5-700 mG ist. Hat er selbst gemessen.

Wieso das so ist, wusste er auch nicht. Aber wir beide wissen, dass es mal wieder die meisten nicht interessieren wird. Und ganz klar, das zündelte auch an mir. Nun kam der Tag, an dem ich was unternehmen musste, etwas, dass auffällt und sich rumspricht, wie zum Beispiel eine Geiselnahme, unausweichlich näher. Nun war ich bereit, einen Gang härter zu schalten.

❊

KAPITEL 36

ELITE FÜR ANFÄNGER

Bevor ich mir Gedanken zur Elite mache, möchte ich ein bißchen die Psychologie jener absurden Situation beschreiben, die es braucht, damit es so etwas wie eine Elite überhaupt gibt.

Wir kennen alle die VIP-Zone auf z.B. einem Filmfestival. Die ist abgesperrt, und wir sind nur Zaungäste. Der nette VIP (Very Important Person) kommt kurz an den Zaun, reicht uns seine Hand und gibt uns sein Autogramm, dann geht er wieder zurück zu den anderen VIPs. Doch der Zaun bleibt, damit wir bloß auf unserer Seite bleiben.

Manche schaffen es im Laufe ihres Lebens diesen Zaun zu überschreiten, und von da an leben auch sie auf der anderen Seite jenes Zaunes, sind dann selber VIPs geworden. Vielen steigt das dann so sehr in den Kopf, es gibt nur ganz wenige, die dann immer noch den Kontakt zur Mutter und Mutter Erde behalten. Und sich erinnern, aus welchem Loch sie gekrochen kamen.

Es gab mal einen bösen Witz als Helmut Kohl Kanzler war. Damit Türken die deutsche Staatsbürgerschaft bekamen, mussten sie den Rhein an seiner gefährlichsten Stelle schwimmend überqueren. Mit größter Mühe schafft es der Vater, er kommt an dem anderen Rheinufer an, erhält seine deutsche Staatsbürgerschaft. Die Mutter schafft es auch nach großen Mühen, und erhält die Staatsbürgerschaft.

Und dann müssen die Kinder den Rhein überqueren. Doch die Kleinen haben nicht genug Kraft und der Fluss droht sie zu verschlucken. Die Mutter bettelt den Vater an, er möge was tun, ihnen helfen. Und der Vater antwortet lakonisch: aber das sind doch nur Türkenkinder.

Wer aus dem Volk kommt und dann gewählt wird, wechselt die Seite des Flusses oder die Seite des Zauns. Egal welches Bild man nutzt, es geht um einen gefühlten Zustand. Jetzt bin ich wer! Auf der anderen Seite der Mauer war ich nur ein Gesicht in der grauen Masse. Doch nun bin ich der Bürgermeister.

Kaum ist man jemand geworden, kommen ganz viele Leute auf einen zugelaufen und sagen: kannst du mir nicht helfen? Kannst du mir eine Brücke über den Zaun bauen? Wir kennen uns doch schon so lange, und jetzt hilf mir bitte über den Zaun. So platt sagt es keiner, aber das ist die Absicht all jener alten Freunde, die sich plötzlich an uns wieder erinnern. Denn so viele wollen auch nach oben.

Der Drang über den Zaun zu kommen, ist so alt wie der Zaun selber. Teile und herrsche ist mittlerweile genetisch konditioniert. Und unser Drang auf der Sonnenseite des Zaunes zu leben, macht die Elite überhaupt erst möglich.

Wenn wir uns die Elite angucken, müssen wir uns auch all die angucken, die dazu gehören wollen. Die Elite ist sich ihrer Sache nur so sicher, weil es eine lange Schlange von Leuten gibt, die dazugehören wollen. Es gibt genügend eifrige Anwärter und Stiefellecker, die alles tun, nur um dabei zu sein.

Wer aber plötzlich menschliche Gefühle zeigt, wird als Gefahr gesehen und aussortiert. Aber sein Platz bleibt nie lange leer, schon ist der nächste Burschenschaftler (google: skull & bones) da und wartet nur auf seine Chance, für ein bißchen Geld und Macht alles zu tun, was man von ihm erwartet. Dort herrscht Hackordnung. Der Stärkste setzt sich durch, das übersetzt sich mittlerweile in der Gemeinste, der Hinterhältigste, der Teuflischste hat das Sagen.

Ist die Menschheit ein Zug, dann ist die Elite die Lokomotive. Sie bestimmen die Richtung der Reise. Sie sind der Haken, an dem das ganze System aufgehängt wurde. Sie speien das Geld, das es braucht, damit die Mühle sich dreht. Sie sind der Kopf des toten Fisches, bei ihnen stinkt es am meisten.

Die Elite gibt es, solange Geschichte geschrieben wurde. Fing es in Babylon an? In Atlantis? Waren es dann doch Außerirdische? Gefallene Engel, die sich mit den Menschen vermischten, aber immer darauf achteten, dass möglichst viel Blutlinie gewahrt wurde? Stehen dahinter die Anunnakis oder die reptiloiden Wesen? Die Eierköpfe oder die Grauen?

Oder waren es einfach nur extrem erfolgreiche Piraten, die so reich wurden, dass sie sich einen Adelstitel zulegten und ihre Söhne aufs College schickten?

Die gab es dann auch, aber es gab immer schon Familien, die etwas mehr als wir wussten und immer schon hinterhältig und weitreichend geplant haben.

Von wieviel Familien wird die ganze Welt beherrscht? Und wie konnten diese Familien schon vor hunderten von Jahren so weitsichtig denken, dass sie damals schon alles in die Wege leiteten, um heute dort zu stehen, wo sie stehen?

Wie machten die das? Natürlich machten sie es mit Gewalt und später mit überlegener Technologie. Aber wie machten sie, dass sie so vorhersehend denken konnten, während damals der einfache Mann, froh war, wenn er abends eine Kerze hatte, um seine dunkle Stube zu erleuchten.

Woher waren die damals schon so im Bilde, einen Orden zu gründen, der uns die heutige geopolitische Weltsituation eingebrockt hat? Woher kam diese Intelligenz, schon soweit im voraus zu planen, wie ein Schachspieler, der die nächsten zehn Züge überblicken kann?

Stehen solche Familien in Kontakt mit dem Teufel?

Einer ihrer genialsten Schachzüge war es, sich exklusiv um das Drucken des Geldes zu kümmern, und dass sie es sind, die nun entscheiden, welches Geld echt ist und welches falsch. Dieser Trick ist so genial, da braucht man keine UFOs mehr, um die Welt zu beherrschen, aber man wird gewiss dabei so stinkreich, dass man jedmögliche UFO Entwicklung finanziell vorantreiben kann.

Es ist mathematisch erwiesen, dass 80% des Weltvermögens durch dieselbe Tasche fließen. Das Netz der Spinne gibt es. Alles läuft auf einen Punkt zu. Glattfelder hat es in einer 3 D Simulation gezeigt. Und bis heute wurde dieser Punkt immer vor uns mit größtem Erfolg versteckt.

Man hat uns immer abgelenkt und auf Trab gehalten mit alten Taschenspielertricks. Mit Psychologie für Anfänger. Oder man kann auch sagen: Mäuse fängt man am Besten mit Speck. Man hat uns erzählt, auch wir können reich werden. Und das hat funktioniert. Hatte auch bei mir funktioniert, besonders in meinen jungen Jahren, wo der Übermut noch nicht seine Zähne verloren hatte. Aber den Armen einzureden, sie müssen wie die Reichen leben, genau da fängt die Kontrolle und das Gelenktwerden an.

Man geht zur Uni, man boxt sich hoch. Aber niemand mehr studiert Wirtschaftswissenschaft, um neue, gesündere Wirtschaftsmodelle zu entdecken. Wirtschaftswissenschaft studiert man nur, um das vorgegebene System auswendig zu lernen, damit nie vergessen wird, wie es läuft.

Und je größer die Summe der virtuellen Punkte, die wir dabei verdienen, umso dicker wird unser Auto, und um so aufgeblähter unser Ego. Das ist der erste Trick.

Man gibt uns Nintendo-Punkte und wir fühlen uns reich. Das geht natürlich nur, wenn der Autohändler auch an die Nintendo-Punkte glaubt. Und dass der Autohändler an die Punkte glaubt, dafür sorgt die Justiz, die sofort zu den Waffen greifen läßt, falls einer nicht an die Nintendo-Punkte glauben will. Bei virtuellem Geld läßt man uns keine Glaubensfreiheit, wie bei all den „anderen" Religionen.

Und der zweite Trick ist ein uns auferlegter, niemals endender Hürdenlauf, bei dem wir immer wieder unterteilt werden, in „bestanden" und „nicht bestanden". Die Nichtbestandenen werden am Ende aussortiert. Und dieses Spiel begleitet uns das ganze Leben. In der Schule geht es los, nur wer besteht, wird weiter gelassen. Und so langsam wird die Welt unterteilt, in die, denen man den roten Teppich auslegt, und in die, die schubsen und drängeln, um sehen zu können, wer über den roten Teppich geht.

Auf diesem Hürdenlauf wird man geformt, geeicht und vereidigt. Geeicht sind all die, die das Diktat des aus Luft kreierten Geldes nie in Frage stellen. Die, die nach oben buckeln und nach unten treten. Nur so kann die Pyramide stehen bleiben.

Geeicht werden wir auch auf unsere Geschichtskenntnisse. Wer die offiziellen Geschichtsbücher in Frage stellt, macht sich schnell unbeliebt.

Wir werden auch auf ein gewisses Konsumverhalten geeicht, besonders wenn es um Mode und Sex geht. Ist Ihnen das schonmal aufgefallen?

Und wir werden geeicht, die Streifen im Himmel nicht mehr zu sehen, nur da hört es dann bei den Ersten auf. Zumindest bei mir. Nicht alle ließen sich so dumpf eichen, dass man ihnen eine Katze zum Mausehund machen konnte.

Aber klar ist mir geworden: weiter kommt man schneller, wenn man sich gut durcheichen ließ.

Wer dann die Karriereleiter hochklettert, besonders in diesen wichtigen Schlüssel-Firmen wie Medien, Kommunikation, Bank oder Technologie, der wird dann auch schonmal auf ein Weiterbildungswochenende geschickt. Hier wird nicht nur der Teamgeist geschmiedet, kann auch sein, dass man hier als ambitionierter Mitarbeiter, verheiratet mit zwei kleinen Kindern, an der Hotelbar eine einsame, hübsche junge Frau kennenlernt, die nur darauf wartet, gepflückt zu werden. Man nennt das eine Honigfalle.

Wer da reinfällt, wird schnell befördert, denn man hat ihn an den Eiern. Und wer so anständig ist, dass er die Honigfalle nicht annimmt, bleibt sein Leben lang ein anständiger Sachbearbeiter. Und von dem Stuhl kommt er nicht mehr runter. Nicht weil er unfähig ist, sondern weil er zu anständig also nicht korrumpierbar war.

Und so geht es sukzessive weiter rein in den Rattenbau. Die Drogen werden härter und die Methoden der Verführung immer spezieller. Das heißt die Mädchen immer jünger, und die sexuellen Praktiken immer abartiger. So wird man langsam rüber gezogen auf die dunkle Seite.

Ich will nicht sagen, dass heute jeder VIP zu jener düsteren Seite gehört. Ganz im Gegenteil, zum Glück haben wir noch VIPs die aus eigener Kraft und aus eigenem Talent VIP wurden, und die immer in ihrer seelisch-geistigen Mitte geblieben sind. Aber in jenem VIP Zirkus, genau wie überall dort, wo das ganz große Geld gemacht wird, lauern Talent-Scouts, die für den Teufel arbeiten. Und die finden immer einen, der mitgeht. Und das reicht, damit der Status Quo erhalten bleibt.

Unser Suchen nach Anerkennung treibt uns oft in teuflische Kreise. Den Wunsch, dazu zugehören und Bestätigung zu finden, haben besonders diejenigen, die sich selbst nicht genug sind, die von Minderwertigkeitskomplexen geplagt werden. Manchmal reichte eine schlimme Akne in der Jugend, damit man später seine Seele verkauft, seine Tochter an Päderasten verschenkt oder seinen Bruder öffentlich erniedrigt. Ich kenne die verschenkte Tochter und ich kenne die beiden Brüder.

Das waren Zwillinge. Wir waren auf Klassenfahrt, so mit 13 Jahren, ein gemeines Alter. Als böser Streich haben sich ein paar Jungs in der Klasse in den Kopf gesetzt, dem einen Bruder sein Schwänzchen mit so einem Tattoo-Klebebildchen zu verschönern. Diese Tattoo-Sticker, die bei den Kaugummis damals kostenlos dabei waren.

Was geschah? Um die Anerkennung der Klasse zu finden, und um nicht selbst das Opfer zu werden, war es der Bruder selbst, der seinen Bruder überwältigte und ihm die Hosen auszog. Das ist wie mit den Juden, die mit den Nazis kollaborierten. Sie machen es für zwei Zigaretten und ein Klopfen auf die Schulter. Es wundert mich nicht, dass dann ausgerechnet der Täter-Bruder Staatsanwalt wurde, offenbar weiß er, wie man sich zu bewegen hat, um weiter zu kommen.

War das dann ein Zufall, dass solche Kröten wieder mal weiter kamen? Oder ist die Welt nur in meiner Wahrnehmung so gestrickt? Genau so wenig, wie ich das ganze Internet kenne, kenne ich alle Staatsanwälte. Ich kann hier lediglich nur von meiner begrenzten Aussicht und winzigen Perspektive berichten. Ob sich daran eine Regel ableiten lässt, überlasse ich jedem Leser selbst.

Die Suche nach Anerkennung kann zu einer großen Sucht werden, wenn man in seiner Kindheit ernste Defizite damit hatte. Dann machen wir Dinge, die man besser nie machen sollte. Aber wir müssen sie machen, weil unser Schrei nach Anerkennung sonst nie aufhört.

Es ist unsere Sucht nach Anerkennung, die uns verführbar macht.

Und es ist das Geld, das zum wichtigsten Substitut oder - besser - zum treusten Erfüllungsgehilfen der Anerkennung wurde. Mit Geld werden wir endlich jemand.

Und hat man den ersten Zaun überquert, wartet schon der nächste. Ist man auf einmal auf der anderen Seite, im VIP Bereich, erkennt man, dass es einen VIP-VIP Bereich gibt. Und nicht alle VIPs sind VIP-VIPs. Und da geht das Spiel wieder von vorne los. Kennt man da jemanden? Kann der mich mal einladen? Kann der mir eine Brücke bauen?

Und dann ist man plötzlich bei den VIP-VIPs angekommen. Hier wird ein noch besserer Champagner serviert, und die Hostessen sind noch viel hübscher. Aber auch hier findet man wieder eine Tür, die verschlossen bleibt. Und man erfährt, dass hier nur die VIP-VIP-VIPs rein dürfen. Also geht die Suche wieder von vorne los. Wer kann mir Zugang zum VIP-VIP-VIP Bereich beschaffen? Manche entwickeln dann einen richtigen Ehrgeiz auch diese Türe zu öffnen.

Und so geht es sukzessive immer weiter, und ganz am Ende stoßen wir dann auf die Spinne im Netz. Die Namen kann jeder für sich selbst recherchieren, aber die Namen gibt es. Andrew Carrington Hitchcock traut sich darüber zu reden, und er belegt auch, wie gut sich diese Leute all die Jahre versteckt gehalten haben. Doch das ändert sich nun, seitdem es das Internet gibt. Und seitdem das Kollektive Detektivspiel begonnen hat.

Macht man dann das letzte VIP-VIP-VIP-VIP-VIP Türchen auf, dann ist man dort, wo alle Fäden des Übels zusammen laufen. Dort, wo unsere Dimension mit der anderen verbunden ist. Dort, wo man Opfergaben für den Teufel macht.

Wer es nun schafft, sich an einem Kind zu vergehen, der ist aus dem richtigen Holz und darf dann zu den ganz Großen dieser Welt aufsteigen. Der darf sich dann gottgleich fühlen. Denn er entscheidet über Leben und Tod.

Kinder wie Kakerlaken zertreten, das ist der Leim an dem die Psychopathen zusammenkleben. Denn mit Geldsummen kann man hier nichts mehr erkaufen. Geld hat jeder von denen für mehr als tausend Leben. Sagte nicht auch Harald

Kautz-Vella, dass es um Loosh geht, das Leiden der Opfer, eine Energie an der diese dämonischen Wesen sich betrinken und berauschen. Am Ende geht es nur um Energie, und Energie ist Macht.

Ach, Sie haben noch nie von Loosh gehört? Nun das ist eine weitere Spinnertengeschichte aus dem Internet. Interessanterweise deckt die sich mit Dingen, die mein Heilerfreund Xabi auch erzählt. Demnach werden wir nicht nur von wenigen Familien beherrscht, sondern diese Familien sind die Schnittstelle für Dämonen aus einer anderen Welt zu unseren Welt. Die Dämonen benutzen diese Familien als ihre Hände. Die Dämonen verleihen den Familien Macht im Tausch für das Leid, was sie uns antun und auf der Welt verursachen.

Je mehr wir leiden, umso mehr Loosh kann geerntet werden. Und daran erquicken und berauschen sich diese Dämonen. Hört sich nach Grimms Märchen an, aber am Ende sprachen die immer schon die Wahrheit. Natürlich in Bildern, die wir verstehen. Manches ist halt schwer in Worte zu fassen, manches ist halt unsagbar. Aber deswegen nicht weniger wahr.

Für unsere Elite ist das „Wir sind alle eins“ nur esoterisches Geschwafel. Die Schafe sind eins, und die Wölfe sind ein anderes eins, so denken sie. Also schloss man sich in Geheimbünden zusammen, denn im Rudel kann man die Schafe leichter reißen. Und es macht mehr Spass.

Ritueller Kindesmissbrauch als Gruppentherapie fördert ein starkes Wir-Gefühl. Wir dürfen das! Wir stehen über dem Gesetz! Wir entscheiden über Leben und Tod! Denn wir herrschen! Das ist die härteste Droge überhaupt.

„Wir halten zusammen und wir halten alle die Klappe. Und Ihr seid zu schwach dagegen etwas zu tun, denn die meisten von Euch sind zu dumm es überhaupt zu erkennen. Und wenn Ihr es erkennt, lauft Ihr vor Angst weg.“

Aber nun dürfen wir nicht mehr weglaufen und nicht mehr weg gucken! Denn diese Verbrechen passieren nicht am Rande und zufällig. Sie passieren im Zentrum der Macht und mit vollster Absicht.

Wer es noch nicht mitbekommen hat, der möge zum Beispiel „Pedogate“ googlen. Cathy O'Brian wusste auch davon. Und meine Freundin, von der ich schon erzählt habe, hat es auch überlebt. An der Stelle muss ich sagen, dass ihr Bruder das nicht überlebte. Der hat sich sein Leben genommen. Kann man dem armen Kerl nicht verübeln.

Ja, Sie haben richtig gehört, meine Freundin, die mir damals „ihr kleines Geheimnis“ anvertraute, hatte einen Bruder, der auch von klein an dabei war, auch er wurde von Papa „verliehen", auch er wurde nach der netten Party mit dem Helikopter ins Krankenhaus geflogen. Auch ihm glaubte man nicht, selbst im Krankenhaus nicht, denn das gehörte ja dem Freund des Vaters. Einem kleinen Mädchen oder einem kleinen Jungen glaubt man nicht.

Es gibt auf youtube noch jede Menge andere Zeugenaussagen, von Kindern oder ehemaligen Kindern, denen man nicht glauben will. Erst recht nicht die Namen, die dann auf solchen Partys dabei waren. Immer wieder tauchen die Clintons auf, nicht nur bei Cathy O'Brian. Soll bitte jeder selbst recherchieren, sich sein eigenes Bild machen, aber Vorsicht bitte! Hier verstehen die Wölfe absolut gar keinen Spass. Wenn wir ihre dunklen, kranken, traurigen Geheimnisse entblößen, dann beißen sie tollwütig um sich.

Der Sänger Chris Cornell hat sich neulich, am 18. Mai 2017, nach einem normalen Konzertabend ins Hotel begeben. Eine halbe Stunde später fand man ihn tot vor, er baumelte am Strick. Auf wikipedia steht, er sei depressiv und drogensüchtig gewesen. Ich fand, der Typ sah immer recht gesund und ausgeglichen aus. Das meint auch seine Frau. Und wer von Ihnen weiß, dass der gute Chris sehr viel für diese Kinder, denen man nicht glauben will, getan hat und auf eine heiße Fährte gestoßen war, und auch hier tauchte wieder der Name Clinton auf. Zufälle gibt es.

Und wer sagt, solche schlimmen Dinge passieren organisiert und mit System, dem erklärt man dann gebetsmühlenartig, dass die Welt nicht so simpel gestrickt ist, wie die Verschwörungstheorie es uns erzählen möchte. Und dann geht man nahtlos in den Angriff über, was die beste Verteidigung ist, und sagt: Verschwörungstheoretiker sind labile, dumme, ungebildete Menschen, die mit einer komplexen Realität nicht zurecht kommen, und daher in allen Dingen eine leichte Erklärung suchen. Und einige von denen haben sogar eine Profilneurose, zumindest einen ausgeprägten Geltungsdrang, denn endlich haben sie ein Thema gefunden, mit dem sie meinen, auftrumpfen zu können.

Nun ich sage es Ihnen, aus meiner Perspektive, aus meiner Erfahrung, die ich ja nun hoffentlich deutlich genug geschildert habe, und basierend auf meinen 23.000 Fotos, die ich vom Himmel gemacht habe, bleibt mir nur eine einzige traurige Schlussfolgerung:

unser System ist tatsächlich so simpel gestrickt und aufgebaut, genau so simpel, wie die Seele der meisten Mitmenschen immer noch ist!

Nochmal: das ist Psychologie für Anfänger.

Die Meisten von uns schämen sich so sehr ihres Daseins, denn die meisten von uns sehen z.B. nicht so toll aus, so wie es die Medien uns vormachen. Man pflanzt uns eine Unsicherheit ein, die kippt dann über in einen Wunsch nach

Anerkennung, und genau dort an dieser Stelle werden wir dann käuflich.

Für ein Stückchen Schokolade, eine bessere Arbeitsstelle, einen blumigen Titel, oder ein süßes Haserl, das man uns ins Bett legt, kommen wir mit, tätowieren das Pimmelchen des eigenen Bruders, und wer diesen Weg dann ganz, ganz, ganz weit geht, kriegt dann ultimativ den Kelch Kinderblut auf einem satanischen Ritual gereicht. Dann ist man in der Mitte der Macht angekommen. Und viel zu viele von uns nehmen diesen Kelch dann an, und trinken davon, aus Angst sonst ausgegrenzt zu werden.

Nicht nur unsere primitive Psychologie, auch Glattfelder mit angewandter Mathematik hat erwiesen, dass unser System tatsächlich so simple gestrickt ist, wie man es nur als verrückter Verschwörungstheoretiker sich vorstellen kann.

Klar doch, dass da jede Menge Kakao produziert wird, um die Wahrheit hinter einer klebrigen Sauce zu verstecken. Aber die Wahrheit ist simple. Und sie tut weh.

Und diese ganze zutiefst traurige und beklemmende Geschichte mit dem Kindesmissbrauch muss leider hier erwähnt werden. Es gehört hierhin, um zu verstehen, mit wem wir es zu tun haben.

Denn hinter dem Ökozid mit feige versprühten Nano-Partikeln und dem Foltern eines Kleinkindes erkenne ich die gleiche Handschrift, den gleichen kranken Willen, das gleiche lebensverachtende Wertesystem, die gleiche Überheblichkeit, das selbe kranke Ego, kurz: den selben Täterkreis.

Hat der Wolf ein Schaf gerissen, haben all die anderen so getan, als sei nichts geschehen, und fühlten sich glücklich, überlebt zu haben. Auch wenn nicht jedes Kind von solchen Leuten auf Bestellung entführt wird (wer erinnert sich an den belgischen Kinderhändler Marc Dutroux?), aber jedes Kind atmet die Nano-Partikel der Chemtrails ein. Jedes Kind wird von diesen Leuten misshandelt, in der einen oder anderen Form.

George Bush jr. hatte es ja selbst gesagt: wenn die Leute wüssten, was wir ihnen antun, dann würden wir heute noch gelyncht werden. Also, meine Frage nun an Sie: wie lange lassen wir uns das noch gefallen?

*

KAPITEL 37

UNTEN IM BUNKER

Wenn man das dann alles einmal verdaut und verarbeitet hat, dann liegt es auch nicht mehr ganz so fern, sich vorzustellen, dass unsere Elite sich für den kommenden Kollaps in unterirdische Städte verkriechen wird.

Der Wunsch sich in einem schützenden Bunker zu verstecken, ist so alt wie die Elite selbst. Sie haben die Bunker erfunden, der einfache Soldat kannte keine Bunker, und wenn, dann hätte man ihn nie reingelassen.

Hitlers Führerbunker plus Husseins Bunkerkomplex plus all die goldenen Badewannen, die man bei ehemaligen kommunistischen Führern gefunden hatte, sind nichts im Vergleich mit den unterirdischen Bunkeranlagen, die sich unsere Elite klammheimlich aufgebaut haben soll. Mit einer nuklear gepowerten Laser-Tunnelbohrmaschine ist man in der Lage pro Tag einen achtzehn Meter breiten und zehn Kilometer langen Tunnel zu bohren. Dank Lasertechnologie wird der härteste Granit weich wie Butter.

Angeblich wird in den USA schon seit den Vierzigern unter größter Geheimhaltung täglich gebuddelt, um die D.U.M.B.s zu bauen. D.U.M.B. heißt Deep Underground Military Base. Das normale D.U.M.B. befindet sich zwei Meilen unter der Erde, und die Ausdehnung der unterirdischen Anlage kann einen Durchmesser bis zu dreißig Meilen haben. Angeblich ist da unterirdisch alles vorhanden, um lange abzutauchen. Freie Energie Kraftwerke. Wasserreiniger. Luftreiniger. Truelight Lampen. Unterirdische Gewächshäuser. Und natürlich Präsidenten- und Luxus-Suiten. Ein großer Weinkeller. Und es wird gemunkelt, dass dort unsere Elite vielleicht sich ein paar Sklaven gezüchtet hat, die wie Kasper Hauser nichts von der Welt außerhalb des Bunkers wissen. Der Herr Fritzl aus Österreich hat ja mit seiner Tochter vorgelebt, wie leicht es war, sie 24 Jahre im Keller gefangen zu halten.

Und von diesen sogenannten D.U.M.B.s gibt es alleine nur in den USA einhundertzwanzig Stück. Angeblich sind die auch mit unterirdischen Hochgeschwindigkeitszügen verbunden. Wenn es das dann wirklich alles gibt, dann werden wir es gewiss eines Tages sehen und besuchen können. Dann machen die Schulklassen ihre Ausflüge in unterirdische Städte und man zeigt den Kinderchen das unterirdische Krankenhaus, das extra gebaut wurde, damit Henry Kissinger und George Soros noch älter werden konnten.

Robert Vicino bestätigt uns, dass es D.U.M.B.s gibt. Er hatte mal eine Freundin, die zum Congress gehörte, bis zur Tür begleitet, seine Freundin kam in den Bunker rein, er aber nicht. Er hatte keine „Security Clearance", er gehörte nicht zu den Erwählten, die es sich im Fall des Falles in so einem unterirdischen Dorf gemütlich machen dürfen.

Und da erkannte er seine Marktlücke. Nun baut er luxuriöse, unterirdische Bunkerkomplexe für all die Wohlhabenden, die nicht zu den „Erwählten" unserer Elite gehören.

Robert gründete die VIVOS Group. In South Dakota baute er eine unterirdische Bunkeranlage. In Rothenstein mauerte er ein Grundstück von 283.000 Quadratmeter inklusive Hügel ein, und fing dort an zu buddeln. Heute steht da eine unterirdische Luxusanlage und die nennt sich stolz: VIVOS EUROPA ONE.

Dass ein privater Unternehmer einen ganzen Berg in der Nähe von Jena zu einem Luxusbunker ausbaut, läßt mich nun schneller glauben, dass es diese D.U.M.B.s tatsächlich gibt, denn wo Budget ist, gibt es Leute die anfangen zu buddeln und bauen. Und wo das Budget astronomisch ist, kann man gewiss noch astronomischere Anlagen bauen.

Was auch ein sehr erfolgreiches Geschäft geworden ist, sind all diese röhrchenförmigen Mini-Bunker, die sehen aus wie eine große Zigarren-Hülse. So ein Ding verbuddelt man im eigenen Garten. Diese Röhrchen werden aber schnell zum Sarg, sagt Robert, bei ihm haben die Kunden mehr Komfort und eine Infrastruktur. Er achtet darauf, dass unter seinen Bunkeranwohnern die Talente gut verteilt sind, dass die Gemeinde gut funktioniert. Also, Zahnarzt braucht man nur einen.

Während der kleine Millionär in seinem Röhrchenbunker langsam erstickt, werden die größeren Millionäre beim täglichem Halma, Backgammon oder QANGO Spielen langsam verrückt. Apropos QANGO, es ist ein geniales, schnelles Strategie Spiel, wo man rasch an das Limit seiner Wahrnehmung geführt wird. Das tut uns gut, zu erkennen, dass wir ein Limit in der

Wahrnehmung haben. Und dass das, was nicht wahrgenommen wird, genau so gefährlich und vernichtend sein kann. Deswegen liebe ich QANGO, es schult den aufmerksamen Blick. Aber wem nützt das noch, wenn die tägliche Wahrnehmung immer die gleiche ist: statt Sonne summendes Neonlicht, und statt a la carte jeden Tag einen Trockenbrei anrühren. Nach einem Jahr sind dann die so schmackhaften Konserven aufgebraucht, ich hoffe bis dann hat Robert ein größeres Gewächshaus zu bieten als die vier Blumenkästen, die er in seinem Promotions-Video zeigt.

Klar ist, dass, wer sehr reich ist, sich von den anderen sieben bis acht Milliarden Mitmenschen bedroht fühlen muss. Ist ja klar, alle kommen betteln, alle wollen was, alle wollen sich einschleimen. Oder sie wollen einen nur betrügen oder beklauen. Und da das nie ein Ende nimmt, beginnen die Reichen ihre Mitmenschen zu verachten. Wie kann man sich am besten vor der ganzen Horde schützen?

Der Instinkt sich einzubuddeln kommt jetzt ins Spiel. Bunker und Schutzräume hat es immer und überall gegeben. Und darüber hinaus hat es immer die Feigen und Hinterhältigen gegeben, die immer alles daran setzen, noch ein Ass im Ärmel zu haben. Die spielen immer die selben Karten: Erst klammheimlich jemanden vergiften, dann rasch weglaufen und sich - tief unter der Erde - verstecken, bis die Todeskrämpfe vorbei sind.

Hier zeigt sich der Charakter der Kröte. Vielleicht stammen wir ja echt von Reptilien und Kröten ab, zumindest manche von uns.

Einen Bunker brauche ich nicht. Angst und Geld kenne ich nicht. Und mein Vater findet mich überall, vor dem kann man sich nicht verstecken. Und mein Vater holt mich nach Hause, wenn es dann soweit ist. Mehr Schutz gibt es nicht.

Die Kröten werden noch ein Problem kriegen, mit dem Sich-Einbuddeln. Sie buddeln sich selbst mit ein. Ihr Selbst bleibt leider nicht draußen und geht nie weg. Da kann man noch so tief graben, sein Selbst wird man nicht los. Und solch ein Kröten-Selbst tut im Dunkeln noch mehr weh als bei Tageslicht. Und das dann alles bei Astronauten-Nahrung. Nur Kaviar schmeckt ekeliger. Na dann, guten Appetit.

⁕

KAPITEL 38

INNEN WIE AUSSEN

Wenn ich sehe, wie meine Mitmenschen heutzutage den Strand nach einer nächtlichen Party hinterlassen, oder was so manche Mitmenschen mit einer öffentlichen Toilette machen, dann frage ich mich, wie kann so etwas möglich sein? Geht es echt nicht anders?

Selbst nach den größten Saufgelagen in freier Wildbahn habe ich es immer noch geschafft, den Müll zusammen zu suchen und zu entfernen. Spätestens in der frühen Morgenstunde. Natürlich ist mir auch schon die eine oder andere Bierflasche entglitten und zerbrochen, wegen den motorischen Störungen, die man bekommt, wenn man die ganze Nacht an einem Kasten Flens gearbeitet hat.

Aber was mir nie in den Sinn gekommen war, einfach alles liegen zu lassen. Und wenn ich dann heute sehe, wie dumme (besser: dumm gezüchtete) Blagen ihre Chipstüten, Cola- und Vodkaflaschen in schönster Natur einfach liegen lassen und dann grob überschlage, wie unsere Natur aussehen wird, wenn sieben, acht oder neun Milliarden Menschen alles so kleine Vollpisser, Vollscheißer und Vollkotzer sind, ja dann bekomme ich plötzlich vollstes Verständnis für unsere Elite, und ihren Plan „Das Zeitalter der Vernunft“ einzuleiten.

Wenn wir uns wie eine Plage verhalten, dann dürfen wir uns nicht wundern, dass man uns wie eine Plage ausräuchern will. Da die meisten von uns leider immer noch egoistisch, geizig, gierig, kleingeistig, zänkisch, feige, verlogen, eitel und/oder wichtigtuerisch sind, und für unseren Biotop mehr Müll als Gutes generieren, kann man nachvollziehen, dass sich da jemand berufen fühlt, hart durchzugreifen, aufzuräumen und die Welt von uns zu befreien.

Nur in dem Moment, wo wir aufhören, die Plage zu sein, in dem Moment, wo wir die Augen öffnen, und uns erinnern, dass wir Menschen sind, dass wir Gefühle haben, dass wir mehr sind als ein Bio-Robotor, dass wir vielleicht einen spirituellen Sinn haben, ja wenn Ihnen das plötzlich alles einfällt, passieren zwei Dinge:

Sie erkennen dann, wie man Ihnen und uns allen spielt. Sie erkennen den großen Putzlappen am Himmel, mit dem man uns wegwischen will.

Und wenn man dann im Angesicht dieses Grauens stehen bleibt - kurz vor Schreck umfallen ist voll okay! Aber man darf dann nicht liegen bleiben! - also wer stehen bleibt, macht dann eine sonderbare Erfahrung:

Nicht nur der Schrecken ist viel größer geworden, auch die Verbindung zu Gott wird mächtiger. Früher hatten wir einen dünnen Kupferdraht, heute haben wir optische Breitbandfasern. Diese Analogie zum Internet trifft es. Unsere spirituelle Verbundenheit und Kraft wird immer besser. Und genau deswegen steht unsere Zirbeldrüse im Kreuzfeuer unseres Systems.

Das ist der Weg, der uns bleibt: werd' zum Bio-Robotor oder werd' wach, das heißt übernehme die Verantwortung für dich selbst. Aber nicht immer nur auf die böse Elite zeigen. Denn solange wir wie Schweine hausen, fühlen die sich im Recht dazu, uns zu verwursten. Und da unsere Komplizenschaft so komplett ist, lassen wir nicht nur zu, dass man uns vergiftet, sondern helfen mit beiden Händen mit. Als Wissenschaftler, als Politiker, als Medien, als stumme Weggucker. Alle helfen unser Grab zu buddeln.

Liegt das an der schlechten Erziehung?

Egal. So oben wie unten. So Innen wie Außen.

Können Sie das nun erkennen? Unsere Komplizenschaft mit diesem System ist absolut. Nicht nur die Technologie markiert unser Verhalten. Nein, man hat uns auch den Glauben eingetrichtert, dass wir zu den Guten gehören und alles besser wissen. Und abgesehen davon, merken wir nichts mehr. Weder den Müll am Strand, noch die Kratzer am Himmel.

Wenn wir uns nicht so schnell von unserer Selbstgefälligkeit einlullen lassen würden, wenn wir ein bisschen heller in der Birne wären, ein bisschen mental fitter, und ein bisschen tiefer im eigenen Herzen verwurzelt, dann würden die selbsternannten Anführer vor Schreck schweigen und auf der Stelle ihre Macht über uns verlieren.

Wir befinden uns gerade in einem Alptraum, der nur aufhört, wenn wir kollektiv aufwachen. Wenn wir alle merken, was uns da angetan wird. Und wenn wir uns eingestehen, wie sehr wir Komplizen geworden sind. Und wenn wir bereit sind Verantwortung über uns selbst und unsere Welt um uns herum zu übernehmen. Und auf den Punkt rennen wir kollektiv zu. Denn nur so wird es für uns weitergehen.

Wir werden erkennen, welchen Schmerz wir Mutter Erde und uns gegenseitig angetan haben. Und da es diesmal so absolut und total ist, wird es jedem das Herz zerreissen. Und dann wird durch diese Fissur ein Tsunami der Liebe kommen, alles füllen und das Eis in jedem Herzen schmelzen.

Leider brauchen wir mal wieder so ein kollektives, traumatisches Erlebnis um eine höhere, liebendere Seinsform zu finden.

So wie damals nach dem zweiten Weltkrieg. Mit dem bitteren Ende entstand ein neue Seinsform in der ganzen Welt. Am Tag danach gab es einen riesigen Kater, nicht nur in Deutschland, sondern überall dort, wo Blut geflossen war. Alle waren sich auf einmal klar darüber: so etwas darf nie wieder geschehen! Uns war spei-übel von dem, was wir getan hatten. Und nun soll Schluss damit sein. Von jetzt an soll es besser werden. In diesem Glauben wuchs ich auf.

Je älter ich wurde, umso deutlicher wurde mir, dass mein Glaube nur ein Wunsch war. Denn auch wenn es in Deutschland wie Frieden aussah, der Krieg ging weiter. Und auch daran haben wir uns gewöhnt.

Jetzt wo wir erkennen werden, dass der Krieg nicht nur im Nahen Osten oder im Armen Süden geführt wird, sondern überall und gegen jeden geführt wird, also auch bei uns in der sogenannten ersten Welt, und dass die Waffen längst nicht mehr nur Schuss- und Explosionswaffen sind, sondern mittlerweile auch das Wetter, unser Gemütszustand und sogar die Flüchtlinge als Waffe benutzt und mißbraucht werden, gibt es mit Sicherheit kollektiv den größten Kater, den wir je hatten.

Der Horror, den es zu erkennen und zu verdauen gibt, wird nochmal eine ganze Runde größer ausfallen, als beim letzten Mal. Das ist kosmische Geometrie. Wie ein Schallplatte, die von Innen nach Außen gespielt wird, wie eine Galaxie, oder auch wie ein Schneckenhaus, nun kommen wir in die letzte Runde und ans Ende. Nicht nur die Mayas redeten davon, dreißig weitere Prophezeiungen gibt es, die darauf hinweisen.

Im kosmischen Schneckenhaus haben wir nun den Ausgangsbereich gefunden. Diese Öffnung von der man in etwas Neues kommt. Und keiner kann sich dem entziehen. Und keiner weiß, was kommt.

Nichts auf dieser Welt geschieht, was nicht bereits von Gott abgesegnet wurde. Nur er weiß, wieso es geschieht, und ich vertraue ihm, dass es nötig ist, dass es geschieht, damit wir daran wachsen - wurd' ja mal Zeit - und endlich eine große Runde weiter kommen.

Ich vertraue auf den Schutz Gottes, auf dass wir seine Kraft in uns tragen. Denn wenn das nicht so wäre, würde man nicht solch einen riesigen Aufwand betreiben uns klein zu knüppeln, uns krank und dumm zu halten.

Ich vertraue auf den Schutz Gottes, auf dass wir seine Kraft in uns tragen. Denn wenn das nicht so wäre, würde ich nicht so selbstsicher am Ball bleiben.

Ich vertraue auf den Schutz Gottes, auf dass wir seine Kraft in uns tragen. Denn wenn das nicht so wäre, hätte ich mir so eine blöde Geiselnahme überhaupt nie zugetraut.

Aber okay, alles ist richtig gekommen. Am Ende habe ich dank meiner U-Haft endlich die nötige Zeit gefunden, mal meine Erfahrungen festzuhalten.

Wer weiß, vielleicht nützt es ja diesmal.

⁕

KAPITEL 39

VOM UNAUSSPRECHLICHEN GLÜCK

Dass wir von denen da oben beschissen werden, ist ja nichts Neues. Seitdem es den Mensch gibt, wird er von seinen Herrschern belogen, ausgebeutet und missbraucht. Dass man unsere Altersversorgung an der Börse verzockt, daran haben wir uns schon gewöhnt.

Aber woran ich mich nie gewöhnen kann, ist, dass man uns wirklich nicht das einfache, nackte Leben mehr gegönnt, dass man über uns hinweg entschieden hat, uns einfach auszurotten. Und das alles während unsere Kinder in der Schule immer noch in Betroffenheit geübt werden, und fast ausschließlich vom schlimmen Holocaust damals in Deutschland lernen dürfen. Erkennen Sie den Bogen den ich da spanne?

Was passiert, wenn wir das alle kollektiv erkennen?

Das ist dann ein unaussprechlich großes Glück, denn dann kommt der Wandel, auf den so einige von uns schon lange warten.

Dann wird aus susto (Schrecken) gusto (Gefallen).

Irgendwann werden wir alle begreifen, dass jeder immer oben auf dem Erdball steht, egal wo. All die Machtstrukturen die uns vor diesem Sündenfall nicht schützen konnten, werden obsolet. Weil sie absurd sind, und nie geklappt haben. Oder wenn, dann nur um uns zu unterjochen.

Endlich merken Sie, dass Sie die Nummer 1 in Ihrem Leben sind, und im tiefsten Inneren verstehen Sie, dass Sie es sind, der/die die Verantwortung über Ihr Leben hat. Eigentlich hatten Sie die immer schon, aber spätestens jetzt erkennen Sie es ganz genau.

Wir werden endlich begreifen, dass es nichts bringt, wenn wir jemand anderem unsere Macht und Verantwortung überlassen. Denn allerspätestens jetzt ist klar geworden, dass man denen da oben nicht mehr trauen kann.

So eine hinterhältige, feige Aktion ist vorsätzliche Täuschung und wirklich jeder Vertrag wird dadurch null und nichtig. So ein Verbrechen gegen uns löst uns von jeder Verpflichtung gegenüber einer sogenannten Obrigkeit. Und im gleichen Schritt finden wir die Pflicht uns selbst gerecht zu werden, wir finden dann endlich die Selbstverantwortung.

Es bleibt keine Zeit mehr für kleinlichen Hass. Alle Streitigkeiten müssen endlich beendet werden. Wir sind nur für so kurze Zeit auf dieser Erde. Vergessen Sie nicht die Sorge um die nächste Generation, und die nächste und die nächste. Denn schaffen wir es nicht den Planeten vor dieser Zerstörung zu retten, dann gibt es irgendwann keine nächste Generation mehr.

Aber die Pflichten, die man uns immer aufzwang, sind, sobald man erkennt, was läuft, obsolet geworden. Wieso TV-Gebühren zahlen? Wieso Bank-Schulden zahlen? Wieso in der Kehrwoche die Treppe putzen? Und wieso überhaupt Steuern und sonstige Abgaben zahlen? Wieso das Vaterland verteidigen, wenn es die eigenen Kinder ausrotten will? All das macht keinen Sinn mehr. Und das ist die lustige Seite dieser großen Scheiße.

Wir haben keine Schuld, wir haben keine Pflicht. Das einzige was uns bleibt, ist der Wunsch nach einem gesunden, friedlichen Leben. Und die Verantwortung das zu erreichen, liegt bei jedem von uns selbst, hat aber gar nichts mit Schuld oder Pflicht zu tun. Sondern eher mit Ehrlichkeit und Dankbarkeit.

Schuld und Pflicht ist ein Irrglaube, vermutlich wurde dieses Konzept durch Religionen installiert. Aber keine Religion wird uns vor dieser mutwilligen, schleichenden Vergiftung schützen können. Das kann nur Gott. Und wenn der will, dann kann er es mit einem einzigen Atemzug.

Ich spüre nun eine innere Ruhe, getan zu haben, was ich tun konnte; und Gott zu vertrauen, dass es nichts gibt, wozu es keine Lösung gibt. All das, was wir heute als schlimm oder schrecklich empfinden, ist genau das, was wir brauchten, um weiter zu kommen.

Und in all dem, nun gesagten, Unsagbaren verspüre ich das unaussprechliche Glück, zu erkennen, wer wir wirklich sind. Denn unsagbar ist nicht nur das Verbrechen, sondern auch die Kraft, die gerade in uns wächst. Was hier passiert, ist das Durchbrechen der Eierschale, spirituell meine ich das. So unten wie oben. Jeder wird es spüren, der sich mal einen Moment nimmt, über diese Metapher nachzudenken.

Die Materie verkrustet, die Seelenkraft bekommt mehr Körperlichkeit, so als ob die Seelen sichtbarer werden, und das Vehikel Körper nicht mehr ganz so wichtig sein wird. Das sind natürlich nur diffuse Intuitionen. So klar wie ein Traum, an den man sich nicht mehr erinnern kann. Aber bei der Raupe verkrustet sich ja erstmal auch alles, bevor sie als Schmetterling aufersteht.

Es gibt immer mehr Menschen, die diesen Wandel in ihrem Herzen spüren. Es fängt damit an, dass man spürt, was gut ist und was schlecht ist. Und die, die das nicht schaffen, die werden hier auf Erden nicht mehr glücklich werden. Vielleicht werden die dann auf einem Planet der Parasiten wieder geboren.

Aber hier auf Erden beginnt ein neues Zeitalter. Und jeder hat die Chance dabei zu sein, wenn er durch den Filter der Ehrlichkeit passt.

Und das ist ein unaussprechliches Glück.

❊

KAPITEL 40

VORSICHT TOLERANZ!

Es gibt noch so viele spannende Sachen zu erzählen. So viele weitere interessante Beobachtungen, die helfen, dass Puzzle noch plastischer zu machen. Egal, ob die geheimen Treffen der Bilderberger, oder das Mächtige-Männer-Ferienlager Bohemian Grove im Norden Kaliforniens, oder der Teilchenbeschleuniger CERN in der Schweiz. Oder was passierte in Area 51? Dort, wo man angeblich Alien Technologie gelagert hat. Joshka, der Bruder von unserem Bodo Ramelow, redet gerne davon.

Es gibt so viel Interessantes in den Tiefen des Internets, und mir scheint, dass, egal welchen Stein man findet, aber hebt man ihn auf und schaut drunter, dann findet man immer die selben Würmer.

Ich kann nur jeden ermutigen, die Glotze wegzuschmeissen, oder nur noch für die Playstation zu nutzen. Suchen Sie sich Ihre Informationen bitte selber!

Lesen Sie alles, was Sie interessiert. Und glauben Sie nicht direkt alles. Aber wenn man einmal angefangen hat, sich selbstverantwortlich seine Nachrichten zu suchen, bekommt man ein Gefühlt für Wahrheit und für Kakao.

Als letzten Fund teile ich noch eine interessante Sache, die ich im Internet, und nicht in unseren Medien gelernt habe:

Es geht um einen neuen Gesetzesentwurf. Es ist das Gesetz für Toleranz. Das hört sich erstmal ganz toll an. Aber es ist eine perfide Falle. Denn mit solch positiv besetzten Worten, wie z.B. Toleranz, wird man uns lenken.

Früher musste man linientreu sein. Und die jeweilige Ideologie hat uns gesagt, wo die Linie war. Heute muss man einfach nur tolerant sein. Egal wie und wann, Hauptsache tolerant. Vielleicht auch dann noch, wenn man uns vergewaltigt. Wer kein Verständnis dafür zeigt, gilt schnell als intolerant. Nun, es muss nicht so hart kommen. Aber wer es nicht versteht und sich daran stört, dass alte Männer kleine Mädchen sein wollen (wir erinnern uns: Trans-Gender / Trans-Age) oder alte Männer kleine Jungs heiraten wollen, kann - wenn die Dinge sich weiter so entwickeln, wie es gerade aussieht - für seine Intoleranz denunziert werden. Und schon steht man im Visier der Justiz !!!

Linientreu oder tolerant, in beiden Fällen werden wir verbogen, und von unserem Selbst weg geführt. Statt auf unsere innere Stimme zu horchen, sind wir besorgt, als intolerant oder als politisch inkorrekt gelten zu können.

Toleranz als letzte Ideologie ist der letzte Schrei, um die Masse auf Linie zu halten. Die ganze Nummer riecht nach einer Brut der ADL, wie überhaupt unser ganzes Weltbild inklusive Klima, was man uns gerade aufzwingt.

Ist dieser „Toleranz"-Gesetzesentwurf erst mal durch, dann gute Nacht Hugo. Dann wird es nicht mehr toleriert über Andrew Carrington Hitchcocks Buch zu reden. Dann wird die Gesinnungspolizei zuschlagen. Denn besonders die Minderheiten werden durch das Toleranzgesetz geschützt. Aber nicht nur schwul-lesbische, sondern ganz besonders die parasitären Minderheiten. Und alles, was denen nicht gefällt, wird als „antisemitsich" abgestempelt. Dieses Wort bedeutet Alarmstufe ROT. Man wird dann getadelt, und wenn das Gesetzt durch ist, gewiss auch bestraft.

Und es wird auch verboten, den Al-Gore'schen Klimawandel anzuzweifeln, denn das ist intolerant, wenn man dem Herrn Gore nicht glaubt. In Amerika will man bereits diejenigen bestrafen, die das offizielle Konzept „Klimawandel" in Frage stellen. Also so Leute wie mich. Leute, die sagen, dass Klimawandel bewusst und absichtlich provoziert und produziert wurde. Leute die sagen, dass Klimawandel ein weiterer False Flag ist, diesmal nur global.

Und wenn Sie dann den Missbrauch an unserem Öko-System immer noch nicht erkennen sollten, dann können die, die das erkennen und nicht tolerieren, als intolerant abgestempelt und verurteilt werden.

Aber in einer wirklich toleranten Gesellschaft dürfte das nicht passieren, und ich hoffe sehr, dass Sie meine Beobachtungen und Schlussfolgerungen tolerieren! Zumindest tolerieren, auch wenn Sie immer noch nicht in der Lage sind, meine dreitausend best-of Fotos zu deuten.

Aber wenn Sie meine Bedenken tolerieren, sage ich schon danke. Mehr als Toleranz braucht keine Pflanze, um zu wachsen. Und ein bisschen Regen. Und um den geht es ja hier auch.

Apropos Schlussfolgerung. Eine habe ich noch:

Wer jetzt noch wegschaut, macht sich zum Depp oder zum Komplizen der Täter.

❊

KAPITEL 41

MIND IS OVER MATTER

Manche können mit ihrem Verstand Löffel verbiegen. Oder sagt man besser mit ihrer Willenskraft oder mit ihrer Vorstellungskraft? Wie diese Kraft sich nennt, weiß ich nicht, aber ich weiß, dass es sie gibt.

Wer erinnert sich an Uri Geller? Als Skeptiker, ich bin eben kein Verschwörungstheoriengläubiger, frage ich mich, ob das nicht alles im TV gefaked wurde. Da ich nicht direkt dabei war, kann ich wieder nur glauben.

Kaum schrieb ich dies nieder, erinnerte ich mich an eine Freundin, die mir mal erzählte, dass sie den Löffel im Mund hatte, während ein spanischer Zauberer den mental verborgen hatte. Und das war der ganz normale Löffel aus der Cafeteria. Erklären kann ich das nicht, aber glauben tue ich es nun schon. Dank meiner Freundin, der ich vertraue.

Ob unser Wille reicht, um Löffel zu verbiegen oder nicht, ist egal. Fakt ist, dass unser Wille, unsere Absicht pure Macht und Energie sind. Ohne diesen Willen hätte ich niemals eine Geiselnahme verzapft, ohne diesen Willen hätte ich nie die Kraft gefunden, das jetzt alles nieder zu schreiben.

Ohne Willen gehen wir nicht in den Krieg. Ohne Willen machen wir keinen Frieden. Und auf der individuellen Ebene bewegt unser Wille, Wunsch oder Absicht unsere kleine Welt. Wir formen unser Schicksal. Auch wenn wir passiv wegschauen, sind wir nicht frei von der schöpferischen Kraft, die uns eigen ist.

Dass der Verstand die Materie bewegt, ist empirisch bewiesen. Mind is over Matter. Und Mind formt Matter. Erst kommt der mentale Anstoss, dann formt sich der materielle Körper. Atome, so wie sie uns jetzt bekannt sind, müssen nicht immer so bleiben, sie können ihre Struktur komplett ändern. Je nachdem welchen Impuls sie bekommen, denn zuerst kommt die Idee, dann die Geburt in der materiellen Welt. Das Möhrchen, das wir uns vor die Nase hängen, bestimmt die Reise auf die wir gehen.

Beten und Wünschen funktioniert tatsächlich. Genügend Studien belegen das. Und je größer das Kollektiv wird, das betet, um so kräftiger der Einfluss auf die Geschehnisse.

Jeder von uns hat Macht. Ich erinnere hier nur an das Schamhaar. Aber noch gefährlicher als unser Schamhaar ist unsere Vorstellungskraft. Jene Kraft mit der wir uns was vorstellen, das wir dann zu einer Absicht formen, die wir dann fokussieren und dann mit dem Gestalten beginnen. Bis etwas entsteht.

Und genau davor hat die Elite große Angst. Vor allem, wenn trotz aller Bemühungen, uns zu teilen, eine kritische Minderheit zusammenfinden könnte, um ihre Willensenergie zu bündeln. Und genau deswegen gibt es die chemischen Angriffe auf unsere Zirbeldrüse und das Beballern mit „Nachrichten", die uns Angst vor unserem Nächsten machen, und die uns von Natur aus nur runter ziehen.

Wir werden in einem dunklen Tunnel gefangen gehalten, und nur unsere Vorstellungskraft zeigt uns das Licht am anderen Ende. Wenn wir das Licht erkannt haben, müssen wir nur darauf zugehen. Aber gewiss werden Sie in den MainStreamMedien dieses Licht nie zu sehen bekommen. Denn Leute, die das Licht gefunden haben, wie zum Beispiel Eckhardt Tolle, werden zu gerne ignoriert, wobei Eckhardt niemals das System kritisiert, er zeigt uns nur, wo das Licht ist. Und das ist schon zu viel.

Ohne Vorstellungskraft sieht man nicht nur nicht das Licht, man kann auch nicht erkennen, wie man mit uns spielt. Denn man muss es sich zunächst vorstellen können, um es sehen zu können. Und wenn man es sieht, kann man es versuchen zu deuten. Und dann irgendwann findet man heraus, was es ist. Aber der erste Schritt ist die Vorstellung. Wer es sich nicht vorstellen kann, sucht es nicht und sieht es nicht. Was natürlich nicht bedeutet, dass es das nicht gibt.

Da können Sie ja mal die Indianer fragen. Als die ersten Boote am Horizont des Atlantiks auftauchten, konnten die Indianer sich so etwas gar nicht vorstellen, und darum haben sie es gar nicht gesehen. Die bitteren Folgen hatten sie trotzdem zu tragen.

Die Vorstellungskraft hat nicht nur defensive Qualitäten. Das heißt, dass man plötzlich erkennt und versteht. Die Vorstellungskraft hat auch sehr aktive Elemente. Man kann zum Beispiel mit der Vorstellungskraft heilen.

Und wenn wir eine Pflicht haben, dann die Pflicht unseren Planeten zu heilen, zu reinigen, von all dem, was wir ihm angetan haben, bewusst oder unbewusst.

Und das schaffen wir! Nein, nicht wie Frau Merkel das meint, sondern wie ich das meine. Wenn all unsere Herzen sich vor Mutter Natur verbeugen, dann gibt es einen Ruck und das Gift zerfällt. Und die Lügen auch.

Chemtrails verkrusten die Welt. Wir sind die, die diese Kruste aufbrechen werden. Die mutwillig zerstörte 3D-Welt wird zur Schale aus der wir gestärkt rausklettern. Oder wir bleiben drin hängen und verrecken. Das liegt aber dann an jedem selbst.

Wenn man so ein großes Verbrechen erkennt und durchschaut, wie kann man es dann überleben?

Indem man noch größer wird! Man muss es runterschlucken und als Veilchenduft ausfurzen. Gerne denke ich an Jim Carrey in DIE MASKE. Der Film stellte eine geniale Frage: wofür würden Sie Ihre Superkraft benutzen? Ja, was würden Sie tun, wenn Sie alles tun könnten?

Aus dem Mund Kugeln verschießen und die Anderen in Angst und Schrecken versetzen, wie es der Antagonist tat, oder würden Sie die ganze Fukushima-Radioaktivität aus dem Meer lutschen und zu einer rosa Rülpswolke verwandeln? Das sind keine Kinderfantasien. Es zeigt uns lediglich eine Richtung. Einen Weg. Doch den gehen, muss dann jeder für sich selbst.

In meinem Herzen spüre ich, dass wir vereint mit unserer eigenen Energie plus all den unterdrückten Technologien, die Kraft haben, diesen Planeten vollständig zu reinigen. Der Bonus mit den unterdrückten Technologien sollte Sie jetzt nicht davon abhalten, Ihre eigenen Energien zu aktivieren! Denn wir haben die Kraft. Sie fließt in uns, sie gibt uns das Leben.

Und darum sollten wir nie vergessen, danke zu sagen. Dankbarkeit öffnet die richtigen Türen in diesem Universum. Dankbarkeit ist eine hohe Vibration. Nur die Liebe vibriert höher. Und Vibrationen können alles verändern. Das ganze Leben besteht aus Vibrationen, und darum werden die gerade so mit Absicht überall gestört.

Die Welt wird von Schreibtischtätern zerstört, ergo kann man sie auch vom Schreibtisch aus retten. Mit einem einfachen Smartphone kann man heutzutage mehr Gebiet erobern als mit einer Armee, denn die kann nur zerstören. Wenn dann noch der Computer dazu kommt, den mir ein Freund spendiert hat, dann sage ich nun zum System: gute Nacht Hugo! Das war's. Ihr könnt nach Hause gehen.

Wenn wir dann frei sind, wird es uns so gut gehen, dass wir es nicht mehr brauchen, die Leute zu hassen, die uns das Leid angetan haben. Diese Leute grenzen sich selbst aus. Sie haben sich ja immer schon ausgegrenzt, aber diesmal voll ins Abseits.

Wenn man dann die Perspektive wechselt, und unseren Ameisenhaufen von ganz ganz weit weg betrachtet, dann können einem die Täter nur noch leid tun. Für sie wird die größte Strafe sein, zu erkennen, welche Rolle sie in diesem Theater gespielt haben. Am Ende ist alles eine göttliche Komödie gewesen. Aber Karma bleibt Karma. Wie es singt und lacht. Aber nicht für alle.

Und so geschah es, dass ich auf dem Papier den Drachen getötet habe. Ich vertraue den Verschränkungen, so wie es die Quantenphysik uns zeigt, und im baldigen Jetzt geht die Saat auf, die mein Gekritzeltes über das Kollektive Detektivspiel hinterläßt.

Das ist wie mit Rumpelstilzchen, dessen Terror hielt nur so lange an, solange man nicht wusste, wie es heißt. Wenn man es erkennt, wenn man es beim Namen nennt, verliert es seine Macht und löst sich auf.

Und es wird Zeit. Immer mehr wissen das. Immer mehr reden davon. Immer mehr werden deswegen verfolgt. Sogar Roger Waters fragt zurecht in diesen Tagen:

Is this the life we really want?

Meine Antwort:

Of course not! I want the life I can imagine!

Meine liebe Tante Margret, die, die meine Urgroßmutter noch kannte - und zu der komm ich gleich -, hatte es so ausgedrückt:

Ich bin mir keiner Sache sicher, außer der Helligkeit meines Herzens und der Wahrheit der Fantasie.

⁂

KAPITEL 42

HEILENDES GEHEULE

Jetzt bin ich schon mehr als drei Tage in U-Haft. Ich bin erstaunt wieviel ich geschrieben habe. Es floss nur so aus mir raus. Heute läßt man mich kurz in den Hof. Und ich bin überrascht, noch andere Inhaftierte zu sehen. Es scheint, dass der Seitenflügel des Polizeipräsidiums zu einem kleinen Gefängnis umfunktioniert wurde.

Ich schaue hinauf in den Himmel und sehe das übliche Zickzack. Soll ich jetzt die Anderen darauf aufmerksam machen? Das denke ich jedes Mal im Reflex.

Aber nein, heute nicht. Ich schlendere weiter. Auf der Suche nach Naiara. Ich habe sie nur zu Beginn gesehen, dann brachte sie mir noch einmal das Frühstück. Und das war's. Seitdem warte ich darauf, sie noch einmal zu sehen. Und mit jeder Stunde, wo ich sie nicht sehe, rutscht die Wahrscheinlichkeit, sie überhaupt noch mal zu sehen, in eine größere Ferne. So fühlt es sich an.

In der Kantine ist sie auch nicht. Dort ist aber ein TV Bildschirm. Auf dem läuft gerade die Live-Übertragung eines Kickbox Kampfes. Ich bestelle mir einen Kaffee und schau mir den Kampf an. Was mich beeindruckt, ist nicht nur die Technik und die Schnelligkeit, sondern dass man deutlich bei den Kämpfern den Willen spüren kann, den Willen die Schlacht zu gewinnen. Wie bei uns …

Ich drifte in meinen Gedanken ab und find mich plötzlich bei Antony Spatola. Meinem kickboxenden Klimakid Freund, der Sizilianer in Wolfsburg. Wie gerne hätte ich seine Kämpfe live erlebt! Leider war seine Zeit noch vor youtube und all den kleinen, digitalen Kameras, die nun jeder in der Tasche hat.

Würde es von seinen Kämpfen gute Aufnahmen geben, würde er ein Millionenpublikum haben, und nicht nur die wenigen Tausend für seinen unermüdlichen Aktivismus, was auch ein Kampf ist. Ein guter Aktivist ist auch ein Kämpfer. Immer wieder aufstehen. Und wenn die Bedrohung zunimmt, steht man erst recht auf.

Und jetzt fällt mir wieder ein, dass Antony mir vor Wochen schon einen Link zu einem Vortrag geschickt hatte und mir dringlichst nahelegte, das SOFORT anzuschauen. Diesen Vortrag gibt es auf youtube. Wie hieß der noch? Ja genau: Dr. Dietrich Klinghardt war das. Er hielt einen vierstündigen Vortrag Deutsch/ English simultan übersetzt. Oh Mann bitte nicht jetzt!, dachte ich damals und ließ es einfach im Posteingang liegen, bis auf weiteres, wie so vieles.

Neulich fragte mich Antony nochmal, ob ich es endlich gesehen habe. Und ich habe ihm darauf gar nicht mehr geantwortet, denn was sollte ich ihm sagen?

Und jetzt hier im Knast überkommt mich der Wunsch diesen Vortrag zu sehen. So schwöre ich mir, dass ich mir diesen Vortrag anschaue, in einer Marathonsitzung, sobald ich daheim bin.

*

Eine Woche später - nachdem ich Dr. Klinghardts Vortrag gehört habe - schrieb ich dann Folgendes auf:

Wenn der Groschen fällt, dann langsam.

Nun weiß ich, dass ich bereits erlebt habe, was es braucht, um zu heilen. Nur das hatte ich bis jetzt noch nicht erkannt. Doch dank Antony fand ich den Missing Link in meiner Geschichte.

Dr. Dietrich Klinghardts Vortrag ist auf dem youtube Kanal von Bert Hellinger zu finden. Das machte mich hellhörig. Und je länger ich mir dann den Dr. Klinghardt anhörte, um so größer wurden meine Augen, denn wovon er redet, hatte ich schon vor vierzehn Jahren nicht nur erleben, sondern auch am eigenen Leibe spüren dürfen.

Damals im Jahre 2003. Damals, wo ich noch keinen blassen Schimmer hatte, also zu einem Zeitpunkt in meiner Biographie, wo ich es tatsächlich noch glaubte, dass man mit zwei Passagiermaschinen ganze drei Hochhäuser zu Feinstaub zerlegen kann.

Dr. Klinghardt redet von Epigenetik. Unsere Genetik bestimmt, wer wir sind, wie wir aussehen, wie wir uns verhalten. Und die Epigenetik bestimmt über unsere Genetik. Die Epigenetik ist im Astral, in einer anderen Dimension, und von dort wird auf unserer Genetik gespielt.

An einem Klavier kann ich das ganz gut veranschaulichen: der Klang und die Melodie ist unser Leben im Fluss der Zeit, die Tasten sind dann unsere Genetik, und die Epigenetik ist die Hand, die auf den Tasten spielt.

Und von dieser Hand hängt viel ab. Ist diese Hand frei und leicht? Oder ist sie schwer und langsam? Hat die Hand vielleicht eine Verletzung? Wurde sie traumatisiert? Fehlt ein Finger oder gar drei … ?

Es geht darum, diese Hand zu erkennen und dann zu heilen. Und Dr. Bert Hellinger hat gefunden, wie das geht. Die meisten von Ihnen werden bereits von ihm und seinen Familienaufstellungen gehört haben. Für die, die noch nicht von ihm gehört haben, sage ich nur kurz, dass Herr Hellinger als katholischer Missionar in den Busch gegangen ist, um die „Wilden" zu missionieren.

Dabei war es dann genau anders herum gelaufen. Er hatte bei den Wilden ALLES gelernt. Auch so zu heilen, wie Jesus es tat.

Dr. Klinghardt geht in seinem Vortrag auch sehr deutlich auf die schleichende Vergiftung durch GMO, Impfungen und Chemtrails ein. „Und wäre er ein böser Mensch, könnte er vermuten, dies geschehe nach einem finsteren Plan."

Dr. Klinghardt lächelt verschwitzt und setzt hinzu: „ich bin aber ein guter Mensch, und kann mir so etwas Böses mit Plan gar nicht vorstellen. Daher müssen es alles nur dumme Zufälle sein."

Aber was laut Klinghardt die größere Bedrohung für uns ist, ist die Last der Vergangenheit. Der Mensch wird eben nicht nur durch die aktuellen, vorsätzlich gegen ihn verwendeten, Gifte angegriffen. Noch viel mehr martern und foltern uns die akkumulierten Schäden unserer Vorfahren, die wir mit unserer Epigenetik weiter gereicht bekommen. Die Hand am Klavier. Wenn Ihrem Urgroßvater die Hand zerbrochen wurde, dann ist es sehr wahrscheinlich, dass Sie mit der selben Hand weiter gespielt werden.

Nach zwei Weltkriegen gibt es nicht einen unter uns, der nicht traumatisierte Großeltern hatte. Wir haben alle eine verwundete Hand auf unserer eigenen Genetik spielen. Keiner ist frei davon!

Das ist mit der Grund, weswegen wir trotz siebzig Jahre Frieden und Wohlstand nicht gesünder und glücklicher wurden. Die Schmerzen unserer Ahnen tragen wir in einem unsichtbaren Luftballon mit uns herum. Eckhardt Tolle nennt es „Schmerzkörper". Der ist da, immer bei uns. Und wenn einer die drei falschen, magischen Worte ausspricht, die den Schmerzkörper individuell aktivieren, dann kann man die Uhr ticken hören, oder die Lunte noch kurz beim

Brennen sehen, und schon explodiert da jemand. Denn der Schmerzkörper hält uns ständig unter Druck. Und der Schmerzkörper hat die Pharma-Industrie reich gemacht.

Doch dann hatte ein gewisser Bert Hellinger bei den Wilden gelernt, wie man den Druck im Schmerzkörper ablassen kann. Das ist wie mit dem Ventil im Schnellkochtopf. Gibt es keine eingebaute Sicherung, dann fliegt uns alles um die Ohren. Am besten man lernt das Ventil zu öffnen.

Und das macht man mit Familienaufstellungen. Genau genommen ist es eine Form von Exorzismus. Oder man könnte auch Geisteraustreibung sagen. Doch alle Worte scheinen mir zu klein, für das, was da passierte. 2003 war ich selbst dabei. Endlich ist der Tag gekommen, wo ich es erzählen kann. Und ganz wichtig: es ist genug Zeit vergangen, um zu wissen, dass es tatsächlich funktioniert hat.

Dr. Klinghardt sagt auch, dass die Menschen, die von ihren epigenetischen Traumata gereinigt wurden, nun auf viel festeren Boden stehen, wenn es darum geht, ihre volle menschliche Kraft auszubreiten, die es braucht, um die aktuellen Manipulationen wie Nano-Partikel oder Mikrowelle meistern zu können.

Hier auch wieder: die Absicht damit zurecht zu kommen ist mehr als die halbe Miete. Unser Wille ist stark. Und deswegen will man uns den nehmen.

Aber das geht nicht mehr, denn WIR werden uns dessen bewusst.

Und damit das Abstrakte nun endlich seinen Befund findet, erzähle ich Ihnen von meinen persönlichen Aufstellungserlebnissen.

Das war in Egia, einem ehemals proletarischen Stadtteil von San Sebastián. Im Jahre 2003 nahm mich eine baskische Freundin - damals meine Novia, wie man hier zu sagen pflegt - zu einer Familienaufstellung a la Bert Hellinger mit. Bert kam nicht, es kam eine Frau namens Surabi, sie war eine der ersten Spanier, die von Bert ausgebildet wurde.

In einem großen Gemeinderaum saßen in einem Stuhlkreis knapp siebzig Leute um eine freie Mitte herum. Die Leute, die anwesend waren, erschienen mir so zufällig zusammengewürfelt, wie die Spaziergänger auf dem Boulevard am Samstag Vormittag. Also, was ich sagen will, sie waren keine Freaks, keine Sekte, keine Clique, keine Uniformierten, keine Gleichgeschalteten, wie man schon sagen könnte, wenn sich z.B. Veganer treffen. Also was mir zuerst auffiel, war, wie normal die Anwesenden bzw. Teilnehmer alle waren. Alles Leute wie Sie und ich.

Das zweite, was mir auffiel, war, dass neben je zwei Stühlen eine Kleenex-

Box stand. Natürlich musste ich dann so etwas wie „hoffentlich wird das kein Gruppen-Onanieren“ sagen und erntete mir direkt einen bösen Blick.

Nachdem alle Platz genommen hatten, stellte sich Surabi vor, und ihre beiden Assistenten. Einer der Assistenten ist guter Freund meiner Ex-Novia, und ihm habe ich zu verdanken, dass bei so vielen Leuten, auch ich eine eigene Konstellation erleben durfte.

Surabi erklärte uns die Regeln. Und die sind sehr simpel. Angenommen Ihr Leben wird aufgestellt, dann suchen Sie eine Person, die Sie repräsentieren wird. Alter spielt keine Rolle, aber Geschlechter sollten eingehalten werden.

Dann geht es weiter in der Familie. Jeder beliebige, anwesende Mann kann ihren Vater oder Bruder repräsentieren. Jede anwesende Frau kann ihre Mutter oder Schwester spielen. Sie suchen dann die wichtigsten Familienmitglieder aus und ordnen sie auf dem Platz in der Mitte des Raumes an. Mit beiden Händen auf den Schultern rücken sie sanft den Mann in Position und sagen: du bist mein Vater. Dann rücken sie eine beliebige Frau in Position und sagen: du bist meine Mutter.

Und das war es. Mehr sagt man nicht. Keine Regie-Anweisungen, die es zum Beispiel beim Psychodrama gibt. Da heißt es dann: meine Mutter war immer in Sorge alles richtig zu machen. Und mein Vater hat sich den ganzen Tag hinter der Zeitung versteckt.

Nein, bei der Familienaufstellung werden lediglich die Rollen vergeben. Zunächst die eigene, dann die der Familie um die eigene herum. Du bist ich. Du bist mein Vater. Du bist meine Mutter. Das ist alles was man sagt, und man schiebt die Stellvertreter auf Position, so wie man meint, dass sie zueinander geordnet stehen sollten.

Dann setzt man sich hin und wartet ab. Die Darsteller bleiben einfach stehen und atmen ruhig. Nicht denken ist wichtig. Einfach nur stehen und fühlen. Und nach schon wenigen Minuten gibt es deutliche Reaktionen. Personen fühlen sich voneinander angezogen. Oder abgestoßen. Freude oder Angst überkommt einen. Alle geraten in Bewegung, und ordnen sich neu an.

Bevor man seine eigene Konstellation macht, ist es sinnvoll an einer anderen Konstellation in der Rolle eines Familienmitgliedes teilgenommen zu haben. So erfährt man aus erster Hand, was es bedeutet, wenn man in die energetische Blaupause einer Familie tritt. Die Darsteller leben uns ein Spiegelbild vor, was in der tatsächlichen Familie geschah. Die Darsteller werden bewegt, wie von unsichtbaren Händen gezogen oder geschubst. Keiner kann sich dem entziehen.

Einmal war ich der Sohn in einer Familie, wo der Vater ein Gewaltmensch war. Die „Mutter“ stürzte sich schützend vor mich. Und mir klapperten die Zähne, jedesmal wenn mein „Vater“ sich näherte. Man kann so einiges vortäuschen, manche Frauen täuschen angeblich den Orgasmus vor, aber haben Sie mal versucht „mit den Zähnen klappern“ vorzutäuschen? Das geht gar nicht! Aber meine Zähne klapperten rascher als die Klapper an der Klapperschlange. Mir war sofort klar, das war nicht ich, was da klapperte. Da war jemand aus jener Familie, der auf mir klapperte.

In einer anderen Rolle hatte ich mal einen Tick übernommen, Zucken mit den Schultern, und ich habe den Tick mit nach Hause genommen! Drei Tage lang tickte ich noch rum und fragte meinen Bekannten, was zu tun sei. Und er meinte: verbeuge dich vor der Seele, von der Du den Tick hast und sage ihr, dass sei ihr Tick und sie soll den bitte wieder zurück nehmen. Und das klappte dann auch.

Auch wenn man nur als Zuschauer dabei ist, gibt es Aufstellungen, wo man das Problem bzw. die Vibration bestens intuitiv wieder erkennt und teilt, und dann geht bei einem selbst das große Heulen los. Daher überall die Kleenex Boxen. Oder die Aufstellung, die gerade stattfindet, hat mit den eigenen Resonanzen so überhaupt nichts zu tun, und man schaut nur neugierig zu.

Aber sobald eine Vibration behandelt wird, und durch eine Versöhnung der Familie gereinigt wird, dann sind alle Anwesenden, die auf diese Vibration einsteigen, mitbetroffen und mit gereinigt.

Erstrebenswert ist es, jede Aufstellung mit einer Aussöhnung der anwesenden „Familienmitglieder“ zu schließen. Das ist nicht immer möglich. Aber selbst dann noch werden sich die bis dato vergessenen und verstopften Energien bewegen. Und eine Heilung kann beginnen.

Gewöhnlich läuft so ein Aufstellungs-Event über zwei bis drei Tage. Mit zwei bis drei Aufstellungen am Morgen, und zwei bis drei am Nachmittag. Manchmal dauert eine Aufstellung dreißig Minuten, manchmal zwei Stunden oder mehr.

Als Aufsteller braucht man eine detektivische Intuition. Wenn es im Spiel nicht weiter geht, dann holte Surabi ein weiteres Familienmitglied auf die Bühne.

„Vielleicht liegt es am Großvater! Können Sie bitte den Großvater machen?“ Und der Großvater kommt und alle Figuren reagieren überhaupt nicht. Falsche Fährte. Nun endlich befinden wir uns in meiner eigenen Familienaufstellung. Wie könnte ich die vergessen? Denn mein Leben hat sich danach grundlegend verändert.

„Vielleicht liegt es an der Großmutter! Kann bitte jemand die Großmutter machen?“ Und eine Dame stellte sich zur Verfügung, meine Großmutter zu machen.

Kaum stellte sie sich auf die Bühne zu den anderen, ging das Gejammere und Gezeter weiter. Das war so unübersehbar sichtbar. Ich schaute nur baff zu. Und langsam tastete sich Surabi durch meinen Ahnenbaum.

Sie hatte dann eine Idee. Sie breitete ein Decke aus und bat eine Frau, neu aus dem Publikum, dort nieder zu liegen.

Kaum legte sich die Frau auf die Decke, scharrten sich alle anwesenden Familienmitglieder eng um sie herum, liebkosten sie sanft und heulten, was das Zeug hielt. Ein einziges großes, lautes Wimmern und Weinen. Mir lief es eiskalt den Rücken runter.

Die Frau auf der Decke sagte dann, dass ihr Unterleib schmerzt. Man habe ihr ganz schlimm weh getan.

Surabi erklärte uns dann, dass die Frau auf der Decke für eine Verstorbene steht, die man aber komplett verdrängt hatte. Und um so mehr eine Seele verdrängt wird, um so mächtiger wird sie.

Surabi schaffte es dann den Baum meiner Ahnen neu, nun zum ersten Mal vollständig, aufzustellen. Und zwar diesmal mit der uns bisher unbekannten Seele. Kaum war die unbekannte Seele integriert, war Frieden und Versöhnung für alle Familienmitglieder möglich.

An jenem Abend kam ich müde und bewegt nach Hause. Alles schien normal, der Mond lächelte mich an und ich fragte ihn: was soll jetzt schon passieren?

Ein Jahr später habe ich mich mit meinen Eltern wegen einer Lappalie völlig überworfen. Schon lange brodelte der Konflikt meines Lebens: das Sicherheitsdenken der Eltern prallte auf meine Künstlerambitionen.

Nun lief das Fass über, oder wie mein Vater sagte: nun zerbrach der Krug. Zu seinem siebzigsten Geburtstag hatte er mich ausgeladen, und mich davor gewarnt, an seinem Ehrentag aufzutauchen. So etwas hatte es bei uns noch nie gegeben. Das war der Tiefpunkt in unserer Familiengeschichte.

Mir kam es vor, als ob ich mit der Aufstellung in den verstopften Abflussrohren meiner Ur-Ahnen rumgeporkelt hatte, und nun brach alles Angestaute auf, und erstmal flog uns die ganze Kacke um die Ohren. Alles, was stinkt, kam hoch. Das ganze Bad war eingesaut. Die Familie beschmutzt. Und ich war es schuld. Genau so fühlte es sich an.

Doch das Leben hat das, was zusammen gehört, wieder zusammen geführt. Mein Vater wurde ein paar Monate später krank, ich hatte Zeit und stand sofort zur Verfügung, bis seine Heilung eingefädelt war. Von da an hatte ich mit meinen Eltern endlich eine gesunde Beziehung. Eine Wende war tatsächlich geschehen.

Der Umgang miteinander wurde friedlicher, humorvoller, geduldiger. Nie wieder verspürten wir diesen Dämon, diesen Druck, der für Stress und Terror sorgte. Das war nun endgültig vorbei. Und das ist Fakt. Vierzehn Jahre später kann ich sagen, ob der Zug den Kurs ändern konnte oder nicht. Ja, und der Zug hat den Kurs geändert.

Meine Eltern sagen auch heute noch, dass ich an einer zu regen Fantasie leide, und das schon seitdem ich lebe, und dass ich auf den Boden - ihrer - Realitäten runter kommen muss, und sie halten mich für einen Spinner, weil ich die Aufstellung für unseren Frieden verantwortlich mache. Aber damals hätte aus so einer konträren Meinung schnell ein Streit entstehen können.

Heute zucken wir die Schultern und wechseln einfach das Thema. Der brandstiftende Dämon, das Rumpelstilzchen, ist definitiv nicht mehr da. Fragen Sie meine Eltern.

Natürlich habe ich mir dann die Frage gestellt, wer die unbekannte Tote ist. Und bei einem meiner nächsten Besuche in meiner alten, geliebten Heimat Wuppertal ging ich zum Einwohnermeldeamt und konnte die Geburtsurkunde meiner Ur-Großmutter, und die ihrer Geschwister anfordern. Nicht jedoch eine Auskunft über den Todestag oder -grund. Nur die Geburt war registriert.

Von meiner alten, und längst verstorbenen Tante Margret, Omas Cousine, zu der ich einen besonders guten Draht hatte, wusste ich, dass meine Urgroßmutter noch vier weitere Geschwister hatte. Also es waren fünf Kinder.

Es dauerte nicht länger als eine Tasse Kaffee bis der Beamte mit den Geburtsurkunden aus dem Archiv wieder hoch kam. Er brachte sechs Exemplare mit, und machte mir von jedem eine Fotokopie. Sechs? Eine mehr? fragte ich mich. Dann habe ich die Urkunden sortiert, nach Datum. Und fand heraus, dass meine Großmutter den selben Namen hatte, wie eine Schwester, die vier Jahre vor ihr geboren wurde.

Wie kann so etwas passieren?

So etwas passiert vielleicht, wenn das erste Kind verstorben ist und wenn dann bei der nächsten Schwangerschaft darauf gehofft wird, dass das verstorbene Kind nun wieder zurück, zu uns auf Erden, kommt.

Und dann kriegt das neue Mädchen den Namen der älteren Schwester und kriegt damit ihren energetisch unglücklichen Fingerabdruck mit. Das habe ich oft gehört und beobachtet: jede Seele braucht einen eigenen Namen! Die Familienmitglieder, die nach einem zu früh verlorenen, geliebten Mitglied benannt werden, haben die Arschkarte gezogen. Das ist allgemein bekannt, oder noch nicht?

Interessanterweise war meine Urgroßmutter, die nach dem vergessenen Mädchen benannt wurde, die einzige von all ihren Geschwistern, die Kinder bekam. Alle anderen sind kinderlos geblieben.

Nur meine Urgroßmutter bekam zwei Töchter. Das war meine Großmutter und ihre sexy Schwester, die hatte nichts anbrennen lassen, und wurde trotzdem nie schwanger. Als sie älter war, fand man heraus, dass ihre Eierstöcke nie richtig ausgeprägt waren.

Meine Großmutter hatte nur ein Kind bekommen, meine Mutter. Es war eine extrem komplizierte Schwangerschaft. Meine Mutter blieb Einzelkind, und war somit der einzige Spross aus der ganzen Familie und dem ganzen Drama um die verschwundene, ältere Schwester. Meine Mutter musste dieses epigenetische Kreuz ganz alleine schleppen. Bis dann ich geboren wurde …

Sehr wahrscheinlich war ich der erste und einzige, der nach 130 Jahren endlich von der Existenz dieses kleinen Mädchens wusste. Die Geschwister, wenn sie zum Zeitpunkt schon lebten, waren viel zu klein, um sich bewusst zu erinnern, dass es da noch eine ältere Schwester gab. Aber auch wenn man die Ursache vergisst, bleibt der Schmerz.

In jenen Jahren machte man auch noch nicht täglich Fotos von seinen Kleinen, so wie heute. Und wenn dann dieses Mädchen noch an einer großen Schande gestorben war, dann redete man da erst recht nicht mehr darüber.

Bei einem meiner letzten Telefonate mit meiner lieben Tante Margret erzählte sie mir wieder von meiner Urgroßmutter. Margret war die letzte, die meine Urgroßmutter noch persönlich kannte. Und Margret meinte, meine Urgroßmutter sei eine herzensgute Frau gewesen, aber ihr Haus sei so düster, beklemmend, traurig und leblos gewesen.

Passt das nicht ins Bild?

Die Konstellation wurde von Surabi intuitiv und mit Erfahrung geführt, die Emotionen die da hochkamen, waren echt, das Geweine enorm laut, das Versöhnen mit der unbekannten Toten war wohltuend. Aber dass ich nun ihre

Geburtsurkunde in den Händen hielt, ihren Namen schwarz auf weiß lesen konnte, das ist so als wenn ein Wünschelrutengänger sagt, wo die Mine liegt, man buddelt ein bißchen und schon ist man Millionär.

Die Frage: klappt so eine Familienaufstellung überhaupt? sollte hiermit bitte beantwortet sein.

Meine Konstellation hat mein Leben verändert, und auch das meiner Mutter positiv beeinflusst. Die Kraft, die im Anschluss frei gesetzt wurde, hatte alles so gefügt, dass es wieder fließen konnte. Wenn einmal der Stöpsel raus ist, findet die Energie wieder ihren Weg. Und das Leben übernimmt. Und was falsch war, wird gerichtet, zumindest begradigt.

Und das kann ich direkt noch an einem, nun viel größeren und krasseren Beispiel erzählen. Am selben Wochenende, noch eine Aufstellung. Diesmal ging es um eine junge Baskin, Anfang zwanzig und sie hatte Krebs.

Sie fing an ihre Familie aufzubauen. Und in jeder Generation fand sich zumindest ein Opfer oder ein Täter. Ein Ermordeter oder ein Mörder. Ihre Familie stand mitten drin im baskisch-spanischen Konflikt, der mit Franco im Bürgerkrieg zum ersten Mal so richtig aufkochte und 1959 zur Gründung der ETA führte.

Und alle die, die von hier sind, können ein Lied davon singen. Das trägt man hier im Blut, wie in Deutschland den Schatten des dritten Reiches. Und sowohl die Basken, wie die Deutschen sind viel mehr als ihr Schmerz, doch unser Schmerz ist noch da, unmittelbar und prägend für die Welt, die wir uns gerade gestalten.

Nachdem in dieser Konstellation der erste erschossene Großvater auftauchte, ging das Heulen los. Und um so tiefer Surabi in die Ahnengallerie vordrang, um so mehr Leid ausgebuddelt wurde, um so mehr Zuschauer stimmten in das Geheule ein, um so lauter und schmerzhafter wurde ihr Geschrei. Und plötzlich zündeten alle.

Alles um mich herum flippte aus. Die Assistenten hatten alle Hände voll zu tun. Ein Mann fiel in einen Krampfzustand, wo er mit dem Kopf immer wieder auf den Boden schlug. Schnell musste ein Kissen her!

Lautes Weinen kam aus allen Ecken, es war ein schauderliches Gruppengeheule. Ich erinnere mich sogar, gesehen zu haben, wie eine Frau aus dem Mund anfing zu schäumen, so als ob sie eine Brausetablette verschluckt habe, und dabei wie besessen ihre Augen verdreht hatte.

Mehrere tausend Basken, die im Bürgerkrieg einfach erschossen und in

Massengräbern verschachert wurden. Dann Tausend Tote durch die ETA. Und Tausend politische Gefangene, die gefoltert wurden. Hier saßen die Nachkömmlinge und kotzten es kollektiv aus.

Und da in meiner Epigentik dieses Drama nicht vorhanden war, und diese Resonanz von mir gar nicht erkannt wurde, war ich der EINZIGE neben Surabi und ihrem Team im ganzen Raum, der in dieser Vibration nicht mitschwang. Ich saß da einfach nur, mit Gänsehaut und schaute ganz genau hin. Noch nie hatte ich mir so sehr einen dreifachen Whiskey on the Rocks herbeigewünscht wie in jenem Moment. Um mich herum tobten die Dämonen, und ich saß im Auge des Hurrikans.

Ich weiß nicht mehr, wie lange das Geschreie anhielt, irgendwann ebbte es ab. Und Surabi hatte es geschafft die beiden Seiten dieses Konfliktes vielleicht nicht ganz auszusöhnen, aber zumindest sich bewusst darüber werden zu lassen, welche Verbrechen jeder begannen hatte. Den Schmerz, den man sich gegenseitig zugefügt hat, endlich einzugestehen.

Und dann gingen wir alle nach Hause. Was aus diesem Mädchen geworden ist, weiß ich nicht. Ich hoffe, sie konnte heilen. Ich hoffe, ihr geht es gut.

Aber ich weiß ganz genau, dass die ETA seit jener Aufstellung nicht mehr getötet hat. Der Druck im Schmerzkörper, der oft mit dem Finger am Abzughahn einer Pistole endete, war einfach weg. Das Ventil war lang genug auf, um den angesammelten Schmerz entweichen zu lassen.

Genau genommen gab es noch ein einziges Todesopfer, aber das war - wie Obama sagen würde - nur ein kollateraler Schaden. ETA hatte 2005 das Parkhaus vom Madrider Flughafen Barajas gesprengt. Und ein Passagier wartete schlafend im Auto auf seinen Flug, und den hat es erwischt. Das ist bedauerlich, aber es war nicht beabsichtigt.

Noch kurz vor der Aufstellung waren die Morde der ETA anders. Da wurden Andersdenkende in den besten Restaurants dieser Stadt beim Abendessen erschossen.

Ich kann mich noch genau erinnern, wie die ETA eine junge Polizisten, die an einer Straßenkreuzung den Verkehr regelte, am helllichten Tag in den Kopf geschossen hatte. Nur weil sie die Uniform der „Anderen" trug. Polizeikörper gibt es ja hier so einige.

Sie hinterließ einen Säugling, ein Kleinkind und einen Witwer. Das geschah zwanzig Minuten von meiner Haustüre entfernt. Und so etwas passiert seit jener Aufstellung nicht mehr. Zufall? Oder hatte ich einen weiteren Forrest Gump Moment und war dabei wie Elvis Presley tanzen lernte?

In einem bin ich mir sicher: falls jemals wieder im Namen der ETA gemordet werden sollte, dann ist das ein False Flag. Die echte ETA hat ihren Frieden gefunden. Ich habe gesehen und gehört, wie dieser Dämon unter Geschrei verschwunden ist. Die Kleenex-Packungen waren am Ende restlos aufgebraucht.

Die Kräfte aus dem Jenseits entscheiden über das, was hier passiert, und nicht die verrückten Mörder, die so verbogen sind, dass sie die ganze Welt gleich mit verbiegen wollen.

Diese Gewissheit, dass die Dinge sich regeln, wenn man sie freischaufelt, die habe ich nun. Und ich denke, das wird sich auf globaler Ebene wiederholen:

wenn wir einmal freischaufeln, wer uns die ganze Zeit in die Wade beißt oder in den Kaffee pinkelt, dann wird diese Energie - die durch verschiedene Personen zum Ausdruck gebracht wird - sich auch verabschieden. Einfach nicht mehr auftauchen, von nun an uns alle in Ruhe lassen.

Was mit dem Dämon meiner Urgroßtante und dem Dämon der ETA geschehen ist, wird sich mit dem Dämon der Elite wiederholen.

Sobald die Sache ans Licht kommt, wird es erst holprig, aber dann wird es schnell besser. Der Furunkel kommt von tief drinnen und weit unten. Kommt er an die Oberfläche, wird es schmerzhaft, bricht er durch die Haut, wird es ekelig. Aber danach kann die Wunde trocknen und heilen.

Und wenn die Hand auf unserem Klavier wieder leicht und frei ist, dann schaffen wir es auch, uns und unseren Planeten zu heilen.

⁂

KAPITEL 43

WELCHES ENDE HÄTTEN SIE GERNE?

Endlich komme ich zum Ende meines OPUS REPUGNANTI. Jetzt, wo das Unsagbare gesagt ist, wird es Zeit, mein Werk hier abzuschliessen und mein Leben danach anzufangen. Schließlich ging und geht es nur um das Leben, und wie man es hoffentlich verteidigen kann, damit es frei und gesund gelebt werden kann.

Sie werden gewiss jetzt nach der Lektüre meines Niedergeschriebenen auch ein neues Leben anfangen. Nun vielleicht werden Sie Ihr Leben nicht so rasch ändern, aber Ihr Blick auf das Leben ist nun hoffentlich etwas tiefer und schärfer geworden.

Oder können Sie jetzt immer noch so tun, als wenn es das Unsagbare nicht gibt? Weiterhin so tun, als ob Sie von dem Unsagbaren immer noch nichts wissen würden? Oder, wenn Sie nun doch eingestehen, dass auch Sie es jetzt wissen, können Sie dann immer noch so tun, als ob das Unsagbare Sie persönlich gar nichts angeht, Sie persönlich gar nicht betrifft?

Na dann sind Sie vielleicht ein Taucher, der Pressluft-Flasche und Kompressor mit Filter für Nano-Partikel hat, falls es so etwas überhaupt gibt. Und der gewillt ist, nur noch aus der Flasche zu atmen. Sich vollständig in einer Konservendose einschliessen zu lassen, wäre dann am ratsamsten. Darth Vader kann ein Lied davon rascheln.

⁂

Doch zunächst zum Ende meiner Geschichte: der Tod von Frau Möckelmann war natürlicher Ursache. Die Autopsie hat jeden Zweifel ausgeräumt. Natürlich geschah das zu meiner „Geiselnahme“, aber es kam heraus, dass sie keinen Herzschlag, keinen Hirnschlag hatte, nichts, was durch Stress oder Aufregung provoziert hätte werden können. Ganz im Gegenteil. Offenbar ist sie am Tisch eingeschlafen, und dann erst gestorben.

Die Autopsie hat ergeben, dass sie in ihren Därmen nicht die doppelte, sondern mindestens dreifache Portion an Nachtisch hatte. Am Ende waren die heißen Himbeeren über dem hausgemachten Vanilleeis verdächtiger als ich, wenn es darum ging, jemandem die Schuld an Frau Möckelmanns Ableben zu geben.

Das alles hatte ich natürlich erst später erfahren. Herr Möller schrieb es mir. Wir blieben in Kontakt, er folgt mir nun auf meinem REPUGNANT PILOT. Und kommentiert fleissig meine Beiträge.

Von Frau Rittenbach habe ich nichts mehr gehört, habe auch nie mit Herrn Möller darüber gechattet. Wenn die alte Rittenbach dreißig Jahre jünger wäre, würde ich sie auf facebook suchen und hoffen, Fotos von ihr im Bikini zu finden. Manchmal frage ich mich, ob sie mich damals bei dem Reiseunternehmen angeschwärzt hat, denn komischerweise gingen meine Tourismus-Aufträge nach der Geiselnahme drastisch zurück. Irgendwie hat es sich rumgesprochen, dass ich den ganz großen Bock geschossen hatte.

Nach fast vier Tagen U-Haft wurde am 20. Juli 2017 meine Zelle aufgesperrt. Ausgerechnet heute, am Tag des Stauffenberg Attentats. Ob es in diesem Jahr noch einen Überlebenden gibt, den man stolz vorzeigen kann? Und stellen Sie sich vor, der letzte Überlebende, ein Greis von knapp hundert Jahren, nutzt den Moment der nationalen Aufmerksamkeit, um es endlich los zu werden. Er stellt sich hin, schwingt erbost seinen Spazierstock und donnert ins Mikrophon: „Jedes Jahr das selbe alberne Ritual und noch nie wurde erwähnt, dass wir damals die gemeingefährlichen Spinner, die Verwirrten, die Verrückten, die Terroristen waren! Man hatte uns ausgelacht, man hatte uns diffamiert, man hatte uns zensiert, man hatte uns gejagt, und dann getötet. Und das interessiert heute keinen mehr! Und darum muss sich die Geschichte wiederholen, damit wir endlich lernen und verstehen.“ Der alte Mann verschnauft und setzt energisch nach: „Was nützt es uns als Ikonen des Widerstands gehuldigt zu werden, wenn heute unsere Enkel diffamiert und verfolgt werden?“

Ich sehe es als gutes Omen, dass ich ausgerechnet an diesem Tag frei gelassen wurde. Es kamen zwei Wärter, die ich noch nie gesehen hatte. Sie erinnerten mich an Dick und Doof. Die beiden wiesen mich an, rauszukommen. Dann brachten sie mich in ein Büro. Dort gaben sie mir meine Sachen zurück. Dann musste ich was unterschreiben.

Während dieser ganzen Prozedur suchten meine Augen Naiara. Aber sie war nirgends zu sehen. Soll ich nach ihr fragen? Genau, ich werde mein aufgeschriebenes Geständnis einfach dalassen, für sie. Zu Händen von Naiara. Schließlich hat sie mir das Papier in die Zelle gebracht.

Meine Schilderung des Tatherganges sei nicht mehr nötig, sagte der dickere. Das verdutzte mich. Der dünnere Gefängniswärter blinzelte mir aufmunternd zu. „Du hast Grund zur Freude! Es ist klar geworden, dass du unschuldig am Tode jener Frau da warst. Du wirst nun freigelassen."

„Können Sie dann bitte meinen Text hier an den baskischen Umweltminister weiterleiten? Bitte! ... denn seinetwegen habe ich Geiseln genommen, und für ihn habe ich das hier alles aufgeschrieben." Ich hielt ihnen den Stapel beschriebenes Papier unter die Nase.

Nun glotzten mich beide stumm und mit offenem Mund an: „Was sollen wir bitte? Der Umweltminister? Was haben wir mit dem zu tun?" Natürlich, sie hatten keine Ahnung. Dass sie von einer Toten wussten, war schon viel. Aber woher sollten sie meine Motive, meine ganze Geschichte hier kennen?

Ich versuchte dann den beiden mein Manuskript regelrecht aufzudrücken, mit Bitte um Weitergabe ans baskische Umweltministerium. Wenn der Minister keine Zeit zum Lesen hat, dann vielleicht einer aus seinem Ministerium. Das müsste doch möglich sein.

Während ich versuchte, mein Geschriebenes loszuwerden, führten mich die beiden langsam aber mit Nachdruck zur Ausgangstüre. Ich wurde über die Schwelle geschoben und hinter mir fiel das Gitter ins Schloss. „Jetzt gehen Sie mal besser schnell heim! Bevor wir Sie wegen Unfug einsperren müssen."

Am Liebsten wäre ich sofort wieder in den Knast gekrochen, um Naiara zu suchen. Wie gerne hätte ich die noch einmal gesehen.

Und wenn nicht den ganzen Text, soll ich ihr ein Briefchen hinterlegen? Bei Dick und Doof? Nein, besser nicht, denn so Typen werden ihr das noch in hundert Jahren aufs Brot streichen: „Dieser Deutsche da, dein Gefangener, der dir einen Liebesbrief geschrieben hatte, weißt du noch?" An so etwas würden die sich natürlich nur festhalten, weil sie a) selber chancenlos bei ihr und b) zu phantasielos sind, um so etwas Romantisches zu machen.

Aber ich machte heute auch nichts Romantisches mehr und ging erstmal nach Hause. Da ich ja in Haft gesessen hatte, hielt ich es für falsch bei ihren Kollegen eine Notiz für sie zu hinterlegen. Wenn man Briefchen schreibt, dann muss man den auch selbst zustellen. Und als Häftling steht man auf einer anderen Karte als der Gast an der Bar, der mit der Kellnerin flirten möchte. Aber so schnell gebe ich nicht auf. Das sollte mittlerweile bekannt sein. Also machte ich das, was die Polizei auch macht: ich stellte Nachforschungen an. Und ich stellte fest, dass Naiara einen kleinen roten Mini-Cooper fuhr. Und das war meine Chance. Unter den Scheibenwischer klemmte ich mein Briefchen. Ein knapp gehaltener Gruss und der Wunsch sie nochmal zu sehen. Plus Telefonnummer.

Aber sie meldete sich nie. Zumindest bis heute nicht.

Wochen später - nun blicke ich in die Zukunft - kam dann ein Termin bei Gericht wegen der Geiselnahme im Mirador de Ulia. Man verdonnerte mich zu einer Geldstrafe von € 1.700,— oder alternativ zweiundfünfzig Stunden Dienst zu schieben. Als Straßenfeger. Da ich kein Geld habe, entschied ich mich für die Alternative. Ich schaffte es, mich bei der Verteilung in die Liste für den Stadtpark Cristina Enea zu setzen. Eine wunderschöne Grünanlage im Stadtteil Egia. Hier gibt es Frösche, Enten und ein paar Pfauen. Hier kam ich damals immer gerne hin, um Qi Gong zu machen. Damals machte ich das täglich. Nun komme ich, um das Laub zu harken. Und es tut mir gut.

Wenn ich jetzt meine Arbeit gut mache, vielleicht kann ich mir hier einen Posten ergattern. Eine ruhige, ehrliche Arbeit. Im stetigen Kontakt mit der Natur, solange sie noch da ist. Und was für mich, als vom System ausgespuckter Drehbuchautor, ganz hervorragend wäre: ein monatliches Einkommen, das ausreicht für einen Einkauf im Lidl, und einen Urlaub auf einem Camping-Platz in Galizien oder Asturien.

Und am Abend sitze ich am Computer, lade nochmal die Fotos des Tages auf den Repugnant Pilot hoch, weiß aber nichts mehr zu erzählen, denn nun ist alles gesagt, selbst das Unsagbare.

⁂

Und wie endet nun die globale Geschichte? Die Geschichte der Menschheit? Also Ihre Geschichte? Wie endet die?

Dieses Ende können wir nur gemeinsam bestimmen. Ja, nur gemeinsam können wir das Ende gestalten und dann ausfüllen, mit unserem Leben. Denn wir sind alle Mitspieler. Und wer das hier ließt ist ein - nun - bewusst gewordener Mitspieler.

Das Einzige, was ich jetzt noch kann, ist verschiedene End-Szenarien vorschlagen. Das ist so wie auf einer Drehbuchbesprechung mit Regisseur und Produzent, wo man dann gemeinsam versucht die passende Szene zu finden. Der Drehbuchautor wirft verschiedene Bälle ins Spiel, alles Ideen für ein mögliches Ende, die dann bespielt oder verworfen werden, bis nur noch der richtige Ball im Spiel bleibt.

Also hier ein paar Vorschläge für ein mögliches Ende, stimmig und kohärent mit der bisher erzählten Geschichte:

Szenario a): wir machen alle so weiter als sei nichts geschehen, wir werden schleichend vergiftet, immer kränker, Wetterkatastrophen nehmen zu, die Ernten bleiben immer öfters aus, aber vielleicht geht das ja langsam und schleichend und wir haben Glück und es tut uns - Wohlstandsbürgern - nicht so ganz schlimm weh. Denn wir sind abgelenkt vom Spass, der an allen Ecken auf uns lauert. Und wer sich diesen Spass nicht leisten kann, kämpft darum, ihn sich leisten zu können.

Wenn uns dann die finale Giftdosis erreicht oder gar die Mikrowelle auf FULL POWER geschoben wird - nun wissen wir ja, dass es das gibt - ja, wenn diese Waffen wirklich zum Einsatz kommen, dann hoffentlich ohne Schmerzen. Am besten wäre es, wenn uns jener Moment mit einem Löffel Nutella im Mund erwischt. So wäre es dann ein süßer Moment. Und unsere Todesursache hieß dann: eingeschläfert in wohliger Trägheit.

In dieses Szenario passen perfekt die Morgellons und all diese mysteriösen synthetischen Fasern, von denen ich ja schon erzählt habe. Vielleicht helfen genau diese künstlich erzeugten, pilzähnlichen Organismen uns zu kompostieren. Vielleicht sind die dafür da, unsere blökende Biomasse so schnell wie möglich in einen Komposthaufen zu zerlegen. Denn wenn dieser Mord geplant ist, wieso soll die Entsorgung der Leichen nicht auch geplant sein?

Finden Sie so ein Ende etwa gut? Nun, solange der Nutella-Vorrat reicht, kann man darüber nachdenken.

Das b) Szenario ist im Prinzip wie das a) Szenario nur mit deutlich weniger Nutella. Hier geht alles rascher, der Fall ist schneller und härter. Die Ernten bleiben drastisch aus. Hungersnot und Anarchie brechen aus. Die Menschen morden, um an Lebensmittel zu kommen. Die Eliten verkriechen sich in ihren Bunkern und unterirdischen Städten, und warten bis wir uns gegenseitig abgeschlachtet haben, um danach den Planeten neu zu besiedeln. Ganz nach ihrer Vorstellung und ohne all die „useless eaters" (nutzlose Esser), wie uns Super-Elitist Henry Kissinger nannte.

Nun, solch ein Ende würde perfekt zu den Ankündigungen auf dem Georgia Guidestone passen. Doch nun meine Frage:

Finden Sie so ein Ende cool?

Also ich nicht. Ich bleib noch ein bisschen sitzen, mit dem Regisseur und dem Produzenten. Wenn es sein muss, schieben wir Überstunden. Hauptsache wir finden ein gutes Ende. Und hoffentlich ist der liebe Gott diesmal dabei.

Szenario c): ein hochdotiertes Gremium aus Experten weltweit studiert meine Sammlung THE TESTIMONY OF THE REPUGNANT PILOT, also all meine 3.000 plus best-of-Fotos, und meine hundertzehn plus Filmchen, und all die offiziellen Dokumente, die ich akribisch auf mega.nz verwalte und der ganzen Welt zum Untersuchen und Beurteilen zur Verfügung stelle.

Nach genauster Überprüfung kommt man zu dem Entschluss, dass in meiner Sammlung NICHTS zu sehen ist. Dass meine Fotos alle einen völlig normalen Himmel zeigen und meine Vermutungen null und nichtig sind.

In diesem Szenario kommt dann auch raus, dass ich eine ausgeprägte Profilneurose habe, weil meine Mutter mir nicht die Brust gegeben hatte und mich von klein auf mit Nestle-Produkten gefüttert hatte. Oder so.

Außerdem habe ich mir immer schon gewünscht, etwas Großes und Wichtiges zu tun, und da ich nie das Vergnügen haben durfte, Filme für hunderte von Millionen zu drehen, muss ich nun die ganze Welt in eine paranoide Geschichte kneten, die ich mir aber nur einbilde und meinem treuen facebook-Publikum pausenlos in den Hals ramme.

Aber tatsächlich gibt es diese krasse Geschichte nur in meinem kranken Geist. Und der Wein machte den Rest und ermutigte mich, das alles in ein zu langes und langweiliges Buch zu kleistern. Daher gehöre ich besser weggesperrt und damit ist diese unsagbare Geschichte endlich vom Tisch, denn mit dem Botschafter ist nun auch die Botschaft wieder verschwunden.

Wer würde bitte jetzt noch, nach dieser Lektüre, so ein Ende glauben?

Gewiss noch ein paar Kröten unter uns, oder? Ich freue mich schon jetzt, von denen das erste Gequake zu diesem Buch zu hören.

Nun, ein mögliches Ende gibt es noch. Das Happy-End. Das d) Szenario. D wie Dabringhaus, oder D wie Dauerlauf, denn so kommt es mir vor.

Die D-Version ist die Version, die wir alle sehen wollen, zumindest diejenigen, die Freude am Leben haben. Und die, die erkennen, dass wir alle helfen müssen, und zwar so:

Jetzt einfach nicht mehr wegschauen und so tun, als sei nichts passiert. Bitte unbedingt darauf achten, dass der Ball im Spiel bleibt. Besser, dass aus dem Ball eine Lawine wird. Material zum Teilen finden Sie auf therepugnantpilot.com, oder am besten gleich mein Buch weiter verschenken.

Und bedenken Sie bitte, dass Leute wie ich, alle aus eigener Kraft und aus eigenem Herzenswunsch trommeln.

Leider hält es auch GREENPEACE nicht für nötig meine kleine, aber effektive Arbeit zu unterstützen. Die organisieren lieber exklusive Kreuzfahrten an abgelegene, tropische Inseln.

Dieses Buch hier wird mir bitte ein bisschen finanzielle Sicherheit geben, falls das mit dem Job im Park nicht klappen sollte.

Aber wichtiger als der Wohlstandsbauch des Botschafters ist es, die Botschaft weiter zu reichen. Am besten: mein Buch einfach denjenigen schenken, die überzeugte Skeptiker sind. Und der Polizei, der Presse, den Ärzten, den Richtern so lange und beharrlich auf die Füsse treten, bis das Thema endlich objektiv untersucht wird.

Je lauter und deutlicher dieses Thema in und von der Bevölkerung ausgesprochen wird, umso verschreckter reagieren die Mächtigen in ihren hohen Etagen.

Unser stetiger und freundlicher Druck von unten wird dann den Wendehals 2.0 auf den Plan rufen. Immer mehr Autoritäten kriechen dann aus ihrem Schrank und sagen: „Seht Ihr! Genau das habe ich doch auch schon immer gesagt!"

Wenn einmal der Damm bricht, geht es schnell. In der Chemie nennt man das Kippen. Der Zustand einer Substanz (oder Biomasse) ändert sich schlagartig.

Und da das Leben verrückter als Kino ist, habe ich in diesem Szenario noch eine Überraschung eingebaut:

Ich kann es nur kurz andeuten, mehr dazu vielleicht später: auf Grund einer Freundschaft schaffte ich es in der Führungsebene des Bundeskriminalamts Gehör zu finden. Es war mir mein Wunsch, dass das BKA meine Seite THE REPUGNANT PILOT studiert und beobachtet. Darüber habe ich bisher geschwiegen. Aber nun müsste genug Zeit vergangen sein, und der Vorsprung gesichert.

Natürlich fängt auch diesmal wieder alles in Deutschland an. Es kommt zu einem Coup, besser gesagt zu einer Massenverhaftung, die auf die Minute zeitgleich in der ganzen Bundesrepublik stattfinden wird. Die Aktion wird so gründlich und sauber ausgeführt, dass dies das Vorbild für Frankreich und England sein wird, die einen Tag später mit einer ähnlichen Aktion sofort nachziehen. In den USA handelt man nicht so schnell. Dort werden dann so einige auf der Flucht erschossen, oder in ihrem Unterschlupf in den Bergen von Venezuela verhaftet. Alles nur große, uns zu bekannte Namen.

Die Furcht in der ahnungslosen Bevölkerung, dies sei ein Militärputsch und führt in eine Diktatur, ist nur vorübergehend. Denn trotz dieser Massenverhaftungen bleiben die Flughäfen offen, die Straßen ungesperrt, das Leben läuft ganz normal weiter, so weit man normal sagen kann, denn wieder hängt jeder nur an der Mattscheibe oder am Radio, und verfolgt die jüngsten Ereignisse.

Die Massenverhaftungen, die nicht nur Politiker und Bänker betreffen, sondern auch die Führungsebene von Presse und TV, sind nun in aller Munde, Sensation und Schlagzeile. Einige bekannte Moderatoren wurden im Vorfeld auf diesen Wechsel vorbereitet, und helfen nun das Publikum zu beruhigen, während die „Systemlinge“ einfach ausgetauscht werden.

Plötzlich herrscht ein neuer Ton, neuer Mut zur Wahrheit, die Trittbrettfahrer sorgen dafür, dass die Karre so richtig in Schwung gerät und die Medien teilen zum ersten Mal nicht nur Angst und Panik in ihren Nachrichten, sondern Aufklärung und Zuversicht.

Und das alles in der gewohnt betulichen Art erzählt, so wie bei der Sendung mit der Maus. Viele müssen erstmal langsam an diese Geschichte herangeführt werden, nicht alle hatten vorher Zeit, mein Buch hier zu lesen.

Es werden dann Prozesse einberufen, wie damals in Nürnberg, nur diesmal schauen die Richter sich die Beweislast von allen Seiten an, und nicht nur die der überwältigten Verlierer. Damals durften die Richter zum Beispiel nicht mit einbeziehen, was Prescott Bush für den Aufbau der Macht der Nazis alles getan hat. Dafür muss man kein Holocaust Leugner sein, um diese starke und vitale Verbindung zwischen Weltbänkern und den Nazis zu erkennen und auszusprechen.

Nun werden wir herausfinden, dass, wenn wir ehrlichen, echten Frieden haben wollen, wir auch ehrlich in der Auswertung aller Beweise sein müssen.

Mit dieser Nacht der Verhaftungen beginnt das Goldene Zeitalter. So ähnlich werden die Statistiken sein:

Verhaftungen weltweit: 13.435
Selbstmorde weltweit: 66.666

Frau Goebbels hat es uns ja vorgemacht. Erst den Kindern das Schlafmittel geben, dann die Giftkapsel dem schlafenden Kind zwischen die Zähne schieben, den Kiefer nach oben stupsen, das kindliche Gebiss knackt die Kapsel. Darauf im Schlafe ein kurzer Kampf mit den Tod. Und dann ist Ruhe. Frau Goebbels meinte, so etwas ist besser als ein Leben ohne Nationalsozialismus. Nun, auch das wird sich wiederholen. Nur das Wort Nationalsozialismus wird ausgetauscht gegen ein neues.

Wen jucken die paar Selbstmorde im Vergleich zu all den „useless eatern", die sich nun nicht mehr nutzlos fühlen müssen? Die dann zum ersten Mal eine gerechte Chance auf dieser Welt bekommen? Weil sie nicht mehr in der Zinsschlinge gefangen sind, während man ihnen das Gift hinten und vorne reinstopft. Das ist dann alles vorbei.

Letzter Eintrag in diese Statistik:

Menschen, denen von da an das Leben leichter, gesünder, schöner, friedlicher und würdiger wird: 7.775.323.125.

And counting.

Zurück in die Gegenwart:

Ob ich nun mit meiner akribischen Sammlung, und meiner Liebesmühe irgendetwas erreiche oder nicht, nun das liegt längst nicht mehr bei mir. Ich würde mich freuen, wenn der Funke überspringt. Und wenn der Funke nicht überspringt, dann liegt es nicht an meiner Fleißarbeit des Schreckens, sondern eher daran, weil Ihr Zündkopf nass geworden ist.

Dann legen Sie sich bitte in die Sonne - falls Sie die finden - und kehren in sich. Machen Sie dann mal alle Maschinchen um sich herum aus und fragen Sie Ihr Herz, ob ich - naja gut, schwätzen tu ich gerne - aber fragen Sie sich, ob ich völlig daneben liege, oder ob da was dran ist. Und schauen Sie sich einfach meine komplette Sammlung nochmal genau an. Und dann entscheiden Sie ganz für sich selbst. Aber bitte seien Sie in dieser Entscheidung aufmerksam, denn sie wird Ihr Leben markieren.

So ich habe jetzt alles gesagt, was ich sagen wollte, und was auch immer kommen mag, ich habe Frieden, zumindest mit mir selbst.

Würde mich enorm freuen, wenn Sie diesen Frieden auch finden.

Meine Arbeit ist getan. Oder meinte da einer, ich muss das jetzt alles nochmal erklären? Wer es jetzt immer noch nicht versteht, um den soll sich dann bitte der liebe Gott kümmern. Und die Anderen - also wir - sollten endlich anfangen, dem lieben Gott zu helfen,

Agur (so verabschieden sich die Basken),

Tim Dabringhaus <> The Repugnant Pilot
San Sebastián, im Sommer 2017

⁜

KAPITEL 44

PS:

PS: Das war die erste Fassung von meinem Buch. Vielleicht folgt noch eine weitere. Aber um den Wettlauf „schleichender Ökozid gegen schleichendes Erwachen“ hoffentlich positiv zu beeinflussen, habe ich so schnell wie möglich mein in U-Haft Niedergeschriebenes überarbeitet, vervollständigt und veröffentlicht. Es geht hier nicht um literarisches Niveau, es geht nur um Aufklärung.

Teilweise kam es mir so vor, als wenn ich mit dem Teelöffel ein Loch durch einen großen Granit bohren würde. Ich hoffe, dass es mir gelungen ist, zumindest an der Oberfläche Kratzspuren zu hinterlassen. Mit dem Granit meine ich jetzt nicht die Festung unseres Feindes, sondern die Panzermauer, hinter der Sie sitzen. Damit meine ich Ihr Weltbild, hinter das man Sie eingesperrt hat, damit Sie sich wie die Krönung der Schöpfung fühlen können. Selbstgefälligkeit, Selbstherrlichkeit und Selbstgerechtigkeit halten so viele von uns auf Linie. Der eine lebt das mit einem tollen Auto, der andere lebt es, weil er zu gerne seinen Arsch hinhält, selbst dann, wenn Jesus nur von der Wange redete.

Und so fühlt sich mal wieder jeder bestimmt, das Richtige zu tun, der Beste zu sein, bläht sich auf und merkt nicht, dass er bereits am Fliegenfänger klebt.

Daher bitte ich all die, die noch rasch im Kopf sind, meine Sammlung zu spiegeln. Laden Sie runter, was Sie wollen, und laden Sie erneut hoch, wo Sie können. Und geben Sie bitte den hashtag #therepugnantpilot dazu, so wird man es immer finden können. Falls dieses Buch hier bekannt werden sollte, wird man nämlich alles unternehmen, meine Sammlung zu hacken und zu zerstören.

Die Kollektiven Detektive haben ja schon dank der Volkhard Zukale Videos der STASI 2.0 ein sattes Tor geschossen. Wir werden die ganze Partie gewinnen, wenn auch Sie einfach mithelfen, dass DAS TESTAMENT DES REPUGNANTEN PILOTEN nicht mehr verloren geht, ganz im Gegenteil: möglichst größte Verbreitung findet.

Schreibtischtäter versuchen die Welt zu zerstören, vom Schreibtisch aus werden wir sie retten. Aber dafür muss der Funke überspringen, jetzt von diesem Buch auf SIE!

Nicht mehr auf die Anderen warten!

Wie kann man helfen? Die Antwort dazu wird jeder in seinem eigenen Herzen finden. Ich vertraue darauf, dass uns die nötigen Impulse aus den morphogenetischen Feldern erreichen und inspirieren werden. Das ist das Feld, wo die Schöpfung beginnt. Und da ist es gerade schwer am Köcheln.

Und wenn das mit dem Weltretten jetzt trotzdem immer noch nicht zündet - weil wir viel zu anästhesiert sind, weil unsere Zirbeldrüse hoffnungslos verstopft ist, oder weil GAME OF THRONES viel zu spannend ist, und wir viel zu geil auf Fäulnis und Untergang sind, dann hoffe ich, dass ich Sie zumindest noch ein wenig zum Schmunzeln oder vielleicht sogar zum Lachen bringen konnte. Denn Humor ist, wenn man *trotzdem* lacht.

Ich habe meinen Teil getan, nun sind Sie dran.

⁂

TEIL III - Anhang

KAPITEL 45

OFFENER BRIEF AN DIE OFFIZIERE

Von Josefina Fraile, übersetzt ins Deutsche von Susanne Plaar:

Offener Brief an die Offiziere
Tamzy J. House , James B. Near, Jr., William B. Shields (USA), Ronald J. Celentano, David M. Husband, James E. Pugh, und Ann E. Mercer.
Autoren des Dokuments:
"Weather as a Force Multiplier: Owning the Weather in 2025" / "Das Wetter als Multiplikator der Macht: Der Besitz des Wetters im Jahr 2025"

Den Streitkräften der USA im Jahr 1996 vorgelegt.

Sehr geehrte Frau Ann E. Mercer, sehr geehrte Herren,

Mein Name ist Josefina Fraile Martín, gebürtige Spanierin und Weltbürgerin. Nachdem ich Ihr Dokument mit dem an Science Fiction erinnernden Titel "Der Besitz des Wetters im Jahr 2025" (!) gelesen habe und festgestellt habe, dass er eine erschreckende Wirklichkeit ausdrückt, fühle ich mich verpflichtet, Ihnen im Namen unserer großen Familie aller Menschen dieses Planeten, die Sie mit Ihren wahnsinnigen Plänen zur Weltkontrolle leider völlig ignorieren, Ihnen meine (unsere) Meinung diesbezüglich auszudrücken.

Wenn ich von Weltgemeinschaft spreche, dann meine ich die Milliarden von Menschen, die diesen Planeten bewohnen (mit dem Sie herumexperimentieren) und die jeden Morgen aufstehen, um sich mit Würde einem Leben zu stellen, das immer mehr von denen bedroht wird, die sich im Namen der Macht und der Gier zu Anführern in unserer Welt aufgeschwungen haben, besser bekannt unter dem Begriff "Internationale Oligarchie und ihre Diener".

Es ist besorgniserregend, entmutigend und herabwürdigend für uns Bürger, die wir an Freiheit, Gleichheit und Brüderlichkeit – Basiswerte unserer

Demokratie - glauben, feststellen zu müssen, dass die Institutionen, die die heilige Pflicht haben, ihr Volk zu schützen in rechtmäßiger Vertretung der Volkssouveränität, wie das Heer und die Regierung, Hand in Hand mit diesen psychopathischen Oligarchen hinter unserem Rücken arbeiten, um uns zu vernichten.

Ich habe in keinem einzigen Dokument, weder in dem vorangehenden *Spacecast 2020* noch in den öffentlichen Dokumenten zur Kontrolle des Weltalls, noch in den von den USA seit 1958 bis heute veröffentlichten Mitteilungen, nicht einen einzigen Abschnitt gesehen, in dem über die Ethik der angestrebten Ziele oder die möglichen Konsequenzen für unseren Planeten und das Leben der Menschen nachgedacht wird.

[Es seien die bekanntesten genannt: Argus (1958), Starfish (1962), SPS /1968), Saturno V (1975), SPS (1978), OMS (1981), Experimente mit Raumfähren 1985, Mighty Oaks (1986), Desert Storm (1991), HAARP (1993), nicht zu vergessen die fehlgeschlagenen Experimente Star Wars des Präsidenten Reagan, oder das BMDO unter Präsident Clinton].

Das einzige, das aus den Ausführungen der theoretischen Grundlagen Ihrer Projekte deutlich hervorgeht, ist die immense Kälte von indoktrinierten Geistern, die trainiert wurden, um Befehle auszuführen, ohne die Ziele oder Mittel in Frage zu stellen, und seien sie noch so verwerflich, und das geschieht alles unter dem Banner der nationalen Sicherheit. Dabei entzieht man sich jeglicher Verantwortung und pervertiert die Sprache; schlimmste Gräuel werden als Kollateralschäden bezeichnet. Sie, meine Herrschaften, sind, wie jeder andere Bürger in einem Rechtsstaat, moralisch und rechtlich für Ihr Handeln verantwortlich. Und da gibt es keinen sprachlichen Kniff, der das ändern würde.

Der Begriff der nationalen Sicherheit wäre nichtig, wenn von ihm diejenigen ausgeschlossen wären, die eine Nation ausmachen: Das sind vor allem die Bürger unserer Zeit, die wiederum die Rechte ihrer Kinder bzw. der nachfolgenden Generationen für die Zukunft schützen müssen.

Jeder hat seine Last, oder besser gesagt seine Regierung zu (er)tragen. Aber was wir als Nicht-Amerikaner überhaupt nicht verstehen können, ist weshalb die nationale Sicherheit der Vereinigten Staaten von Amerika die Annullierung der nationalen Souveränität anderer Länder bedeuten soll, ungeachtet dessen, ob sie Alliierte sind oder nicht. Diesen Ländern wird so die effektive Verteidigung ihres eigenen Staatsgebietes und deren Bürger verwehrt. In Ihrem Dokument „Der Besitz des Wetters im Jahr 2025" versichern Sie:

"In den USA ist die Wettermanipulation Teil der nationalen Sicherheitspolitik, mit Anwendungen im In- und Ausland. Unsere Regierung verfolgt diese Politik auf unterschiedlichen Ebenen, je nach Interessenlage. Diese Ebenen beinhalten einseitige Aktionen, Teilnahme innerhalb eines Sicherheitsbündnisses wie der NATO oder auch im Rahmen der Zugehörigkeit zu internationalen Organen wie der UNO, und auch Koalitionsoperationen. Wenn wir davon ausgehen, dass 2025 die Wettermanipulation in unsere nationale Sicherheitsstrategie einfließt, wird ihre Anwendung in der Militärstrategie ganz selbstverständlich sein."

Auf Seite 6 des Berichts ist zu lesen*:*

"[Die Beeinflussung des Wetters lässt sich im weitesten Sinne in zwei Hauptkategorien einteilen: Unterdrückung und Intensivierung von Wettermustern. In extremen Fällen könnte sie das Schaffen gänzlich neuartiger Wettermuster, die Abschwächung oder Kontrolle starker Stürme oder sogar die Veränderung des globalen Klimas in weitreichendem und langanhaltendem Umfang beinhalten.

In den milderen oder weniger kontroversen Fällen kann sie darin bestehen, Niederschläge, Wolken oder Nebel für kurze Zeit und in geringem Ausmaß über einem Gebiet herbeizuführen oder zu unterdrücken.] Weitere Anwendungen von geringer Intensität schließen die Veränderung und/oder Nutzung des nahen Weltraums ein als ein Mittel zum Ausbau der Kommunikationssysteme, zur Unterbrechung aktiver und passiver Sensoren oder für andere Zwecke. In den Forschungen für diese Studie wird die umfassendste Interpretation des Begriffs Wettermanipulation zu Grunde gelegt, so dass ein maximales Spektrum an Möglichkeiten für unser Militär im Jahre 2025 in Betracht gezogen werden kann."

Zu Beginn des Kapitel 4 steht:

Unerlässlicher Bestandteil eines Systems zur Wetterbeeinflussung ist die Gesamtheit der eingesetzten Interventionstechniken, mit denen das Wetter verändert werden soll. Die Anzahl von spezifischen Methoden des Eingriffs ist nur durch die Vorstellungskraft begrenzt, doch mit wenigen Ausnahmen ist es erforderlich, dem meteorologischen Prozess entweder Energie oder Chemikalien zuzuführen, und zwar auf die richtige Weise, am richtigen Ort und zur richtigen Zeit. Die Intervention zur Wettermanipulation könnte auf verschiedene Weisen konzipiert werden und so auf Wolken und Niederschläge, Intensität von Gewittern, Klima, Weltraum oder Nebel einwirken.

Im 2. Abschnitt Seite 19:

Technologien zur Wettermanipulation könnten Techniken einschließen, die die Freisetzung latenter Wärme in der Atmosphäre erhöhen, zusätzlichen Wasserdampf zur Wolkenbildung bereitstellen und eine größere Atmosphärenoberfläche sowie geringere –erhitzung bieten, um die atmosphärische Instabilität zu steigern.

Einer der am besten dokumentierten Abschnitte dieses Berichts ist jener, in dem es um die Modifikation und Kontrolle der Ionosphäre und des nahen Weltraums geht, mit dem Zweck, die eigenen Kommunikationssysteme und die Möglichkeiten der Detektion und Navigation zu erhöhen, da sie wesentlich für die Dominanz im Kriegsgebiet sind.

Auf Seite 21, Absatz 2, ist zu lesen:

[Zahlreiche Methoden zur Modifikation der Ionosphäre wurden erforscht und vorgeschlagen, einschließlich des Einbringens von chemischen Dämpfen und des Erhitzens oder Aufladens per elektromagnetischer Strahlung oder Teilchenstrahlen (wie zum Beispiel Ionen, neutrale Teilchen, Röntgenstrahlen, MeV-Teilchen und Elektronen) (27). Es muss betont werden, dass viele Techniken zur Beeinflussung der oberen Atmosphäre in Experimenten

erfolgreich vorgestellt werden konnten... Die wichtigsten militärischen Anwendungen dieser Prozesse sind die Kommunikationsherstellung durch Niedrigfrequenz(LF), HF-geleitete Kommunikation und die Schaffung einer künstlichen Ionosphäre.]

Auf Seite 27 wird die Möglichkeit künstliches Wetter zu produzieren, genauer betrachtet:

Die Nanotechnologie bietet auch die Möglichkeit, simuliertes Wetter zu produzieren. Ein oder mehrere Haufen von mikroskopischen Computerteilchen, die alle miteinander und mit einem größeren Kontrollsystem kommunizieren, könnten enorme Möglichkeiten eröffnen. Miteinander verbunden, atmosphärisch getragen und ausgestattet mit Navigationsmöglichkeiten in drei Dimensionen, könnten solche Haufen mit einer großen Bandbreite von Eigenschaften ausgestattet werden. Sie könnten entweder ausschließlich dazu benutzt werden, optische Sensoren zu blockieren, oder sie könnten sich so anpassen, dass sie andere Überwachungsmethoden lahmlegen. Sie könnten auch einen atmosphärischen, elektrischen Spannungsunterschied herbeiführen, der ansonsten nicht existieren würde, um so Blitzschläge auf präzise bestimmte Ziele und zu bestimmten Zeiten auszulösen. Selbst wenn das Energieniveau nicht ausreichen würde, um als effektive Schlagwaffe zu operieren, wäre jedoch das Potential für psychologische Operationen in vielen Situationen fantastisch.

Billig und zweckmäßig:

Einer der größten Vorteile beim Einsatz von künstlichem Wetter zum Erzeugen eines bestimmten Effekts ist, im Gegensatz zu anderen Optionen, dass hierbei die Ergebnisse gut angelegter Aktionen die Folgen natürlicher Wetterphänomene zu sein scheinen. Außerdem ist die Ausführung relativ kostengünstig. Laut J. Storrs Hall, leitender Wissenschaftler im Bereich Nanotechnolgieforschung an der Rutgers Universität, sind die Produktionskosten pro Pfund dieser Nanopartikel ungefähr genauso hoch wie die von Kartoffeln. (34)

Obwohl ich Ihre unzulässigen und unmoralischen Vorschläge absolut ablehne, muss ich zu Ihrem Vorteil sagen, dass Sie wenigstens den intellektuellen Anstand besaßen, diesen Bericht zu veröffentlichen, damit die Gesellschaft zur Kenntnis nehmen kann, dass es Klimamanipulation tatsächlich gibt, und dass wir den zugrunde liegenden Kontext nun erkennen können: und zwar Krieg und wirtschaftliche Interessen.

Und obwohl Sie Ihr Dokument nach dem Abkommen über den Klimawandel von Rio 1992 verfasst haben, hatten Sie keine Skrupel, die Weltgemeinschaft zu belügen, indem Sie sagten, dass die Klimamanipulation die magische Zauberformel gegen die globale Erwärmung ist, die angeblich durch das vom Menschen produzierte CO_2 entstanden ist. Eine Erwärmung also, die, wie sich nach der Lektüre des Abs. 2 S. 19 (s. o., unterstrichen) schließen lässt, eine Folge der Klimamanipulation wäre. Tatsächlich ist das von Ihnen herangezogene Beispiel, mit dem der Leser von der Notwendigkeit der Wetter- und Kommunikationskontrolle überzeugt werden soll, nicht die globale Erwärmung, sondern ein örtlich begrenzter Schauplatz, nämlich der Kampf gegen ein etabliertes und politisch mächtiges Drogenkartell in Südamerika ... Danke!

[Das Ziel dieses Berichtes ist es, eine Strategie zur Nutzung eines zukünftigen Klima-Modifikationssystems zu entwerfen, mit dem Zweck, militärische Ziele zu erreichen...]..[Die Wettermanipulation ist ein Unternehmen von hohem Risiko, aber mit großem Gewinn.] S. (vi). Die Motivation ist da. Der potentielle Nutzen und diese Macht sind außerordentlich lukrativ und reizvoll für die, die die Mittel haben, so etwas zu entwickeln.

Wollen wir uns einmal ansehen, was die Wettermanipulation möglich ist zu leisten, wenn sie in den Händen derer ist, die die Mittel haben, so etwas zu entwickeln: Zum Beispiel ein Kartell reicher und mächtiger Personen in Südamerika im Besitz von Wettermodifikationstechnologien, die sie in Russland, China oder den USA erworben haben, beschließt, sich die fruchtbaren Boden einer bestimmten Region anzueignen. Aber die Landwirte wollen nicht verkaufen. Die Mächtigen nun - die entsprechenden Technologien machen es möglich – kreieren in dieser Region eine lange Dürreperiode, die die Bewohner an den Rand der Überlebensfähigkeit drängt. Ihre wirtschaftlichen, sozialen, produktiven und familiären Strukturen fallen auseinander. In dieser Situation verbreitet sich eine Hungersnot, wodurch die Bevölkerung dezimiert wird. Die Verbleibenden beschließen in andere Regionen auszuwandern, wo sie für ihre Familie eine Zukunft suchen. Die Mächtigen haben nun freie Hand... Dies ist keine fiktive Begebenheit für 2025. Es ist seit zehn Jahren Realität in südamerikanischen Ländern wie zum Beispiel Argentinien.

Laut Ihrem Bericht hat man schon seit 1947 rechtliche Konsequenzen vorausgesehen, die aus der absichtlichen Modifikation der großen Gewittersysteme hervorgehen könnten. Dies ließ wenig Raum für Experimente mit lokalen Gewittern, was aber weder den Einsatz in Vietnam, noch die ganzen Experimentreihen ab 1958 - zuerst regional und dann global - trotz des Abkommens ENMOD von 1977, noch die fortdauernden Experimente von 1958 bis heute zur Erforschung und Kontrolle der oberen Atmosphäre verhinderte. Im Gegenteil, Sie sind überzeugt, dass die rechtlichen Rahmenbedingungen eher auf die großen Belohnungen als auf die hohen Risiken reagieren werden, denn in Ihren Worten:

"wird die immer größer werdende Notwendigkeit, die Vorteile dieses Potentials anzuerkennen, der nötige Anreiz sein, damit Gesetze, Abkommen und einseitige Handlungen dahingehend geschaffen werden, dass die notwendigen Risiken zur Durchführung und Verbesserung desselben akzeptiert werden".

Mit anderen Worten: Von der Korruption des Gesetzgebers geht man von vorne herein aus.

Jedes Individuum und die Gesellschaft insgesamt wird nicht nur die Folgen Ihrer Handlungen zu erleiden haben, mit denen Sie mittelfristig unseren Planeten der Gefahr seiner Zerstörung aussetzen und kurzfristig die Gesundheit und die Unversehrtheit der Menschen gefährden, sondern soll sogar, so die Meinung des Redaktionsteams des Berichts, *die Mittel und rechtlichen Grundlagen zur Entwicklung eines zuverlässigen Klimamodifikationspotentials bereitstellen.* Ist eine Gesellschaft, die über diese Aktivitäten und ihre Konsequenzen nicht informiert und auch nicht um Erlaubnis gefragt wurde, bereit, einen derartigen Preis zu zahlen?

Nach schon fast zwei Jahrzehnten seit der Veröffentlichung Ihres Dokuments widerlegen all die Beweise der vergangenen Jahre, dass es sich dabei nur um eine bloße Arbeitshypothese handeln konnte. Unser Himmel ist in einem beklagenswerten Zustand und die natürlichen Klimamuster sind weltweit durchbrochen: Das sind die besten Beispiele, dass die für 2025 gesteckten Ziele schon 16 Jahre vorher erreicht worden sind. Dabei wurden die Gesetze und die Gesellschaft ignoriert, wurde einer eindeutigen Verantwortung für die Kausalbeziehung Tat - Folge aus dem Wege gegangen und somit das Ursache-Wirkungs-Prinzip auf den Kopf gestellt, und letztlich nicht einmal die geringste Vorsichtsmaßnahme beachtet. Nichtsdestotrotz behaupten Sie:

Die Lektionen unserer Geschichte zeigen, dass das Potential der Klimamanipulation trotz der Risiken eine Realität sein wird. Der Impuls dazu ist vorhanden. Die Menschen wollten immer schon das Klima kontrollieren, und dieser Wunsch wird sie dazu drängen, ihre Ziele dauerhaft und gemeinsam zu erreichen.

Eine sehr kurzsichtige Betrachtungsweise. Die Lektionen der Weltgeschichte haben aus dem Blickwinkel der Zivilgesellschaft natürlich eine völlig andere Lesart als aus dem des Militärs und ihrer Wegbegleiter, der internationalen Oligarchie. Die Zivilgesellschaft des 21. Jahrhunderts ist gebildet und glaubt fest an die demokratischen Werte zum Schutz der Grundrechte der Menschen und lehnt die ewige Kriegstreiberei der Rüstungsindustrie und den dazugehörigen Konzernen ab. Ebenso lehnt sie ab, dass der Zweck die Mittel heiligt. Die Zivilgesellschaft des 21. Jahrhunderts hat die Lektionen gelernt, die uns die Atombombe und die Kernenergie gebracht haben. Aus diesem Grund glaubt sie nicht, dass der bloße Wunsch, etwas erreichen zu wollen, zu Handlungen berechtigt, die gegen das Leben, die Natur, die Würde und die Gesetze sind, so wie es die Wettermanipulation ist.

Wir haben nur einen Planeten Erde, der unser gemeinsames Haus ist und geschützt und respektiert werden muss. Er darf nicht zum geheimen Versuchslabor weniger Psychopathen werden. Die Weltgemeinschaft glaubt an die Gerechtigkeit, den Frieden, die Gleichheit und das friedliche Zusammenleben verschiedener Rassen und Glaubensrichtungen. Seien Sie versichert, dass sich die heutige, gut informierte Zivilgesellschaft zum allergrößten Teil gegen die Klimamanipulation stellen wird. Und wenn sie einmal von dem fatalen Missbrauch des Konzepts der nationalen Sicherheit erfährt, wird sie sich organisieren, um jegliches weltumspannende Militärforschungsprogramm einer demokratischen und parlamentarischen Kontrolle zu unterziehen.

Die Zivilgesellschaft des 21. Jahrhunderts wird es verstehen, die entsprechenden internationalen Zivilgerichte ins Leben zu rufen, die in einer Art *Neuer Nürnberger Prozesse* die direkt oder indirekt Verantwortlichen dieser völkermordenden Taten, lebend oder tot, wegen Ausführung oder Unterlassung, verurteilen werden. Denn wie schon George Clemenceau sagte, wir glauben, dass der Krieg eine zu ernste Angelegenheit ist, um sie den Generälen zu überlassen. Zweifelsohne würde ich heute hinzufügen, dass auch die Wissenschaft, die Justiz und die Politik zu ernst sind, um sie in die Hände von unterwürfigen Wissenschaftlern, Richtern und Politikern zu geben. Die Zivilgesellschaft des 21. Jahrhunderts hat viel Arbeit vor sich, aber sie wird den Herausforderungen gewachsen sein, denn davon hängt ihr Überleben ab.

Ich verabschiede mich von Ihnen mit dem Sprichwort „Es ist besser noch einmal zurückzugehen als vom Weg abzukommen". Darunter verstehe ich, dass diejenigen unverzüglich korrigieren müssen, die einseitig, willkürlich und bewusst einen Weg eingeschlagen haben, der nicht mit dem Leben auf diesem Planeten vereinbar ist; sie haben uns ihren falschen Weg nur aus Motiven der Dominanz und Selbstbereicherung aufgezwungen, ohne rechtliches Mandat, Wissen und Einverständnis der Weltgemeinschaft.

Hochachtungsvoll,

Josefina Fraile Martín / Sprecherin der Bürgerbewegung Guardacielos

November 2015

◊◊◊

Kapitel 46

Jean's Christmas Special

A special day, December 25th, as we celebrate the establishment of the Christ Consciusness Grid … and a special sharing from a long-time reader, Tim …

Posted on December 25, 2012 by Jean

Please forgive me, everyone, because I have not found time to write some definitive 'statement' right now about Christmas, December 21st and so on. I've been busy working behind the scenes, helping to make it happen, and that has left me without energy to do more. Permit me here, now, instead, to wish everyone all the best in the upcoming days, weeks, and months as we move forward into this new Cycle of Time.

The following showed up in my email this morning from Tim, a long-time reader, and I feel like it is a very special synchronicity. I invite you to read his words.

Thanks, Tim, for sharing on this special day, which for me is all about acknowledging and basking in the Christ Consciousness or Unity Grid that will carry us into the higher dimension. Without the establishment of this grid, it is not possible to make this transition. It is the grid so many Masters worked so hard to establish for our species over the last 13,000 years, the completion of which Drunvalo describes in his books The Serpent of Light and the Mayan Ouroboros.

It is my belief that Jesus came here to our planet to establish only one teaching, love others as you love yourself. He understood the importance of establishing in our collective consciousness and in our hearts the importance of Love to carry us forward into this new Cycle of Time called the Golden Age. It is an Age that I finally came to the conclusion will not happen miraculously to us or for us, but it is an Age we will commit to build together. If you agree, then let's join together and help our 'real' mother, Mother Earth, as she works to give birth. This is, after all, I think the all-important job of our species. Shall we begin?

My blessings and love to everyone,

~Jean

Merry Christmas, dear Jean!

Here my five cents about the end of time, if you want to post it, I would be honoured,

much love TIM

Coming close to the 21.12.12, I suddenly and vividly started remembering the experience I had some 20 years ago at the Skookumchuck Narrows. The Sechelet Inlet is a huge fjord on the Sunshine Coast north of Vancouver, B.C. It is big and narrow, looks like a river from outside, but inside it is Pacific. The Skookumchuck Narrows attract tourists, because when the tide changes a several meter high wave builds here up, and then it falls into the new direction.

I have not seen it, but I felt it. I was some 20 meters down in the water, inside the Narrows, scuba-diving.

15 Minutes before the tide changed we, a group of maybe 4 or 5, jumped into the water, it felt like jumping on a train. It was one crazy, fast ride. You could cling to a rock, but your legs would then be ratteling like a flag in the wind. NOW I SEE the Hopi saying that you have to let go, and celebrate the flow.

The ground was covered with tall plants, they all were bended under the strong stream.

Then suddenly it slowed down. It became slower and slower until everything came to a complete halt. Then there was a pause. Like a frozen image, nothing moved. All the plants stood up, straight and tall now. Time has stopped.

And here the most important observation: before it started again, before this enourmous force came back, one suddenly could sense it beforehand! I don't know how I sensed it, because yet all remained perfectly in freeze frame. But there was some sort of rumbling coming in that was not physical, it was some kind of energy building up and I felt it, and seconds later the physical followed, and this enourmous push came back, this time just from the other side.

The plants bended now in the new direction and here we were on the new ride with a new perspective. Some 15 minutes later we were back at our cars.

As below so above.

The nine energies, and the evolution from the cell to internet, are necessary tools* to bring us to oneness, and Carl Johan Calleman has explained us how they have arrived in time and history, and that now these tools are available to us.

* Tools includes ANYTHING the soul needs to experience life.

And look around: There is a whole new discussion about real alternatives going on world-wide! The internet and films like THRIVE are very important. All parts of the same puzzle.

The end of time, the end of calendar, I suddenly understand as the end of the push from that "seperating" direction. Now the push will come from the other side.

The new push that will come can't be stopped – I have felt the smaller version with my own body in the Skookumchuck Narrows – and it will switch on our hearts.

The direction on the big pendulum has changed now. As below so above.

Merry Christmas

Yours,

Tim Dabringhaus

◊◊◊

KAPITEL 47

DANKE SAGEN

Es gibt so viele, denen ich Danke sagen möchte.

Es gibt so einige, die, auch wenn sie mir nicht die Hand reichten, mich geduldig ertragen haben.

Es gibt so wenige, die mein Herz bewegen, aber nicht hier in dieses Buch gehören.

Es gibt nur Eine, außerhalb meines facebook Rudels, die hier erwähnt gehört:

Das ist Angelika Huisgen. Eine gute Freundin und Co-Rheinländerin im Baskenland. Ihr danke ich für den regen Austausch, die garantierte Inspiration und den immer eisgekühlten Killepitsch im Baskenland.

❊

Kapitel 48

Impressum

Originaltitel:
Vom unaussprechlichen Glück das Unsagbare zu finden

Verlag:
Blofeldcine España
blofeldcine@gmail.com

Buchcover:
La Kroketta & El Puto Amo

Deposito Legal
SS-1169-2017

Paperback:
ISBN-13: 978-84-697-5326-2

10196268R00166

Printed in Germany
by Amazon Distribution
GmbH, Leipzig